미국 입시
완벽 가이드

뉴저지 교육 전문가의 **미국 입시 완벽 가이드**

지은이 유시정 · 튜블릿 콘텐츠 연구소
리서치 · 정리 Celine Jeon
펴낸이 임상진
펴낸곳 (주)넥서스

초판 1쇄 인쇄 2023년 5월 15일
초판 1쇄 발행 2023년 5월 22일

출판신고 1992년 4월 3일 제311-2002-2호
10880 경기도 파주시 지목로 5 (신촌동)
Tel (02) 330-5500 Fax (02) 330-5555

ISBN 979-11-6683-570-4 03370

www.nexusbook.com

뉴저지 교육 전문가의

미국 입시
완벽 가이드

유시정 · 튜블릿 콘텐츠 연구소 지음

Celine Jeon 리서치 · 정리

내 아이가 더 넓은 세상에서 다르게 살아가길 응원하는
부모를 위한 미국 유학과 입시의 로드맵과 전략 안내서!

넥서스

어떤 부모인들 자식을 아이비리그, 탑 사립 명문대에 보내고 싶지 않겠는가? 기회와 여건만 된다면 말이다. 그런데 미국 입시라는 것이 너무나 복잡다단하고, 갈수록 치밀한 전략이 필요한 것처럼 보인다.

한국에서는 자식들의 입시나 본인의 학위에 필요한 여러 가지 스펙을 거짓으로 기재하고 논문을 표절하고 대필하는 등 소위 엘리트층에서의 탈선이 심심찮게 일어났었다. 이제는 한국에서도 이러한 비도덕적이고 비윤리적인 일들이 큰 사회적 문제가 되어 발견이 되면 자신들의 모든 지위를 잃게 되지만, 미국 사회에서는 이미 오래전부터 Plagiarism(표절)은 중범죄로 다루어지고 있다. 이것이 학교에 리포트가 되면 퇴학을 당하거나 대학 입시를 치를 기회를 박탈당하기도 한다. 얼마 전 미국에서의 '한국판 스카이 캐슬' 사건은 우리 모두를 놀라게 했었다. 이 사건을 통해 미국의 일부 극성 학부모나 한국의 학부모가 별반 차이가 없음을 실감하면서 소위 부유층 사이에서 자행되는 불법적인 입시 컨설팅의 단면을 들여다 볼 수 있었다.

물론 입시 컨설팅 자체는 불법이 아니다. 자본주의 사회에서 본인의 자본을 들여 자녀의 사교육을 위해 학원을 보내고 과외를 시키고 컨설팅을 통해 입시 로드맵을 짜고 코칭을 받을 수는 있다. 컨설팅을 통해 공교육만으로 부족한 교과 학습을 보충하고 과외 활동의 기회를 발굴하고 전략적으로 접근하는 등 효용가치가 클 것이다. 문제는 그 행위들을 거짓으로 기재하거나 부풀리거나 자본의 힘으로 남의 손에 맡겨 마치 본인이 한 것처럼 탈바꿈시켰다는 점들이다. 무엇보다 정직과 차별 없는 공정을 추구하는 미국 입시에서 일부 학부모들의 이러한 극단적이고 거짓에 기반한 이기주의 행태는 처벌받아야 마땅하며 이러한 불법적인 컨설팅은 반드시 근절돼야 한다.

훨씬 많은 보통의 학부모들은 자녀의 성실함을 믿고, 한 발 한 발 입시를 향해 학업과 그 외 성과들을 쌓아 나가는 자녀를 지켜보고 응원하고 있다. 경제적 능력이 되어 자녀의 여러 활동들을 마음껏 지원해 줄 수 있는 가정도 있고 그렇지 못해 대학 등록금 걱정이 큰 가정도 있다.

부모가 영어도 능통하고 미국에서 교육을 받아 입시 관련 지식이 해박하여 자녀를 잘 지도해 줄 수 있는 가정도 있고 그렇지 못해 그저 마음만으로 힘을 보태어 줄 수밖에 없는 가정도 있다. 다양한 각계각층이 모여 사는 사회이니 어쩔 수 없이 천차만별 다른 수준과 상황들이 존재하지만, 적어도 막강한 사회적 권력과 부요한 자본을 밑천으로 자행된 불법과 거짓이 선량한 보통의 학부모들에게 상대적 박탈감을 주는 일이 있어서는 안 된다.

다행히 미국은 경제, 인종, 사회적 약자 계층 등이 겪을 수 있는 소외적 혹은 불리한 상황에 대해 여러 가지 해결책을 시스템적으로 갖추고 있어 대학 지원 시에도 물적 혹은 지적 자원들을 다양하게 지원해 주고 있다. 하지만 미국에서 본인이나 자녀의 입시를 치러본 적이 없는, 중학생 혹은 고등학생 자녀를 둔 부모라면 어디서부터 어떻게 이 입시를 시작해야 할지 막막할 수 있다. 무엇을 알아야 계획도 세우고 교과 및 비교과 활동도 독려하고 지원도 할 수 있을 것 아닌가?

한국에서 미국 대학을 지원하는 학생들도 매해 증가하고 있다. 한국에는 정식 인가를 받은 합법적 외국인학교, 국제학교와 함께 대안학교와 비인가 학교들도 늘고 있고, 국외 체류하거나 한국으로 리턴한 많은 주재원 가정들도 미국 학제를 따르는 대학에 자녀를 보내기를 희망하고 있다. 이 밖에도 많은 가정들이 여전히 한국의 제도 교육에 불만을 갖거나 더 나은 환경의 미래를 아이에게 영위시키기 위한 희망으로 '나 홀로 유학'을 보내고 있다. 이러한 가정들의 경우 미국에 사는 부모들보다 입시 정보에 더 취약할 수밖에 없는 것은 어쩔 수 없는 사실이다. 그래서 한국에 우후죽순 생겨나는 유학원과 컨설팅 회사들에 의지해 입시 준비를 해나가고 있거나 그러한 계획을 머릿속에 그려 두고 있을 것이다.

물론 풍부한 입시 정보를 가지고 올바른 방법으로 아이들의 방향성을 제시하고 지도하는 정직한 업체 혹은 개인 전문가들도 많다. 어쩌면 나는 그 사람들의 발끝도 따라가지 못하는 일개 부모에 불과할지 모른다. 하지만 영국과 미국 여러 곳에 거주하면서 내 아이들뿐 아니라 여러 학생들을 맡아서 키우고 지도하고 학교를 보내 본 경험과, 그것들을 차곡차곡 쌓아 온 나만의 귀중한 입시 정보들을 공유하고 싶은 마음이 커 책을 쓰기로 작정했다. 어쩌면 나의 경험과 실전과 정보들로 오랜 시간 켜켜이 모아진 알곡들이 아이들의 미래를 걱정하는 학부모들에게 의외로 진실된 영향력을 끼칠지도 모르겠다는 생각이 들어서이다.

그런 뜻밖의 기적을 기대해 본다. 미국 입시를 준비하며 고액 컨설팅을 받게 해 줄 수 없어 미안한 부모들과, 능력은 될지언정 컨설팅에 대한 믿음이 부족해 고민인 부모들을 위해서, 준비된 기적을 선물처럼 줄 수 있기를 말이다.

앞으로 우리와는 다른 세상을 살아갈 아이들을 위해 분투하는 여러 학부모 모두에게 응원을 보낸다.

차 례

PART 1_미국 입시 계획하기

PART 2_탑 대학에 앞서 탑 고등학교 고려하기

PART 3_미국 대학 입시 총정리

PART 4_성공적인 입시 전략 짜기

PART 5_실제 대학 지원하기

PART 6_대학 선정 시 고려하면 좋을 것들

부록_아이비리그 및 탑 대학 지원+합격 노하우

PART 1

미국 입시 계획하기

왜 미국 입시인가?

한국의 가장 큰 해외 교민 사회는 어디일까? 중국이다. 그리고 중국 다음이 미국이다. 대한민국 외교부에 따르면 미국 시민권을 가진 한국계 미국인은 2019년 기준으로 250만 명이 넘는다. 이는 대한민국에서 세 번째로 큰 도시인 대구광역시 인구와 비슷한 수치이다. 영주권을 소지한 미국 거주 한국인은 50만 명 정도이다.

300만 명이 넘는 미국 시민권자와 영주권자들의 학령기 자녀들이 미국 입시를 일차적으로 고려하는 것은 당연하다. 교포 외에도 기업 주 재원을 비롯한 일반 체류자는 50만 명이 넘는다. 이렇게 합법적 체류 비 자를 가지고 일정 기간 미국에 거주하는 재외 한국인들의 자녀들 역시 미국 입시의 잠정적인 지원자들이다.

한국에서는 많은 외국인학교, 국제학교 그리고 자사고 등의 국제반 학 생들이 미국 입시를 준비하고 있고, 미국이나 한국 외 제3세계에 거주하는 많은 교포 및 일시 거주자들의 자녀들 역시 미국 입시를 고려하기도 한다.

미국 정부의 자료에 따르면, 미국에 거주하는 한국 유학생은 약 10만 명이다. 미국에 들어오는 나라별 유학생들 분포도를 보면 한국 학생들 이 세 번째로 많으며, 한국에서 유학을 가장 많이 가는 나라는 미국이다.

2018~2019년 미국에 들어온 한국 유학생 수는 5만 명이 넘는다.

코로나 이후 유학생 수는 열악한 대내외 영향으로 연 4만 명 정도로 줄었지만 포스트 코로나 상황이 재개된 이후 다시 유학생 수는 급증하는 추세이다. 미국 정부가 추정하는, 유학생으로 인해 파생되는 경제적 효과는 연 20억 달러가 넘는다. 원화로 치면 2조 원이 넘는 금액이다. 이쯤 되면 미국 경제에 미치는 교육 시장의 역할, 특히 전 세계에서 유학 오는 학생들의 비중과 영향력이 얼마나 큰지 가늠할 수 있다.

이렇게 미국은 한국 해외 교포 사회의 큰 축을 이루고 있고 수많은 한국 기업과 기관들이 미국 진출을 준비하거나 그 직원들이 미국에 체류하고 있다. 내가 사는 동부 지역에도 한국의 다수 기업들이 미국 법인과 지사를 만들고 프랜차이즈를 준비하거나 회사 M&A를 통해 진출을 도모하고 있다. 그리고 한국의 가장 많은 유학 준비생들이 미국 유학을 목표로 하고 있다. 그러면 왜 미국이며, 왜 미국 입시일까?

미국은 이민자들의 나라다. 유럽, 아일랜드, 아시아, 아프리카 등 여러 대륙의 나라들로부터 온 이민자들로 복잡한 구성 체계를 갖춘 국가이다. 국적과 출신을 불문하고 기회를 동등하게 주고자 하고 차별 요소를 없애려고 노력한다. 그리고 어느 깡촌 시골에 가도 도시와 크게 다르지 않은 의식주 인프라들이 갖추어져 있다. 아무리 가난해도 먹고 사는 문제는 정부에서 평생 해결해 준다. 한 회사의 청소부가 열심히 일해서 돈을 모아 청소 회사를 차릴 수도 있다. 청소부는 자신이 소속했던 회사의 건물 전체를 맡아 청소하고 독일제 명품 차를 타고 퇴근한다. 그 회사에 근무하는 사무직 직원들은 그의 성공을 부러워하고 그의 노동을 여전히 존중한다. 이러한 상황이 가능한 나라, 부족한 것을 나의 노력과 능력으로 채우고 올라설 수 있는 기회가 존재하는 나라, 어느 팝송 제목처럼 '캘리포니아 드림'이 아직은 가능한 나라이다.

미국은 세계 강대국이다. 최고를 지향하는 무한 경쟁 사회이자 철저한 자본주의 사회이다. 금융, 과학, 예술, 인문 등 각 분야에서 전문가들이 인정받고 대우받는 사회이다. 사회적 경제적 특권층이라면 자녀의 대학 기부금 입학이 합법적으로 가능한 나라이고 누구도 그것을 비난하지 않는다. 그 기부금으로 훨씬 많은 소외계층 자녀들에게 대학 진학의 기회를 주고 있고, 학교 발전을 꾀하며, 교육적 인프라를 높이기 때문이다.

미국은 세계의 기축통화국이자 글로벌 시대의 중심축이고, 국제적인 무대를 꿈꾸게 하는 발판이다. 영어를 모국어로 사용하는, 정통적인 교육 강대국인 유럽이나 서양의 국가들이 있지만 미국이 자본주의를 근간 삼아 문화와 과학기술 분야를 선두로 눈부신 발전을 계속해 오는 동안, 그들은 역사와 전통의 굴레에 머물러 답습의 한계를 넘어서지 못했거나 더 이상의 고용 시장 창출을 이루지 못하고 있는 실정이다.

내가 영국의 한 대학에서 공부할 때 어느 교수가 수업에서 자신들은 변화를 싫어하고 익숙한 것을 고수하는 경향이 크다고 언급했다. 하나의 예로, 용변을 보고 자신의 엉덩이에 물을 쏘는 비데가 끔찍하다고 했고, 디지털 도어락에 믿음이 가지 않아 사용할 생각이 없으며 열쇠를 직접 구멍에 넣어 돌려서 잠기는 것을 확인해야 안심이 된다고 했다. 그들은 그것을 전통이라고 믿을지도 모르겠다. 하지만 나에겐 도태되고 퇴보한 뒷방 늙은이의 궁색한 변명처럼 느껴졌었다.

영어라는 만국 공통어와 달러를 기축통화로 가지고 있는 나라, 가장 많은 유학생들이 오고 싶어하고 가장 많은 기업들이 진출해서 자리 잡고 싶어하는 나라. 이 사실만으로도 왜 '미국'이어야 하고 '미국 입시'에 도전해 봐야 하는지에 대한 이유는 충분하다고 생각된다.

물론 미국 이민 조건과 과정이 타 영미권 국가들에 비해 까다롭고, 유학에 있어서도 비교적 더 큰 비용을 부담해야 하는 것이 사실이다. 하지

프린스턴 대학교 나소 홀 ©Wikipedia

만 미국 선진 교육을 통해 미국 사회에 자리 잡거나 세계 무대로 진출해야 하는 당위성은 충분하며 이를 위해 다소 문턱이 높더라도 여건과 상황이 조금이라도 된다면 마음 먹고 도전해 보기를 강권한다.

한국은 이제 국내총생산(GDP)이 세계 10위인 나라가 되었다. 더 이상 개발도상국이 아닌, 강대국 대열에 들어선 나라이다. 세계에서 가장 면적이 넓은 러시아, 두 번째로 넓은 캐나다, 여섯 번째로 넓은 호주를 이미 앞서고 있다. 한국 기업들은 본격적인 세계로의 진출을 가시화하고 있으며 미국이라는 거대한 시장에 서둘러 발을 들이는 모습도 목도할 수 있다. 한국은 동아시아의 아주 작은 나라이다. 미국의 뉴욕 한 개 주보다도 면적이 작다. 게다가 정치적으로는 세계에서 마지막 남은 분단 국가라는 꼬리표도 있다. 하지만 무궁무진한 잠재력이 있다. 비상한 머리는 테크놀로지의 선진적인 발전을 가능하게 했고, 문화적인 감수성과 예술적인 솜씨는 K-컬처로 위시되는 음식, 음악, 패션 등 문화의 각 분야에서 한국의 붐을 일으켰다. 한국인의 부지런한 근성과 열정도 국민성을 대변하는 키워드이다. 이미 한국은 모든 분야에서 서양대국들을 앞지르고 있다.

한국이 작고 볼품없어서, 희망이 없어서, 그곳에서 탈출해야 한다는 소리가 아니다. 미국에서 교육받고 입시를 치러 대학을 마치고 미국에서 자리 잡고 살든, 한국으로 돌아가 살든, 혹은 세계 어딘가로 뻗어 나가 살든 그것은 개인의 신념이고 선택이다. 하지만 내 근원과 근본이 한국인이라는 것은 부정할 수 없는 사실이다. 어떤 국가적, 법적인 신분(Status)를 가지고 어디에서 살든, 내 자신의 능력이 내 안에서 그대로 머무는 것이 아닌, 더 넓은 세상 밖 어딘가로 나가 영향력을 끼치는 한, 우리는 한국인으로서 위상을 떨치고 한국의 권위를 높이는 사람이 되는 것이다.

꼭 아이비리그나 탑 대학을 가지 않아도, 이중언어가 능통하고 미국과 한국 양국의 문화를 이해하고 있다는 것만으로도 미국에서 살든 한국에서 살든 충분히 매력적인 인재가 될 수 있다고 생각한다.

> " 미국은 부족한 것을
> 나의 노력과 능력으로
> 채우고 올라설 수 있는
> 기회가 존재하는 나라,
> 어느 팝송 제목처럼
> '캘리포니아 드림'이 가능한 나라이다."

초·중등 교육의
다른 길 찾기

자녀가 다른 아이와 문제가 생겨 충돌했을 때, 프랑스인 부모는 상황을 모른 체하며 아이 혼자 해결하게 내버려두는 반면 한국인 부모는 적극적으로 간섭하고 직접 해결한다. 하지만 유태인 부모는 아이에게 상대와 협상하는 방법을 가르친다고 한다. 한국인의 교육 병폐는, 학부모들의 무한경쟁 사고방식으로 인한 무분별한 사교육 과열에도 있지만, 근본적으로 제도교육과 공교육의 결함에 기인한 주입식 교육, 그리고 그 핵심 교육들의 부재로 인한 창의성과 자기주도성의 결여로 귀결되는 것 같다.

앞서 세 나라의 학부모 양상을 비교하고 반면교사 삼으면서, 나는 평소에 유태인 부모의 교육방식을 지향하고 있기에 뭐든 정해 주고 결정해 주기보다는 스스로 하게끔 노력해 왔다. 빠르고 효율적이지는 않지만, 어떤 이슈든 협의와 제안의 과정을 거쳐 본인들이 결정하게끔 할 때 자기주도적인 측면과 본인이 결정한 것은 본인이 책임지게 하는 긍정 효과가 있다.

미국에는 홈스쿨 교육을 하는 가정이 꽤나 많다. 종교적인 이유가 있는 가정들도 있겠지만, 대부분은 공교육에 대한 회의감으로 부모들이 직접 나서서 하는 경우이다. 한국에서 들으면 배부른 소리로 들릴지도 모르겠다. 한국은 제도교육에 대한 불신이 훨씬 더 많은 것 같기 때문이다.

하지만 사실, 미국은 50개의 국가가 모여 있다고 해도 과언이 아닐 정도로 주마다 교육 정책과 그 질의 편차가 매우 크다. 캘리포니아의 공교육이 무너졌다는 소리를 많이 하는데, 실제로 비교해 보면 동부 쪽과는 많은 차이를 느낄 수 있다. 일단, 학교에 들어가는 지원 금액 자체가 어마하게 차이가 나는 것을 볼 수 있다. 이 교육비 지원 펀드는 그 학교가 위치하는 타운의 재산세(Property Tax)에서 지원이 되는데, 내가 사는 뉴저지는 전체 미국에서 주세 1위를 자랑한다.

그런데 사람들은 아이를 홈스쿨링을 시킨다고 하면 '뭔가 아이에게 문제가 있나?' 하는 색안경을 끼고 보는 경우도 많다. 일반 학교에 적응하지 못해서 집에서 교육을 따로 시킨다는 보편적 관념이 지배적이기 때문이다. 하지만 실제로 홈스쿨링은 아이의 개별적 특성을 존중하는 부모의 독립적인 교육관에서 기인하는 경우가 많고, 실제로 공교육을 받기엔 오히려 너무 뛰어난 아이들에게 홈스쿨링을 시키는 경우도 많다.

또 하나의 홈스쿨링에 대한 편견은, '홈스쿨링을 하면 또래 아이들과 학교에서 어울리지 못하니 사회성이 많이 결여된다'는 인식이다. 나도 이 부분에 대해 오랫동안 오해가 있었는데, 미국에 살면서 홈스쿨러들을 접하니 그 생각이 싹 가시게 되었다. 홈스쿨링을 하는 이들이 함께 많은 실제적 경험과 다양한 액티비티 등을 해 나가는 것을 실제 눈으로 보니 그들의 사회성이 오히려 더 발달할 수 있겠다는 생각도 들었다.

학교에서는 선생님들이 교과서를 기반으로 가르치고 연중 행사처럼 필드트립(소풍)을 가며 학년 친구들 외에 어울릴 기회가 클럽 활동 외에는 많지 않는데 반해, 홈스쿨러들은 하루가 멀다 하고 미술관과 박물관으로 가 현장학습을 하고 도서관이나 파크 등 어디서나 수업이 이루어지는 등 굉장히 액티브한 커리큘럼으로 공부한다. 집에 갇혀 엄마가 아이를 가르치는 것이 홈스쿨이 아니다.

홈스쿨은 학생과 부모들이 지역별, 주제별로 모여 커뮤니티를 만들어 함께 커리큘럼을 짜고, 품앗이처럼 돌아가며 리더가 되어 아이들을 케어하며, 활동적인 교육들을 담당한다.

미국에서 홈스쿨링은 어쩌면 부모의 신념과 부지런함의 소산이라고도 볼 수 있다. 학교보다는 훨씬 작은 소규모 클래스다 보니 개별 아이들에게 집중할 수 있고 각 아이의 개성과 수준에 맞는 활동과 교육을 맞춤식으로 해줄 수 있다는 장점이 있다. 게다가 과목마다 다른 친구들과 함께 활동하니 다양한 친구들을 만나고, 심지어 나이와 학년에 구애 받지 않고 연령 차가 많은 동생이나 선배들과도 어울려 수업하며 연대감을 가질 수 있으니 사회성이 더 길러지면 길러졌지 결여될 이유는 없는 것 같다.

주마다 홈스쿨러들만을 위한 교과서를 따로 개발해서 무료 공급을 한다. 한국의 공교육 실정과 비교해 볼 때 이러한 미국의 홈스쿨링에 대한 체계와 지원만 보아도 미국이 얼마나 교육의 다양화를 인정하고 전문적으로 지도하는지 알 수 있다.

미국의 홈스쿨링에 대한 이야기는 교육의 여러 가지 다른 길을 설명하기 위한 번외였고, 이제 미국 공교육에 대해서 설명해 보려고 한다.

미국은 한국의 유치원 연령부터 초등학교 교육의 범주에 들어간다. 킨더가든에서 보통 초등 5학년까지 초등 과정, 중학교 3년, 고등학교 4년을 마치면 대학 교육으로 올라간다. 내가 사는 타운은 초등 교육과정이 더 세분화돼 있어서 프리킨더, 킨더가든, 1학년은 낮은 초등학교, 2~4학년은 높은 초등학교를 다니고 5학년부터 중학교로 진학한다.

킨더가든보다 더 어린 연령(만 4세~5세)의 프리킨더 학생들도 무료 교육을 받을 수 있는데, 타운에 돈이 많고 교육열이 높을수록 이렇게 더 세분화된 과정과 더 폭넓은 연령층에게 공교육을 제공한다.

종이책을 고수하던 시대는 미국에서 이미 10년 전에 사라졌다. 10년도 전에 대부분 공립 학교들이 스마트 보드로 수업하고 있었고, 전자책을 읽었으며, 학생들 각자 본인의 맥북을 가지고 있었다. 내가 사는 타운의 공립 학교들은 매년 맥북을 학생들에게 무료로 제공한다.

나는 종이책을 사랑한 독서꾼이었다. 게다가 종이책 출판과 저작권 관련한 일을 했던 내게는 약 20년 전부터 찾아온 이런 디지털 세계, 상급 테크놀로지로의 변화가 반갑지 않았고, 받아들이기 어려웠다. 하지만 시대의 흐름을 역행할 수는 없었다. 자신이 지녀 온 신념을 깨는 건 큰 용기가 필요했다. 하지만 2차 저작권에 관한 업무를 하면서 모든 영역에서의 이런 디지털화는 피할 수 없는 시대의 흐름임을 인정해야 했다. 남들보다 더 먼저 적응하고 계발하는 쪽이 앞서가는 선택이라는 결론에 도달했다. 그래서 나는 내 아들딸에게 무조건 종이책만을 강요하지 않았고 이북이나 오디오북을 함께 읽었다. 종이 사전 대신 전자사전을, 백과사전 대신 인터넷 검색을 적극 권장했고, 학원이나 방문 과외 대신 E-러닝을 중심으로 학습시켰다.

코비드 19 팬데믹으로 인해 교육 환경의 큰 변화가 찾아 왔다. 이제는 여름 캠프들도 줌(Zoom)으로 진행한다. 대면교육(In person)으로 이루어지던 모든 교육이 닫힌 코로나 현실에서도 내 아이들은 너무 자연스럽게 이 온라인 교육 환경을 받아들였다. 도서관이 문을 닫은 상황에서도 이북으로 모든 종류의 책과 잡지를 읽고 파일로 된 교재들로 공부할 수 있었기 때문에 문제는 전혀 없었다.

주제를 조금 벗어난 이야기지만, 이북 가운데 오디오북은 이민자 가정에서는 참 유용한 독서 방법이다. 오디오북에 관한 논란은 예전부터 많다. 하지만 여러 기사와 견해들을 종합해 본 결과, 들으며 독서하는 과정 역시 읽는 독서와 동일하게 상상력과 사고력을 발달시킬 수 있다는 점과, 정확한 발음과 억양을 학습시킬 수 있다는 점에서 더없이 좋은 독서 방법 중 하나라는 판단이 든다.

미국은 직접 운전을 하며 여행을 하면 편도 10시간도 대수로운 상황이 아니다. 이런 장거리 여행을 할 때 차 안에서 책을 읽으면 눈이 아프고 피곤한데 오디오북이라면 이야기가 다르다. 내 아이들은 여행 중 이동하는 내내 각자 디바이스에 저장해 온 책들을 무한 반복해서 듣는데, 이러한 전자책 형태의 효용을 굳이 따지지 않더라도 게임만 주구장창 하고 유튜브를 의미 없이 보는 것보다는 들으며 독서하는 것이 훨씬 유용하지 않겠는가.

초등학교 4학년쯤부터는 학교에서 개인 혹은 팀으로 하는 프로젝트를 많이 진행하는데, 그 프로젝트를 완성하기 위해서는 방대한 자료들을 찾아야 한다. 프로젝트든 숙제를 할 때든 아이들은 자료를 얻기 위해 도서관을 가는 빈도보다 구글(Google)이나 키들(Kiddle) 포털을 검색하는 시간이 훨씬 많다. 키들은 교육 자료에 포커스가 돼 있고 유해한 단어, 문장, 이미지들을 모두 걸러 주며, 접속과 검색 조건에 제한이 많기 때문에 부모의 관찰 보호가 필요한 연령층이 사용하기에 안전하다. 사전, 이미지, 뉴스, 비디오 등을 검색하는 외에도 아이들은 수학이나 영어 워크북도 종이 문제집이 아닌 파일을 다운받아 푼다.

코로나 상황 내내 학교 수업도 온라인으로 실시간 진행되었고 과외나 학원 수업도 온라인으로 하다 보니 아이들은 이제 파일로 공부하는 것이 꽤 편해 보인다. 참고로 워크북 파일을 찾는 가장 쉬운 방법은, 구글에서 [Worksheet], [Workbook] 혹은 [Solutions Manual]을 검색어로 넣는 것이다. 이어서 [filetype:pdf]를 입력하면 pdf 파일이, [filetype:doc]를 입력하면 워드파일이 검색된다. ppt로 검색하면 선생님들이 학교에서 실제로 수업할 때 쓰는 강의 자료가 많이 검색되기 때문에 개념 이해가 어렵거나 실제 강의처럼 설명이 된 자료를 보고 싶다면 ppt로 검색하면 된다. Library Genesis(http://gen.lib.rus.ec)에서 전자책을 찾는 방법도 있다. 사이트에서 원하는 책 타이틀을 검색한 뒤 링크를 다운받고 답지 또한 Solutions Manual을 검색해서 찾으면 된다.

학교 숙제, 시험, 수업 스케줄, 공지사항 모두 학교 포털에 들어가 확인하고 테스트도 온라인으로 진행한다. 부모들 상담(Conference)도 줌이나 구글에서 화상으로 진행하고 성적표도 온라인으로 준다. (미국은 이미 많은 회사들이 포스트 코로나 상황에서도 출근을 재개하지 않고 재택근무(Work from Home)를 하고 있다.) 그에 비해 한국에서는 팬데믹 상황에 훨씬 많은 혼란을 겪었다고 알고 있다. 화상으로 실시간 교육하는 제도나 기반, 체계도 없고 경험도 없었기 때문에 교사들의 어려움은 말할 것도 없고 가정에 머물며 수업받는 자녀들과 어린 연령층 자녀 수업의 기술적 환경을 도와야 했던 부모들의 정신적 부담도 상당했을 것이다.

이렇게 미국 교육은 공교육 안에서도 홈스쿨링(가정별도교육)을 위시해 차터스쿨(대안학교), 매그넷스쿨(영재학교) 등 학습 방법과 환경, 학생의 수준에 맞게 다양성을 추구하고, 그 다른 형태의 교육들에 대해 인정하고 지원하는 시스템을 가지고 있다. 공립 학교만큼 사립 학교도 많은 옵션이 있고 기숙 학교(Boarding School), 등·하교 학교(Day School) 등 그 종류도 다양하다. 몬테소리 방법으로 가르치는 유치원도 있고 피아제 이론으로 가르치는 유아원도 있다.

STEM(Science, Technology, Engineering, Math)을 특화한 학교들도 많다. 특히 북캘리포니아 지역의 알트나 칸랩 스쿨을 방문했을 때는 참으로 강한 인상을 받았다. 테슬라 전기차 회사의 창업자이자 '스페이스X'라는 우주 개척 기업을 이끄는 일론 머스크는 인공지능(AI) 시대를 준비하는 온라인 중심 학교 '아스트라노바'를 운영한다.

아이비리그에 버금가는 명문 스탠퍼드 대학이 창립한 온라인 하이스쿨은 미국의 최상교육을 온라인으로 제공하며 스탠퍼드를 비롯한 명문 대학들에 높은 입학률을 자랑한다. 미국의 여러 지역들에서 살아보고 경험해 본 결과, 미국은 이제 더 이상 프러시안 공장 스타일의 교육이 아닌 PLP(Personal Learning Platform)을 단단히 구축하고 있다.

하버드보다 더 들어가기 어렵다는 미네르바 스쿨도 온라인 대학이다. 4년 동안 전 세계 7개 도시를 돌며 기숙사 생활을 하면서 온라인 수업을 듣고 졸업한다. 획일화된 교육에서 해방되어 개인에게 맞고 시대가 원하는 맞춤식 플랫폼을 지향하는 것이다.

또 하나, 사회적 약자를 배려하는 학교 시스템도 놀랍다. 예를 들어 아이가 ADHD(주의력 결핍 과잉 행동 장애)나 아스퍼거 증후군 진단을 받으면 그 아이는 공립 학교 안에서도 단독 교사가 붙어 하루 종일 그 아이를 전담하고, 하교 후에는 집에서도 전문가가 붙어 아이를 돌봐준다. 장애아인 경우 그 지역 공립 학교 어디든 본인의 편의대로 원하는 곳을 선택해 다닐 수 있고 등·하교 교통 서비스부터 지원금까지, 더 철저한 물리적 정신적 서포트를 정부 차원에서 아끼지 않는다. 돈이 많은 사람에게 세금을 더 많이 걷어 그 세금으로 사회적 약자들을 돌보는 선순환이 가능한 국가적 시스템을 갖추고 있는 것이다.

공교육 안에서 많은 선택이 가능한 다양한 교육 체계, 앞서가는 테크놀로지 교육 환경과 더불어 미국의 교육에서 가장 마음에 드는 점은 공부만이 아닌 전인교육을 강조하고 실행한다는 것이다.

아이들의 중학교에는 수학 경시팀, 로봇팀, 스템팀, 학생회, 합창단, 밴드와 축구, 배구, 농구, 라크로스, 테니스 등 많은 운동 팀들이 있다.

딸아이는 북클럽을 하면서 봉사 클럽인 K.A.R.E에 가입해 학교 발전기금에 보태기 위해 쿠키를 만들어 펀드레이징도 하고 불우이웃을 위한 물품 모으기를 해서 전달하기도 한다.

고등학교에는 거의 100개 정도의 액티비티들이 있어 신입생을 위해 클럽 페어(과외 활동 소개 전시회)를 개최할 정도이다. 딸아이는 구급 활동을 배우는 EMS 클럽과 의·과학 리서치를 공부하는 메디컬 프로페셔널 학회, 학생회, 이어북(매해 발행되는 학교 앨범) 클럽과 겨울 스포츠인 수영팀, 가을에는 크로스컨트리팀에서 운동을 하며 바쁘게 보낸다. 또한 우리 가족은 매주 일요일마다 유태인 양로원을 방문해서 거동이 불편한 노인들을 돕는다. 아이들은 내가 일하는 한글학교에서 TA(보조교사)로 봉사하고 매주 두 시간씩 온라인으로 저소득층 아이들의 숙제를 봐주고 있다.

좋은 학교와 학군을 평가하는 기준 가운데 얼마나 많은 클럽을 심도 있게 지원하는가 하는 항목이 있다고 한다. 학과 공부 외에 학교에서 지원되는 다양한 클럽 활동과 봉사 활동을 통해 아이의 전인교육이 가능하다는 점을 나는 미국 교육의 가장 큰 경쟁력으로 꼽고 싶다.

현명한 부모라면, 시대가 원하는 흐름을 직관하고 거기에 맞춰 시대가 원하는 인재상을 알아야 한다. 정보의 힘이 어느 때보다 크지만 그 정보의 진가를 식별하는 능력을 더더욱 필요로 하는 시대다. 왜냐하면 현대 과학기술의 속도는 현실이 따라가지 못할 만큼 빠르고 그에 따른 반작용으로 인해 진실의 왜곡, 병폐, 혼란이 난무하기 때문이다.

미국의 교육의 힘은, 역설적이게도 시대가 변해도 변하지 않는 시스템에 있다. 방법적인 것들은 시대를 앞서가지만 오랜 시간 축적된 교육철학과 체계와 시스템을 고수하기 때문이다. 우리는 철저한 자본주의 국가인 미국이 다소 혐오스러울 때도 있지만, 정치·경제·사회적 강대국인 미국의 견고한 시스템을 무시할 순 없다.

세계의 인재들이 여전히 미국으로 몰려든다. 한국의 교육은 정권이 바뀌면 쉽게 바뀌고 입시는 시시때때 중심 없이 흔들린다. 미국을 좇아 입학 사정관제를 만들고 수시, 정시 및 수많은 전형들을 위시한 입시 요강을 만들었지만 이제 사람들은 학력고사, 수능만의 성적 줄 세우기로 합격을 가르던 시절을 향수한다. 목표와 결과만 좇다 보니 공부하는 과정의 즐거움과 보람이 없는 입시가 돼버렸고, 학생의 온전한 노력의 결정체가 아닌, 한국 교육도 한국 사회의 전반적인 풍토처럼 자본과 권력의 힘대로, 순서대로, 성적이 매겨지고 입시 결과를 내는 슬픈 현실이 돼버렸다.

순수한 마음으로 정신의 성숙과 사회 구성원으로서의 헌신을 배우기 위해 행해져야 할 봉사 활동 기록이 돈으로 매수되고, 수행평가 항목으로 채워야 하는 갖가지 수상 활동과 경력들 역시 아이들의 수고와 능력이 아닌 자본의 힘으로 사들여진다. 이제는 도저히 저축과 영끌로는 자기 아파트 한 채 마련할 수 없는 한국의 절망적인 사회 현실처럼, 개천에서 용은 더 이상 기대할 수 없는 교육 현실이 돼버렸다.

마지막으로, 다음은 이전에 출간했던 책의 프롤로그에 쓴 글인데, 십년 남짓이 지난 지금도 교육에 대한 기본 생각은 변한 것이 없다. 그래서 지금 이 미국 입시에 관한 주제를 현실적으로 고민하기에는 더 어린 아이를 키우는, 그러나 미래의 교육 문제를 다양하게 이것저것 고민하는 부모에게 조금이나마 도움이 될 수 있지 않을까 하여 전문을 옮겨 본다.

나는 결혼 전부터 자녀 교육에 대해 유난히 관심이 많았다. 어린이 책 편집자이기도 했고 자녀 교육서를 내온 탓도 있지만, 내 아이들은 좀 더 특별하고 행복하게 키우고 싶다는 욕심과 목표가 있었다. 부모라면 누구나 갖는 보편적인 생각이겠지만, 결혼도 안 한 상황에서 훗날의 구체적인 육아 계획을 세웠으니 좀 별난 데가 있었다.

우리 부부는 소위 SKY 출신으로, 남편은 S대 의대 교수이자 외과의사다. 둘 다 중산층 가정에서 엘리트 코스를 밟으며 '공부가 제일 쉬웠어요'인 인생을 살았다고 할 수 있다. 그러면 둘 다 그 긴 학창시절 동안 전교 1, 2등을 다투어 오면서 남모를 희열과 행복감에 충만했을까? 명문대에 입학하고 졸업해서, 좋은 직장을 잡고 천직으로 여기는 일을 하면서 행복했나? 결혼 후 지금까지 맞벌이였고, 게다가 남편 연봉이 어느 사람들보다는 높은 편이니 지금 뭐 그럴 듯한 상류층처럼 살고 있는가? 아니면 한 사회의 엘리트층으로 인정받으며 행복한가? 뭐 하나 똑 부러지게 "그렇다"라고 답을 못하겠다. '범생이'답게 "고지가 바로 저기~"라는 어른들 말을 철석같이 믿고 앞만 보고 달려왔지만, 산 중턱쯤 올라서 숨을 고르고 보니 '이 산이 아닌가~?' 싶은 기분 말이다.

예나 지금이나 한국에서는 공부 열심히 해서 좋은 대학에 가는 것이 가없은 모든 청춘들의 일관된 목표다. 몸이 성장하고 마음과 정신이 성숙해야 할 시기에 입시 경쟁에 속이 까맣게 타면서 부모나 아이나 고생하고 괴로워하는 것이 우리의 현실이다. 하지만 더 큰 문제는 따로 있다. 옛날의 남편과 내가 그랬듯 지금의 청춘들 역시, 그렇게 본인들의 목표를 멋지게 달성하고 난들 그리 '잘 살거나', '행복하지' 못한다는 것이다. 이처럼 과정과 결과 모두에서 희망이 보이지 않는 사회 구조와 교육 현실을 미래의 내 아이들에게 대물림하고 싶지 않았다. 솔직히는 강남 엄마들처럼 자식 교육에 십 몇 년씩이나 올인할 자신도 없었다. 나에게도 꽃다운 내 인생이 있지 않은가. 아이의 뒤꽁무니를 좇아다니며 학원가를 '뺑이' 도는 운전 전문 김 여사가 되고 싶진 않다. 내가 못 이룬 꿈을 대신 이루어다오, 하며 물귀신처럼 들러붙어 자신의 존재감을 아이에게 투영하는 순간, 자식은 부모의 족쇄가 되고 부모는 조만간 자식의 부담덩어리가 될 것이다. 그렇다고 내 소중한 아이들을 '방치'하고 싶

컬럼비아 대학교 얼 홀 ©Wikipedia

은 생각도 없었다. 혹자는 이렇게 말한다. 아이에게 부모는 보호자의 역할이면 충분하다고, 자갈을 골라낸 밭 같은 좋은 환경을 만들어 주거나 어떤 길을 인위적으로 제시할수록 아이의 자생력은 약해진다고. 잘될 아이는 그러니까 사막에서도 잘될 거라는 얘기다. 반대로 못될 아이는 돈을 처발라 키워도 소용없다는 이야기다. 아니, 그 말이 설령 사실이어도 좋다. 나는 우성인자들만 모인 집단에 아이를 집어넣거나 자식의 앞길에 어떤 강요를 할 생각은 추호도 없다. 그저, 시도할 수 있는 많은 가능성을 수집하고 보여 주고 선택할 기회를 주고 싶은 것뿐이다.

말하자면 천편일률적인 답답한 교육 현실에서 좀 더 색다르고 다양한 시도는 없을까? 아이에게 자신의 길을 선택할 다양한 기회를 줄 수 있는 방법은 없을까? 이것이 내 질문의 시작이었다. 그러려면 일단 내가 뭘 제대로, 깊게 알아야 올바른 판단도 할 수 있는 법. 그래서 20대 중반부터 시중 교육서와 해외 원서 등을 일독하며 자료 수집을 시작했다. 시장조사 차원에서 미국 아이비리그를 탐방하거나 영국·프랑스·일본·중국·싱가포르 등 이름난 사립 학교의 행정 담당자들에게 메일을 보내 약속을 잡은 후 비행기를 타고 날아가 학교를 투어하고 그곳의 커리큘럼을 이해했다. 그런데 그렇게 시간과 돈을 들이는 것을 아까워하지 않으며 그 시점에서 내린 나의 결론은, 명문대를 들어가는 것보다 중요한 것은 가정교육, 그리고 아이가 성장하며 느끼는 안정감과 유대감이라는 것이다. 그렇게 얻은 자양분과 에너지로 타인과 조화롭게 살며 세상을 스스로 헤쳐갈 수 있다는 것이다.

경제적인 측면도 생각해 보았다. 조기유학으로 사립 대학까지 교육시키는 데 얼마가 들지 머릿속으로만 가늠하다가 역사가 깊고 근사한 해외 유수 보딩 스쿨들을 견학해 보니 실제로 주판을 튕길 수 있었다. 학비에 더해 기숙사비, 생활비, 가디언비 등을 합치면 그 액수는 상당했다. 그렇지만 내 아이에게 글로벌 스탠더드에 맞는 교육을 시키고 싶다는 꿈만큼은 포기할 수 없었다. 미래의 내 아이가 세계 100위 안에도 들지 못하는 국내 최고 대학을 목표로 아등바등 청춘을 담보하게 하고 싶지는 않았다.

국내에서 외국처럼 공부시키는 방법이 한국에도 있다. 현재 국내 국제학교·외국인학교는 까다롭던 입학 조건이 예전에 비해 많이 완화되어 내국인들에게도 기회가 상당히 열려 있다. 부모 중 한 사람이 외국인이거나 주재원 등의 이유로 3년 이상 해외 체류를 한 조건이 되어 외국인학교를 알아보는 이도 있을 것이고, 자녀의 외국 대학 입학을 목표로 유학을 알아보는 부모도 있을 것이다. 또한 사립 학교의 Immersion(영어몰입) 교육에 관심이 있거나 특목·자사·국제중고 입학 후 글로벌 전형으로 외국 대학에 가는 계획을 갖고 있는 부모도 있을 것이다. 반면에 뉴스 등 매체를 통해 알려진 외국인학교 학비가 너무 비싸 엄두를 내지 못하거나, 지역적 제한이 있거나, 외국인학교를 다니다가 국내 대학으로 진학하고 싶다거나, 중간에 외국으로 전학을 가고 싶은 이도 있을 것이다.

애초에 내가 외국인학교와 국제학교, 미국 대학 입시에 관심을 갖게 된 개인적 계기가 무엇인지 다시 짚어본다.

"내 아이들이 일방적이고 획일적인 커리큘럼 대신 개개인의 개성을 존중하는 교육을 받았으면 좋겠다. 강압적이거나 기계적으로 공부하지 않고, 공부하는 과정 그 자체에서 보람과 행복을 느끼며 정신적인 성숙과 조화로움을 알았으면 좋겠다. 공부도 중요하지만, 운동과 음악도 즐길 줄 아는 균형 잡힌 사람이 됐으면 좋겠다. '다름'이 '틀림'이 아님을 알고, 남과 조화롭게 살아가는 방법을 배웠으면 좋겠다. 우물 안 개구리가 아니라, 세계에서 통할 수 있는 능력과 자질을 갖췄으면 좋겠다. 그리고 이를 바탕으로 세계에 기여하는 사람이 됐으면 한다. 하지만 한국인으로서의 정체감도 잃지 않았으면 좋겠다. 부모와 가족의 정을 알고 표현할 수 있는 따뜻한 사람이었으면 좋겠다. 그리고 무엇보다 중요한 건, 그들의 인생이 즐거웠으면 좋겠다!"

지금 알고 있는 길만이 전부는 아니라고, 이런 길도 한번 가볼 만할 것 같다고 나와 같은 고민을 하는 사람들에게 보여 주고 싶다.

교육에 절대적 결론이나 정답은 물론 없다. 하지만 각자가 판단해야 하는 맞춤식 결론은 있으며, 부모라면 반드시 그것을 고심하여 찾아야 할 의무가 있다. 아이들을 마냥 뛰어놀게 하고, 하고 싶은 것 하게 하고, 편안한 마음으로 살게 하는 것이 그들을 행복하게 만드는 것일까?

아직 꼬맹이인 첫째 아이는 가르쳐주지도 않았는데 벌써 그 답을 내게 알려준다. "엄마, 맛있는 건 맛없는 것보다 나중에 먹어야 해. 그래야 맛있는 맛이 더 많이 느껴져. 엄마, 그러니까 나중에 찾을 수 있게 숨겨져 있는 게 보물 맞지?" 아이는 벌써 맛있는 것을 더 맛있게 먹기 위해 맛없는 것도 기꺼이 감수하거나 그냥 즐겨야 한다는 것을 안다. 순간순간 손을 뻗으면 얻을 수 있는 저급 행복보다 자신이 장난감 속에 꼭꼭 숨겨둔 보물 같은 진짜 행복이 있을 거라 믿고 있다.

이 책에서 다루는 학교들 곳곳 어딘가에 아이들에게 그런 고차원적인 행복을 알려주는 열쇠가 숨겨져 있기를 조심스럽게 기대해 본다.

> " 공교육 안에서 많은 선택이
> 가능한 다양한 교육 체계,
> 앞서가는 테크놀로지 교육 환경과 더불어
> 미국의 교육에서 가장 마음에 드는 점은
> 공부만이 아닌 전인교육을
> 강조하고 실행한다는 것이다. "

어디서부터
어떻게 시작할까?

    장기 여행이나 어학연수, 유학, 파견 근무 등 어떤 이유로든 외국에서 지내거나 살아본 경험이 있는 부모라면 자신들의 직접 경험을 토대로 여러 가지 상황, 여건, 조건 등을 고려해서 자녀의 해외 진학에 대해서 좀 더 수월하고 실제적인 접근이 가능할 것이다. 그런 해외 경험 기회가 없었다면, 외국에서 살아본 적이 있거나 자녀를 유학 보냈거나 한국의 외국인학교, 국제학교 등에 진학시킨 지인들을 직접 미팅해서 조사해 보는 방법도 있을 것이다. 이런 여건마저 녹록하지 않는 상황이라면 인터넷 정보에 의존하되 최대한 올바른 정보들을 선별해서 판단하려는 노력이 필요하다. 그러려면 최대한 많은 리서치를 하는 것이 좋겠다.

    한국에서 유학이나 이주를 준비하거나 국내에서 해외 교육을 준비하는 온라인 커뮤니티들이 인터넷상에 즐비하다. 그 온라인 카페에 가입하여 오픈이 제한적인 정보들을 단계별로 수집하고 적극적으로 교류하는 방법, 유학이나 해외 교육 전문가들의 블로그나 유튜브 등을 통해 정보를 모으는 방법이 있을 것이다. 유학원이나 컨설팅 단체들이 운영하는 사이트는 분명 특정 목적이 있고 이해관계에 따라 객관적 정보를 담보하기 어려울 수 있다는 단점이 있지만, 일단 둘러보고 일차적으로 기본 지식을 익히는 데는 좋다고 생각한다. 그러다가 글쓴이의 마인드가 마음에 들고 그 사이트들의 정보와 글에 신뢰가 간다면 실제 직접 연락을 취해서 상담을 받고 도움을 받는 것도 좋다.

영어가 능통하다면 영어로 된 교육 관련 웹사이트를 검색해서 읽으면 효과적이다. 일단 구글 검색창에 본인이 검색하기 원하는 지역이나 학교 등의 단어를 넣는 것이 첫 시작이다. 그러면 갖가지 매체에 실린 글들이 중요도순, 조회순, 정확도순으로 뜨는데, 미국은 한국만큼 개인 블로그나 그룹 카페가 발달돼 있지 않아서 회원 가입을 따로 할 필요 없이 거의 모든 정보들을 열람할 수 있는 편한 점이 있다. 학교 정보와 랭킹을 보려면 우선적으로 USNEWS(https://www.usnews.com)를, 학교마다 재학생들의 의견과 평가를 보려면 Niche(https://www.niche.com)를 살피는 것이 좋다. 온라인 커뮤니티가 그리 활성화돼 있지 않지만 실제 학생들의 살아 있는 리뷰를 보려면 레딧(www.reddit.com)이나 쿼라(www.quora.com) 등의 소셜 네트워크를 활용하면 좋다.

가장 중요한 일은, 여러 나라들의 교육 환경과 자녀의 성향, 자신의 가정 상황과 경제적 형편 등을 고려해서 자녀를 교육시키고자 하는 나라를 결정하는 것이다. 아이의 교육을 미국에서 받는 것이 좋겠다고 최종 결정을 했다면 이제부터 이 책에서 펼쳐질 정보들이 (조금은 먼 미래일 수 있지만) 큰 도움이 될 것으로 믿는다.

미국 행을 결정했다면 아이를 언제부터 유학을 보낼지 그 시기와 유학의 형태를 고민하게 된다. 일찍 보낼수록 언어적으로도 쉽게 연착륙하겠고 문화적으로도 낯선 환경에의 적응이 빠르겠지만, 아이가 어릴수록 위험 요소도 클 수밖에 없기 때문에 각 가정과 아이의 판단에 따라 신중하게 결정해야 한다.

독립적인 성향이 강하고 경제적인 조건이 허락한다면 탑 보딩 스쿨을 노려보면 좋다. 그리고 기숙학교보다 부모를 대신하는 가정의 따뜻한 보살핌과 조금은 자유로운 생활, 조금은 저렴할 수 있는 유학 비용, 사립 학교를 통학하며 가디언의 보호를 받는 홈스테이 방식을 고려해볼 수 있다.

학교의 유형을 고려하고 학교를 선정하는 이 단계에서도 미국의 어느 지역이 아이에게 가장 적합할지를 생각하는 것이 중요하다. 우선은 가정의 형편과 상황을 고려해야 한다. 아이가 한국의 가족에게 방학마다 돌아와야 하는 상황이라면 그 여정의 기간과 여비에 대한 부담도 있을 것이고, 아무래도 서부보다는 동부의 물가가 비싸다 보니 생활비나 기타 경비도 고려해 볼 수 있을 것이다.

미국은 서부, 중부, 동부의 각 지역별 특성이 굉장히 뚜렷하다. 우선 기후 면에서 한국과 비슷한 뚜렷한 사계절을 선호하면 동부가 맞고 일년 내내 따뜻하거나 더운 것을 선호하면 서부가 좋다. 기후 탓인지 동부 사람들은 좀 더 이성적이고 부지런한 근성이 있는 반면 서부 사람들은 느긋하고 여유 있으며 타인에게 호의적이고 친절하다.

경쟁적이고 성공이라는 목표 중심적이라면 동부가 좀 더 맞을 것이고 전체적인 행복과 삶의 질에 초점을 맞춘다면 서부가 맞을 수 있다. 경제·경영 전공을 희망한다면 월 스트리트로 진입 장벽이 수월한 뉴욕, 학구적이거나 학자로서 꿈이 있다면 명문 학교들이 즐비한 보스턴, 법이나 정치, 행정에 관심이 있다면 워싱턴 디씨나 매릴랜드, 버지니아 지역이 좋을 것이고, 예술이나 미디어, 문화 쪽에 관심과 재능이 있다면 서부 캘리포니아, 컴퓨터사이언스나 IT 쪽 전문가가 되고 싶다면 캘리포니아 북쪽의 샌프란시스코를 중심으로 실리콘 밸리 쪽 유학이 유리할 것이다.

그리고 청소년 시기에 유학을 결심한다면, 미국 보딩 스쿨뿐 아니라 부모와 떨어져 지내야 하는 국내 외국인학교, 국제학교, 또 국외 어느 학교를 진학한다고 해도 대부분 독립적이고 새로운 환경과 사람들에 적응하는 것을 어려워하지 않는 성격 그리고 강한 정신력을 가진 학생이 적합하다.

또한 미국에서는 리더십 항목을 특히 중요하게 생각하기 때문에 리더십이 뛰어난 친구라면 미국 유학에 유리하다. 만약 아이가 다소 소극적인 성격인데 유학을 고려하고 있다면 너무 규모가 큰 학교는 배제하는 것이 좋다. 힘든 적응의 시간을 거쳐야 할 확률이 크기 때문이다. 따라서 규모가 작으면서도 커뮤니티의 끈끈한 유대감이 강해 보이는 곳을 선별하는 것이 좋다. 이 경우 아시안 비율이 상대적으로 높은 학교로 보내는 것도 한 방법이다. 이는 대학을 선정할 때도 적용되는데, 아이가 알아서 적극적으로 찾아 나서고 결정하는 스타일이 아니라면 교수들이나 카운셀러의 지도와 영향력이 상대적으로 큰, 규모가 작은 대학을 선택하는 것이 좋다.

한국에서는 대부분 공부 성적의 잣대만으로 대학 입시의 판가름이 나는 데 반해 미국은 정말 다양한 방법과 평가를 통해 입학 사정을 하기 때문에 만약 어떤 특정 분야에서 뛰어난 재능을 보이거나 특기가 있는 경우에는 어릴 때부터 유학을 시켜 그 재능과 특기를 극대화시키고 발전시킨다면 입시에도 유리하고 아이의 성공적인 미래를 기대해 볼 수 있을 것이다. 실제로 어릴 때 피아노에 재능이 남달라 뉴욕의 줄리어드 프렙 스쿨에 지원해서 유학하여 최종 줄리어드 음대와 컬럼비아 대학 동시 진학에 성공한 사례도 있다.

아이를 유학 보내는 시기, 유학 지역과 학교 유형에 따라 그 비용은 많이 달라질 수 있지만 대략적으로 살펴본다면, 우선 기숙사 생활을 포함하는 보딩 스쿨 학비는 연 7만~8만 불 선이다.

여기에 학교에서 요구하는 추가 비용(연수 프로그램, 책이나 실험, 장비 등)과 과외 활동, 예를 들면 학교 오케스트라 대원으로서 바이올린을 연주하고 따로 레슨을 받는다면 그 레슨비와 팀 스포츠를 한다면 개인 훈련비나 경기 나갈 때 참가비 혹은 여행 경비 등이 추가될 것이고, 아이의 개인 용돈과 방학 때 집을 오고 가는 항공비 등 교통비도 더해야 할 것이다.

주니어 보딩 스쿨부터 생각한다면 이것들을 더한 연 비용을 6~7년 동안 부담해야 하고 고등학교 과정인 보딩 스쿨만을 생각한다면 4년 동안 이 연 비용을 부담하면 된다. '사립 학교와 홈스테이' 옵션을 고려한다면 사립 학교 비용은 적게는 연 2만 불에서 많게는 4만 불 정도이고 홈스테이 역시 지역에 따라 차이가 많지만 동부 안전한 지역의 한국 가정 경우 연 3만 불에서 많게는 5만 불 정도 잡아야 한다. 미국 가정으로 홈스테이를 정할 경우 비용은 다소 낮아질 수 있지만 문화라든지 홈스테이의 개념 차이로 인해 식사라든지 여타 케어는 만족스럽지 않을 수도 있다는 점을 유념해야 한다.

미국에 보낼 여건이나 마음의 결정이 어렵다면 아이가 국내에서 미국 입시를 준비할 수 있는 학교들의 입학에 관한 정보를 수집하면 되고, 가족이 다 함께 미국 행이 결정됐거나 추후 가능한 상황이라면 그 특정 체류 목적에 맞는 정보를 모아가면 될 것이다. 아예 미국 이민을 고려한다면 조금은 긴 시간 여유를 갖고 가족 전체의 이주에 필요한 각각의 정보를 하나하나 추려가야 할 것이다.

> "여러 나라들의 교육 환경과 자녀의 성향,
> 자신의 가정 상황과 경제적 형편 등을 고려해서
> 자녀를 교육시키고자 하는
> 나라를 결정해야 한다."

PART 2

탑 대학에 앞서
탑 고등학교 고려하기

탑 보딩 스쿨, 왜 갈까?

미국에서 8학년이 되는 아이가 있는 가정이라면, 지역 학군의 공립 고등학교를 보낼지 욕심을 내어 사립 학교를 보낼지 한 번쯤 고민하게 된다. 사립 학교는 크게 Day School(집에서 통학하는 학교)과 Boarding School(학교 안에 기숙사가 있어 숙식을 함께하는 학교)로 나뉜다. 아직 어리다고 생각되는 자녀를 집 근처에서 통학시키고 싶은 마음이 크겠지만 가까운 곳에 적절한 옵션이 없거나 아이의 특성상 독립적인 상황을 일찍 만들어 주고 싶다는 등 여러 가지 이유로 멀리 떨어진 보딩 스쿨(기숙학교)을 고려하기도 한다.

한국이나 국외에 거주하는 가정이라면 아이의 학업 수준, 지역, 학비 등을 고려해 사립 학교를 선정하고 지원해서 입학 허가서를 얻어 학생 비자를 발급받는 것이 현재로서는 합법적으로 유일하게 미국에 유학시키는 방법이다.

탑 보딩 스쿨들을 보통 아이비 피더 스쿨(Ivy Feeder School)이라고 칭한다. 그만큼 아이비 진학을 많이 시킨다는 즐거운 별명일 것이다. 예를 들어 탑 보딩 스쿨들 가운데 하나인 필립스 아카데미 앤도버(Phillips

Academy Andover)의 2015년 대학별 입학/등록자 수(Matriculation)를 보면, 이 학교의 한 학년 학생수는 320명 정도인데 그 가운데 89명, 약 28%의 학생들이 아이비 학교에 진학했다.

그와 비교하여 미 전역 최고의 공립 특목고로 뽑히는 토마스 제퍼슨 과학고(Thomas Jeffereson High School for Science and Technology)의 2016년 아이비리그 합격자 수(College Acceptance)를 보면 졸업생 460명 중 약 10%였다. 이는 중복 합격한 학생들을 다 포함한 수치여서 실제 진학률은 떨어질 수 있다. 물론 아이비가 아닌 수많은 다른 훌륭한 대학들까지 포함하면 명실공히 탑 공립 학교의 명성에 걸맞은 입시 결과를 보여 주었고 이는 다른 공립 학교들에 비하면 엄청난 입시 결과임에 분명하다. 보통 공립 학교들 대다수의 전교 1등 학생도 아이비에 가기가 어렵다고들 말하기 때문이다. 왜일까?

수치적으로 분석해 보아도 간단하다.

미국에는 총 약 26,700여 개의 고등학교가 있고 미국 내 12학년이 5백만 명이 넘는다. 그런데 아이비리그 총 8개 학교의 Class of 2025(2021년에 입학하는 학생)의 학생 수는 16,700명이 채 안 된다.

26,700개 각 학교의 전교 1등들도 아이비에 모두 진학할 수 없다. 단순 비율로 계산하면 한 고등학교 졸업생의 0.3%만이 아이비를 갈 수 있고, 각 학교 전교 1등들이 아이비에 가려면 아이비 정원이 약 60% 늘어나야 가능하다.

이러한 간단한 분석을 통해 보아도 역시 탑 보딩을 왜 아이비 피더라고 부르는지 알 수 있다. 보딩 스쿨은 기본적으로는 학교 성적, 표준 테스트 SSAT나 ISEE, 인터뷰, 추천서 등으로 걸러진 학생들이 모인 곳이기 때문에 지역 학군에 따라 모이는 공립 학교들보다 입시 결과가 상대적으로 좋을 수밖에 없다.

만약 보딩 스쿨이 보스턴에 위치해 있다면 주 버프를 받아 하버드 진학률이 높다.

커네티컷에 위치한 탑 보딩 가운데 하나인 Choate Rosemary Hall 학교는 같은 주 뉴해븐에 위치한 예일 대학의 피더 스쿨로 불린다. 하버드나 예일과 같은 주에 위치한 학교라면 그 학교 카운슬러와 하버드나 예일의 입학 사정관(Admission Officer)이 긴밀한 커넥션을 가지고 있는 경우가 많다. 전 코넬 입학 사정관이었고 현 프린스턴 입학 사정관인 스티브 프리드펠드는 "사립 고등학교 카운슬러는 대학 사정관들과 친분이 많다. 그래서 사립 고등학교 학생들이 입학에 매우 유리한 것이 사실이다."라고 밝힌 바 있다.

그리고 미국에는 레거시(Legacy) 제도가 있어서 부모가 그 학교 교수나 교직원이라든지 졸업생인 경우, 또 형제자매가 그 학교에 다니고 있을 경우 입학에 가산점을 받는다. 한 가정의 1년 생활비를 훌쩍 넘는 금액을 등록금으로 낼 수 있는 가정에서 지원하는 것이 보통이니 돈이 많아 기부금을 낼 수 있는 수준의 학생들도 많을 것이고 실제로 미국은 기부금 입학이 가능한 나라이다.

어쨌든 여러 가지 이유가 있겠지만 웬만한 수준의 보딩 학교라면 아이비에 가는 학생 비율이 20% 정도인데 비해 그 주에서 내로라하는 탑 공립 학교의 아이비 진학률이 1~3%를 넘기기 힘든 것이 사실이니, 왜 돈을 들여 사립 학교를 가는지 이것만으로도 충분한 설명이 되었으리라 본다.

여기에 부모들은 비슷한 환경에서 자라고 부모의 지적, 경제적 수준이 비슷하여 그 수준의 가정 교육을 받고 자란 아이들끼리 친구가 되고 같이 공부하여 사회에 나가서도 같은 인맥과 결속력을 가지고 일하기를 원하는 심리가 있다. 한마디로, 집안 좋고 공부 잘하고 '돈'도 많은 아이들이 가는 곳이 탑 보딩이다. 거기에 운동 리크루트나 악기로 특별한 재능이 있는 등 좋은 대학에서 원하는 기여 요소(Contributing Factors)를 갖춘 아이들과 First Generation(부모의 최종 학력이 대학 졸업이 아니고 가족 중 자녀가 처음 대학에 가는 경우), URM(Underrepresented Minority, 특종 인종에 대해 입학 시 유리한 결정을 주는 제도) 등의 소수자나 소외자 우대가 이미 많이 반영된 곳이 탑 보딩이다.

" 보딩 스쿨은 기본적으로는
학교 성적, 표준 테스트 SSAT나
ISEE, 인터뷰, 추천서 등으로
걸러진 학생들이 모인 곳이기 때문에
지역 학군에 따라 모이는 공립 학교들보다
입시 결과가 상대적으로
좋을 수밖에 없다. "

동네 괜찮은 사립이 탑 보딩 또는 탑 공립의 대안이 될 수 있을까?

미국에는 동네마다 크고 작은 사립 학교들이 많다. 한국에 거주하는 부모들이 미국의 명문 리버럴 아츠 칼리지(LAC)들을 잘 모르듯 이렇게 넓은 미국 땅 곳곳의 많은 사립 고등학교들을 다 잘 알 수는 없다. 미국에 거주하는 부모들조차도 이름만 대면 모두가 아는 탑 보딩들과 자기 동네에서 유명한 사립 외에는 사실 잘 모르는 경우가 많을 것이다.

보딩 스쿨은 기숙사비까지 큰 비용을 부담하지만 통학이 가능한 데이 스쿨 경우는 약 4만 불/년 학비로도 가능하며 기독교나 가톨릭 등 종교 학교인 경우 2만 불/년 안에서도 등록이 가능하다. 그렇다면 동네에서 평가가 괜찮은 사립 고등학교들이 대학 입시에 유리할까?

만약 학군이 그리 좋지 않은 동네에 살고 있고 4년 동안 사립 고등학교 학비를 부담하는 데 있어 큰 무리가 없는 가정이라면 고민의 여지가 별로 없다. 무조건 사립을 보내는 것을 추천한다. 4년 학비만큼의 가치는 충분히 있다고 본다. 공립에 비해 적은 학생 수, 그에 비해 넉넉한 교사 비율, 그리고 그 지역 및 명문대 입학 사정관들과 친밀한 관계를 형성하고 있는 카운슬러의 역할 등 이 기본적인 사실만 보더라도 지역 사립 학교가 자녀를 케어하고 신경 쓰는 데 훨씬 나은 옵션일 것이다.

'아이는 사막에 데려다 놓아도 잘 큰다'라는 철학을 가진 부모라면 굳이 돈을 들여 아이를 사립에 보낼 필요가 없다. 온실 속의 화초, 잘 골라 놓은 반질반질 자갈이 아닌, 잡초 속에서 거칠고 모난 돌 조각들 속에서 키워야 한다는 교육관을 가진 부모라면 혹은 말이다. 하지만 대부분의 부모는 아이가 큰 역경과 어려움 없이 사춘기를 보내고 나쁜 친구들과 엮이는 일이 없기를 바란다. 좀 더 괜찮은 친구들과 좀 더 나은 환경에서 좀 더 수준 높은 가르침을 받기를 원한다면 동네 괜찮은 사립을 찾아보아라.

그런데 학군이 꽤 좋은 혹은 탑 공립이 포진한 학군에 사는 경우라면? 고민이 될 것이다. 학군이 좋은 동네는 집값도 높고 그만큼 집 소유세(Property Tax)도 높은 법인데, 그 비용을 감수하고도 그 지역에 사는 큰 이유 가운데 하나가 아이를 공짜로 수준 높은 공립 교육을 받게 할 수 있기 때문일 것이다. 그런데 굳이 돈을 들여서 동네 사립을? 그것도 누구나 들어가고 싶어하는 탑 보딩도 아니고 동네 사립을? 망설여질 것이다. 이것은 어느 쪽이 절대적으로 낫다기보다 그 가정의 가치관에 따라 또는 아이의 결정에 맡기는 편이 좋겠다.

하지만 꼭 탑 사립 학교가 아니더라도 동네에서 좋은 평가를 받고 있는 사립이고 학비가 큰 부담이 아니라면, 학군 탑 동네에서 자동으로 배치되는 탑 공립 학교보다 입시 결과는 나을 수도 있다. 좀 더 덜 경쟁적으로 아이가 편안하게 학교에 다닐 것이며, 카운슬러의 따뜻하고 든든한 보살핌 아래 대학 지원에 대한 전반적인 코칭을 받을 수도 있다. 이 경우 고액 컨설팅을 따로 받지 않더라도 학교에서 모든 것이 해결 가능할 수도 있다. 그러니 학비 대비 꽤 괜찮은 투자가 될 수도 있다는 말이다.

로렌스빌스쿨 번 도서관 ©Wikipedia

　　보통 사립 학교는 공립에 비해 학점에 조금 더 관대하다는 의견들이 많다. 한마디로 엄청나게 빡세게 공부하지 않아도 그에 비해 상대적으로 좋은 학점을 받을 수도 있다는 뜻이다. 이것은 의견이 분분할 소지가 있어서 조심스럽지만 중요한 건, 학교 카운슬러가 아이 각각의 수준과 개성과 방향을 잘 파악하고 있기 때문에 대학 지원에 있어 좀 더 수월한 과정을 거칠 수 있다는 점이다. 지원할 대학 리스트를 작성하는 데 있어서도 적극적으로 도와 주고 함께 결정해 나가기 때문에 대부분 원하는 학교에 매칭이 잘 된다고 한다.

　　한 가톨릭 사립 학교의 오픈 하우스에서 교장이 한 말을 인용해 보면, "터무니 없이 실력에 비해 좋은 대학에 합격시킬 수는 없다. 하지만 그 학생이 생각해 볼 수 있는 가능한 선의 학교들 가운데 가장 높은 순위의 학교, 가장 가고 싶은 학교에 합격시킬 수 있게 만든다. 이것이 사립 학교의 장점, 우리 학교의 강점이다." 동네 괜찮은 사립에서 웬만큼 잘하는 아이라면 아이비리그 정도의 탑 대학들을 무조건 욕심 내는 것은 무리일 수도 있지만, 탑 20~30위권 대학, 특히 사립 대학들을 지원한다면 합격 가능성이 크다고 볼 수 있다.

탑 보딩과의 비교도 탑 공립과 다르지 않다. 결론적으로 동네 괜찮은 사립이 탑 보딩보다 입시 결과가 나을 수도 있다. 물론 그렇지 않을 수도 있겠지만, 중요한 것은 탑 보딩 스쿨은 부자라고 해서, 혹은 아이가 똑똑하다고 해서 모두 들어갈 수 있는 것은 아니라는 점이다. 사실 대학을 잘 가기 위한 목적으로만 가는 곳도 아닌 것 같다.

보딩 스쿨에서 아시안 아이들은 백인들의 들러리가 되기 십상이라는 소리가 있다. 일반화시켜 단정 지을 수는 없겠지만, 백인들은 워낙 레거시나 운동 특기자, 기부금 등 다양한 스펙트럼을 가지고 있고 그에 비해 아시안들은 아카데믹 성적과 수상 활동에 치우치는 경향이 있다 보니, 아무래도 전인적이고 전반적인 평가를 고려하는 아이비나 명문 사립 대학의 문턱이 상대적으로 높을 것이다. 그러니 입시가, 같은 학교 내 경쟁이라는 점까지 감안한다면 탑 보딩보다는 괜찮은 순위의 사립들을 공략해서 지원하는 것이 대학 입시 면에서만 본다면 좋은 결정일 수도 있다.

" 사립 학교는 좀 더 덜 경쟁적으로
아이가 편안하게 다니면서,
카운슬러의 따뜻하고 든든한 보살핌 아래
대학 지원에 대한
전반적인 코칭을 받을 수도 있다."

SSAT 완벽 준비

SSAT(Secondary School Admission Test)는 미국 소재 700개 이상의 사립 학교(보딩 스쿨, 데이 스쿨)에서 입학 시 요구하는 시험이다. 매년 8회(1, 2, 3, 4, 6, 10, 11, 12월) 시행되며 Lower level(5, 6, 7학년)과 Upper Level(8, 9, 10, 11학년)로 나뉘고 Verbal, Reading, Math 그리고 Essay로 구성되어 있다. Essay는 점수 평가 없이, 지원하는 학교로 직접 전송된다. 사립 학교에서는 학생이 성공적으로 학업 및 학교 생활을 영위할 수 있는지 파악하기 위하여 학생의 여러 가지 성향(Initiative, Intellectual Engagement, Open-Mindedness, Resilience, Self-Control, Social Awareness, and Teamwork)을 평가하는 "The Character Skills Snapshot" 점수를 요구할 수 있다. 이 테스트는 온라인으로 직접 볼 수 있으며, 1년에 한 번만 가능하다.

각 과목의 특성을 살펴보면, 우선 Verbal Reasoning Section은 Synonym과 Analogies 두 부분으로 나뉘는데 각각 15분씩 30문제를 풀면 된다. Synonym은 주어진 단어와 가장 비슷한 단어를 찾는 문제이고, Verbal Analogy에서는 두 가지 Pair of Words가 주어지는데 첫 번째 Pair of Words를 기초로 두 번째 Pair of Words의 의미가 첫 번째 Pair of Words와 똑같거나 비슷한 의미로 만들어질 수 있는 단어를 찾으면 된다. 학생이 학업에 필요한, 얼마나 다양하고 많은 단어들을 알고 있는지, 주어진 단어들의 관계를 얼마나 정확히 알고 있는지 평가하며, 문제의 난이도는 번호가 커질수록 높아진다.

Reading Comprehension Section은 6~8개의 단락들(Passages: Humanities, Social Studies and Science)로 이루어져 있고, 각각의 passage에서 4~7문제가 출제되며, 40문제를 40분 안에 풀어야 한다. Main Idea Question, Detail Question, Inference Question, Tone or Mood Question, Vocabulary Questions, Organization or Logic Question으로 문제 유형이 나뉘는데, 먼저 문제를 읽은 뒤 Passages를 읽고 주제와 작자가 글 쓴 의도를 빨리 파악하는 수순으로 풀어 나가는 것이 좋다. 만약 정답을 모르겠다면 다시 Passage로 돌아가 빨리 읽으면서 Passage에서 답을 찾아야 하는데, 여기서 팁은 연관된 문장 즉 참고 문장(Line References)을 찾는 것, 그리고 틀린 문항을 하나씩 제거(Process of Elimination)해 나가는 것이다. 모르는 문제나 지문이 긴 경우, 붙잡고 있지 말고 일단 뛰어 넘은 뒤 아는 문제를 다 풀고 다시 돌아와 해결하는 것이 좋다.

Essay Section은 Topic(A Short Phrase or Proverb)과 Assignment(Agree or Disagree)로 구성되고, 제한 시간은 25분이며, 오답이나 정답은 없다. 경쟁력 있는 에세이를 작성하기 위해서는 본인의 주장을 에세이 질문과 직접적으로 연관된 2~3가지의 예문(Current Event, History, Literature)과 함께 논리적으로 서술하는 것이 중요하다. 일단 아이디어 모으기(Brainstorm)를 통해 Topic에 관하여 생각하고 관련된 내용을 간단히 메모하는 것을 시작으로, Topic과 관련한 본인의 생각을 중심 문장과 예문으로 간략히 정리하며 전체 개요(Outline)를 만든 뒤, 자기의 주장을 서론, 본론, 결론으로 구성하여 논리적으로 서술해 나간다. 마지막에는 스펠링을 빼 먹거나 잘못 쓰는 등 실수가 없는지 확인하고 단어를 첨삭하는 등 마지막 점검(Proofread)을 꼼꼼히 하며 마무리한다.

수학 영역은 60분 동안 총 50문제를 풀어야 한다.

SSAT를 볼 때는 맞는 답은 1점, 틀린 답은 1/4점을 마이너스하는 벌점 체제 방식으로 총점을 산출한다는 점을 반드시 유의해서, 모르는 문제의 답을 임의로 적어 넣는 일이 없도록 해야 한다. 테스트 준비가 되었다면 www.ssat.org에 접속하여 등록 후 신청하면 된다.

" SSAT는
미국 소재 700개 이상의
사립 학교(보딩 스쿨, 데이 스쿨)에서
입학 시 요구하는 시험이다. "

뉴저지·뉴욕·코네티컷 그리고 캘리포니아의 탑 사립 학교들

미국에서 교육의 3대 주라고 하면 뉴저지, 보스턴 그리고 코네티컷을 꼽는다. 뉴욕 주도 학군이 센 지역들의 훌륭한 공립 학교, 수준 높은 특목고 및 사립 학교 들이 아주 많지만 주 면적이 워낙 크다 보니 통계상에서 조금은 뒤처지는 것 같다.

여기서는 소위 동부의 트라이앵글이라고 불리는 뉴저지, 뉴욕, 코네티컷 주의 탑 사립 학교들을 중심으로 소개해 본다.

뉴저지

■ **The Lawrenceville School** (https://www.lawrenceville.org)

1810년에 설립된 The Lawrenceville School은 9~12학년을 제공하는 보딩 스쿨이다. 40여 개국, 미국 내 30개 주의 다양한 학생들이 모여 특별한 역사와 문화를 이루어 가는 교육 공동체이다. 미 전역에서도 손꼽히는 아카데믹 명문 학교이며 인종과 출신의 다양성으로 세계적으로 Lawrentian 동문들의 활약이 크다. 연간 학비는 68,870불 정도이다.

■ **Gill St. Bernard's School** (https://www.gsbschool.org)

Gladstone에 위치한 208에이커(acre)에 달하는 아름다운 부지에 설립된 데이 스쿨로서 프리스쿨에서 12학년까지 학제를 제공하고 있다. 다양한 Liberal arts 커리큘럼을 자랑하며 아트와 스포츠에서 뛰어난 성적을 거두고 있으며 동시에 엄격한 아카데믹 수업을 제공하고 있다. 연간 학비는 42,000불 정도이다.

■ **Newark Academy** (https://www.newarka.edu)

1774년 중부 뉴저지의 Livingston에 세워진 데이 스쿨로서, 학생과 선생 간 유대감을 통해 아카데믹한 영향력을 증진시키며 스포츠 클럽과 미술 등 여러 훌륭한 액티비티를 갖춘 명문으로서, 뉴저지 탑 사립 고등학교 순위 3위를 기록하고 있다. 학비는 연간 45,240불 정도이다.

■ **The Pingry School** (https://www.pingry.org)

K에서 12학년까지 제공하고 있는 데이 스쿨로서 1861년 John F. Pingry가 설립했으며, 저학년은 Short Hills, 고학년은 Basking Ridge와 Pottersville에 캠퍼스가 위치하고 있다. 총 1,100여 명의 학생이 재학하고 있으며, 학비는 연간 45,000불 정도이다.

■ **The Peddie School** (https://www.peddie.org)

프린스턴 대학교와 가까운 Mercer County의 Hightstown에 위치한 The Peddie School은 280에이커의 드넓은 부지에 세워진 9~12학년의 보딩 스쿨이다. 2021~22년의 등록비는 연간 보딩 기준 65,600불이며 통학할 경우 56,300불 정도이다. 뉴욕과 필라델피아에서 한 시간 거리인 중부 뉴저지에 위치한 지리적 장점을 가진 명문 학교이다.

북뉴저지 지역

- Dwight-Englewood School (http://www.d-e.org)
- Rockland Country Day School (http://rocklandcds.org)
- Immaculate Heart Academy (https://www.immaculateheartnj.com)
- Saddle River School (https://www.saddleriverday.org)

뉴욕 맨해튼과 브롱스

- **Trinity School** (https://www.trinityschoolnyc.org)

맨해튼의 북서쪽에 위치한, k~12학년 전 학년을 아우르는 트리니티 학교는 뉴욕뿐 아니라 미 전역에서 가장 엘리트 학교로 손꼽히는 곳들 가운데 하나이다. 전 학년 학생 수는 총 2,200여 명이며 학비는 연 6만 불 정도이다. 누군가의 추천이 없으면 들어가기가 거의 불가능할 정도로 엄청난 레거시와 상류층의 인맥이 총동원되는 학교이다.

- **Horace Mann School** (https://www.horacemann.org)

HM은 브롱스에 위치하고 있으며 영·유아에서 12학년 전 학년을 아우른다. 미국 교육의 아버지라고 불리는 Horace Mann이 1887년 학교를 설립했으며 미국에서 세 번째로 영향력 있는 학교로 선정된 바 있다. 학생 수는 총 1,800여 명이며 학비는 연 55,000불 정도이다.

- **Dalton school** (https://www.dalton.org)

1919년 설립된 달튼 학교는 맨해튼에 위치해 있으며, 미국 내에서 또 국제적으로도 진취적인 명성을 자랑하고 있다. 아주 엄격하고도 도전적인 교과목들을 채택하고 있으며 학생 수는 총 2,685명, 연 학비는 55,000불 선이다. 2011년에 한국의 인천 청라국제도시에 자매학교인 달튼 외국인학교가 신설되었다.

★ Niche 선정 2023년 뉴욕 시티(NYC)에서의 Top 10 사립 학교 순위는 다음과 같다.

1. Trinity School, Manhattan
2. Riverdale Country School, the Bronx
3. Brearley School, Manhattan
4. Regis High School, Manhattan
5. Horace Mann School, the Bronx
6. Collegiate School, Manhattan
7. Convent of the Sacred Heart, Manhattan
8. The Spence School, Manhattan
9. Rye Country Day School, New York
10. The Nightingale-Bamford School, Manhattan

코네티컷

■ Hopkins School (https://www.hopkins.edu)

1660년 코네티컷 식민지의 주지사였던 에드워드 홉킨스(Edward Hopkins)가 '희망 있는 청소년'을 육성하자는 취지 아래 자신의 재산을 기부해 설립한 명문 학교이다. 예일 대학교가 있는 뉴 헤이븐(New Haven)에 위치해 있으며 7~12학년 학생 714명이 다니는 데이 스쿨로서 학비는 연 44,750불 정도이다.

■ The Hotchkiss School (https://www.hotchkiss.org)

1891년 설립된 뉴잉글랜드 지역 최고의 명문으로 꼽힌다. 9~12학년 600명 학생들이 재학하고 있으며 96%의 학생들이 총 13개 기숙사에 거주하는 보딩 스쿨이며 4%의 소수만이 통학하고 있다. 학문적 우수성과 더불어 국제적인 리더와 체인지 메이커가 되도록 인재를 키우는 데 주력하며, 전 세계 명망 높은 가문들과 부자들의 자제들이 대대로 입학을 희망하는 학교이기도 하다.

★ 2021년 미국의 Top 15 사립 고등학교 순위는 다음과 같다.

1. Trinity School, NY
2. Collegiate School, NY
3. Brearley School, NY
4. Roxbury Latin School, MA
5. Winsor School, MA
6. Dalton School, NY
7. The Spence School, NY
8. Horace Mann School, NY
9. The Chapin School, NY
10. Riverdale Country School, NY
11. Noble & Greenough School, MA
12. National Cathedral School, DC
13. St. Paul's School, NH
14. Hunter College School, NY
15. Rye Country Day School, NY

캘리포니아

미 서부는 동부에 비해 상대적으로 사립 학교 수도 적고 그에 따른 명문 사립도 적은 편이지만 학부모들의 마음을 사로잡는 몇 학교들을 소개해 본다.

■ The Cate School (https://www.cate.org)

산타바바라에서 11마일 떨어진 California Carpinteria에 위치해 있고, 9~12학년의 보딩 스쿨이면서 통학이 가능한 데이 스쿨도 운영하는 남녀 공학 학교이다. 학비는 보딩 스쿨은 연 68,000불, 데이 스쿨은 53,000불 정도이다.

■ The Webb School (https://www.webb.org)

로스엔젤레스와 클레어몬트 대학에서 가까운 남부 캘리포니아의 심장부에 위치한, Thompson Webb에 의해 1922년 설립된 남학교이다. 9~12학년의 보딩 스쿨이면서 아주 제한적으로 데이 스쿨 학생을 받고 있다. 1981년에 여학생을 위한 Vivian Webb School이 신설됐으며 연간 학비는 66,130불 정도이다.

■ Harvard Westlake School (https://www.hw.com)

하버드 웨스트 레이크는 로스엔젤레스에 위치한 남녀 공학 데이 스쿨이다. 7~12학년 총 1,600여 명이 재학하고 있으며 연간 학비는 44,500불 정도이다. 하버드 대학교의 이름을 따서 학교명을 지은 것에서 알 수 있듯이 하버드를 비롯한 아이비리그 진학을 목표로 하는 College Prep School이자 Ivy Feeder School이다. 서부의 탑 사립이라는 명성에 걸맞게 실제로 12학년 240여 명 가운데 매년 평균 30~40%를 아이비

학교에 합격시키고 있다.

이외에도 파사디나(Pasadena) 지역의 폴리테크닉 학교(https://www.polytechnic.org), 라 캐나다(La Canada)의 플린트리지 프렙 스쿨(https://www.flintridgeprep.org), 남자 학교인 로욜라 하이 스쿨(https://www.loyolahs.edu), 여자 학교인 말보로 하이 스쿨(https://www.marlborough.org) 같은 사립 학교들 경우는 아이비리그 학교들을 포함한 명문 대학 합격률이 동부의 탑 스쿨들과 비교해서 전혀 떨어지지 않는다.

참고로, 사립 학교는 아니지만 플러튼(Fullerton) 지역의 트로이 학교(Troy High School), 세리토스(Cerritos) ABC 학군의 위트니 하이 스쿨(Whitney High School), 사이프레스(Cypress) 지역의 옥스퍼드 학교(Oxford Academy)는 7학년부터 있는 마그넷 스쿨(Magnet School, 명문 특성화 학교)로 그 지역의 우수 학생들이 경쟁적으로 몰리는 학교들이다. 이곳들의 대입 결과 역시 상당하다.

> "미국에서
> 교육의 3대 주라고 하면
> 뉴저지, 보스턴 그리고 코네티컷을
> 꼽는다."

뉴욕 특수 목적 고등학교
(Specialized High School)

뉴욕 시 교육부가 선정한 9개의 특목고에 가기 위해서는 예술계로 분류되는 라과디아 예술 고등학교(Fiorello H. LaGuardia High School of Music & Art and Performing Arts)를 제외하고 Specialized High Schools Admissions Test(SHSAT)라는 시험을 치러야 한다.

■ 스타이브센트 고등학교 (Stuyvesant High School)

'Stuy'라는 약칭으로 불리며, 1904년에 개교하여 1930년대에 이미 시험을 치러야 입학할 수 있었던 가장 널리 알려진 학교로 연간 약 800명의 신입생을 선발한다. 최고의 입학시험(SHSAT) 점수로 선발된 학생들의 선의의 경쟁을 바탕으로, 높은 SAT/AP 점수와 명문대 진학률, 각종 내셔널 대회에서의 입상은 물론이며 맨해튼 중심부에 위치하여 NYU 등 유수 대학 및 기업체의 연계 프로그램에 인턴으로 참가할 수 있는 기회가 주어진다. 과학과 수학에 특화된 학교이지만 인문학과 체육, 음악 특기 활동도 활발히 이루어진다. 버지니아의 토마스 제퍼슨 고등학교(Thomas Jefferson High School)와 함께 미 전역 최고의 공립 학교로 손꼽는다.
📍 345 Chambers Street, New York | www.stuy.edu

■ 브롱스 과학 고등학교 (The Bronx High School of Science)
스타이브센트와 더불어 한인 학생들에게 가장 선망의 대상이 되는 과학 특목고이다. 8명의 노벨상 수상자와 6명의 퓰리처상 수상자를 배출한 학교로도 유명하다. 브롱스 동물원에서의 동물 행동 관찰 프로그램, 홀로 코스트 연구, 학교 자체 내의 천문관(Planetarium)이 있을 만큼 다양한 범위의 교육 환경을 최상의 수준으로 제공한다. 큰 규모의 학교이지만 소수 정예식의 교육을 표방한다.

📍 75 West 205 Street, Bronx | www.bxscience.edu

■ 브루클린 테크니컬 고등학교 (Brooklyn Technical High School)
스타이브센트, 브롱스 과학고와 함께 최고의 특목고로 손꼽는다. 5,000명이 넘는 정원을 수용하는 웅장한 건물에는 3D 애니메이션 및 로보틱 연구실, 3,000석이 넘는 좌석의 강당, 올림픽 규격의 수영장까지 갖추고 있다. 다양한 AP 과목은 물론이며 음악과 16개의 스포츠 팀, 76개의 클럽 활동을 운영하고 있다.

📍 29 Fort Greene Place, Brooklyn | www.bths.edu

■ 시티 칼리지 수학, 과학, 엔지니어링 고등학교 (The High School for Math, Science and Engineering at the City College of New York)
2002년에 개교한 비교적 새로운 특목고이며, 뉴욕 시립대(CCNY)의 카페테리아, 실내 운동장, 도서관 등의 부대시설을 함께 사용한다. 과학 특목고이지만, 인문학의 토대를 강하게 다지는 커리큘럼을 제공한다. 외국어로 독일어와 스페인어를 선택할 수 있으며 특히 독일어 수업은 미 전역에서 가장 방대한 프로그램 중의 하나이다. 독일 문화원과 연계한 프로그램으로 독일로 3주간 연수를 갈 수 있는 기회도 제공한다.

📍 240 Convent Avenue, New York | www.hsmse.org

■ 브루클린 라틴 고등학교 (The Brooklyn Latin School)

과학 특목고로 분류되는 대부분의 학교와 달리 인문학을 중심으로 깊이 있는 교육을 표방한다. 토론식 수업인 소크라테스 세미나(Socratic Seminar), 글쓰기, 대중 연설 등을 강조하여 미래의 변호사, 정치가, 사업가를 꿈꾸는 학생들이 많다. 수학, 과학, 영어, 역사 및 라틴어 수업이 4년간 필수로 포함된다.

📍 223 Graham Avenue, Brooklyn | www.brooklynlatin.org

■ 리만 칼리지 아메리칸 스터디스 고등학교 (High School of American Studies at Lehman College)

2017년 U.S News지에 의해 뉴욕 지역 최고의 고등학교 1위로 뽑힐 만큼 실력 있는 학생들이 모인 인문학 중심의 고등학교이다. 이름에 나타나듯이 미국 역사를 3년간 심도 있게 배우며, 각종 역사적 사건과 정치 현안들에 대해서 토론한다. 건물 자체는 작지만 리만 대학과 부대시설을 함께 사용한다. 소수 정예의 학교로 전교생이 서로 알고, 지원하는 시스템으로 알려져 있다.

📍 2925 Goulden Avenue, Bronx | www.lehman.cuny.edu/hsas

- **라과디아 예술 고등학교 (Fiorello H. LaGuardia High School of Music & Art and Performing Arts)**

배우 김윤진, 제니퍼 애니스톤, 알 파치노 등 월드 스타들의 모교인 라과디아 예술고교는 9개의 특목고 중 유일한 예술 학교이다. 철저한 오디션을 통해 선발된 학생들은 미술, 드라마, 댄스, 음악을 전공하게 된다. 최고의 교사진이 함께하며, 예술의 중심인 뉴욕 맨해튼에서 공연과 전시를 일찍부터 경험한 학생들은 대부분 관련 대학으로 진학하여 예술가로서의 길을 걷는다.

  ♀ 100 Amsterdam Avenue, New York | www.laguardiahs.org

- **요크 칼리지 퀸즈 과학 고등학교 (Queens High School for the Sciences at York College)**

한해 100명의 신입생을 선발하며 한 반은 평균 27명을 유지하는, 규모상으로는 작은 소수 정예의 학교이다. 일부 학생들은 요크 칼리지의 교수진의 연구 프로젝트에 참여하거나 마운트 사이나이 의대(Mount Sinai School of Medicine), 브루클린 뮤직 아카데미 등과의 연계 프로그램에 참여할 수 있다. 요크 칼리지의 부대 시설을 함께 사용한다.

  ♀ 94-50 159 Street, Jamaica | www.qhss.org

- **스태튼 아일랜드 테크니컬 고등학교 (Staten Island Technical High School)**

졸업률, 리전트 시험 점수 및 출석률에서 지속적으로 뉴욕 시 최고의 학교 중 하나로 손꼽힌다. niche.com에 따르면 Staten Island Tech는 뉴욕 주에서 2위, 전국에서 13위를 차지한다. 입학은 특성화 고등학교 입학 시험에서 지원자의 점수를 통해 결정된다.

" 뉴욕 시 교육부가 선정한
9개의 특목고에 가기 위해서는
(라과디아 예술 고등학교 제외)
SHSAT라는 시험을
치러야 한다."

PART 3

미국 대학 입시 총정리

고등학교 학년별 로드맵

9학년

9학년에 결정한 과목들이 10~12학년까지 도미노처럼 영향을 준다. 그래서 성적 못지않게 중요한 것이 9학년의 과목 선택이다. 이는 고등학교를 시작하는 첫 단추이고 대학을 결정하고 여미는 마지막 단추의 시작점이다.

관건은 아이의 수준과 성향에 맞는 과목을 선택하되 조금은 도전적으로 난이도를 갖는 것이 좋다. 가능한 한 학교에서 개설한 가장 높은 수준의 과목을 듣는 것이 좋지만, 듣고 싶다고 모두 들을 수 있는 것은 아니다.

보통 8학년 학기가 중간에 접어들기 전쯤 고등학교 카운슬러에게 8학년 각 과목 선생님들이 평가한 아이의 레벨에 맞는 주요 과목들 선정 리스트가 전달되는데, 그 스케줄링 결정에 앞서 아이와 부모, 교사, 카운슬러들 간에 협의하는 과정을 거치기도 한다.

그렇게 조정 기간을 거칠 때 최대한 아이의 가능성을 어필해서 높은 수준의 Honor 과목을 택하되 만약 9학년 때 그 수준을 따라가지 못해서 성적이 제대로 나오지 않았다면 다음 학년에 다운그레이드도 가능하다. 그러니 겁을 먹을 필요는 없다. 아이의 사기가 다소 저하될 수는 있겠지만 이러한 과정을 통해 본인의 과목별 수준을 정확하게 진단하고 다시 업그레이드할 수 있는 기회로 삼을 수도 있다.

Honor 레벨로 9학년을 시작하면 10학년 때는 AP(Advanced Placement, 대학 선수 과목)를 들을 수 있다. 이렇게 난이도 높은 과목을 들을수록 내신 성적도 높아진다. 절대평가라고 할 수 있는 Unweighted 점수는 같은 A를 받았다면 Honor를 듣든 Regular 클래스를 듣든 같겠지만, 대학 입학 사정관들이 함께 고려하는 Weighted 점수는 상대 평가적인 원칙으로 난이도 높은 과목에 가산점을 주기 때문이다. 하지만 예를 들어, 무조건 난이도 높은 과목을 들어서 C를 받는 것보다는 자신의 수준에 맞는 과목에서 A+를 받는 것이 좋다.

9학년은 탐색의 시기이다. 교내 클럽 전시회(Club Fair)가 열린다면 관심 있는 클럽들을 찾아다니며 본인에게 적합한 곳들을 물색해 보고 클럽 회장이나 임원들을 만나 이야기도 들어 보자.

기존 클럽들 외에 본인이 만들고 싶은 주제의 클럽이 있다면 기획서를 내서 설립을 직접 해볼 수도 있다. 그냥 회원 자격으로 클럽 활동을 적극적으로 하는 것도 의미 있지만, 대학교에서 원하는 리더십에 부합하는 면을 어필하려면 활동하는 클럽에서 추후 리더십 포지션을 갖거나 클럽을 직접 창설하여 설립자가 되어 보는 것도 도전적이고 진취적인 좋은 인상을 줄 것이다.

학교 클럽 외 거주하는 타운이나 다른 지역의 클럽 활동에 참여하는 것도 좋겠지만, 무엇보다 대학 입학 사정관은 학교 내 활동을 얼마나 적극적으로 했는지, 그리고 학교에 얼마나 본인의 열정과 능력을 기여했는지를 중요하게 보기 때문에 가능하면 학교의 크고 작은 클럽과 행사 들에 적극적으로 참여하는 것이 좋다.

어릴 때부터 특별할 만한 예·체능 활동 영역을 쌓지 못했다 하더라도 9학년 때부터 시작할 수 있는 운동이나 악기, 그 밖의 활동들이 얼마든지 있다. 9학년 때는 과목이나 클럽, 과외 활동 등을 선정함에 있어서 고등학교 졸업 때까지 꾸준히 가져갈 수 있는 일들을 고민해 보자.

여름 방학에는 학교에서 추천하는 여름 방학 추천 리스트(Summer Reading List)를 찾아서 읽거나 도서관에서 픽션, 논픽션 골고루 책을 빌려다 매일 정해진 시간에 읽으면서 독서 습관을 들이는 것이 좋다. 독서는 영어 과목과 에세이 쓰는 능력을 기르는 데 가장 기본이 되며 특히 에세이 실력은 대학교에 가서도 가장 중요한 학습 요소이다. 한국 유학생들이 대학교에 가서도 가장 취약하고 어려워한다는 것이 에세이라고 하니 그 근간이 되는 읽기 능력을 독서를 통해 배양하는 것이 관건이다.

고등학교 기간 중 유일하게 시간이 여유로운 때가 9학년, 그리고 9학년이 끝난 여름 방학이다. 상대적으로 시간적, 정신적으로 여유가 많은 시기이니만큼 독서 외에도 평소 해 보고 싶었던 운동이나 취미 활동을 시도해 보아도 좋고, 평소 도전해 보고 싶은 주제나 본인이 역량을 높이고 싶은 분야의 여름 캠프에 참여해 보는 것도 좋다.

또한, 인터넷 검색을 통해 평소 관심 있는 주제나 인물, 희망 대학 들을 리서치해 보는 것도 좋다. 지인에게 부탁하여 멘토가 될 만한 사람을 정해 교류를 가져볼 수도 있다. 또는 클럽 선배들을 통해 상위 학년 생활을 전해 듣거나 인간 관계를 돈독히 가져보기도 한다.

9학년 때는 다양하게 탐색하고 본인이 즐기며 헌신할 수 있는 활동들을 찾아 나가는 것이 중요하지만, 가장 중요한 것은 그 과정을 통해 방향성을 세우는 일이다. 일관성(Consistency) 있는 로드맵의 시작, 바로 9학년이다.

10학년

9학년에 이어 10학년에도 선택할 수 있는 한 도전적인 과목들을 듣는 것이 좋다. 주요 과목이라고 할 수 있는 영어, 수학, 과학, 사회 그리고 외국어를 필수적으로 듣는데, 10학년부터 AP 과목을 자신의 능력껏 수강할 수 있는 학교도 있고 한 과목 정도로 제한하는 곳도 있다.

이것은 학교마다 정해진 스케줄링 원칙이 있으니 학교에서 제공하는 안내서를 꼼꼼히 정독해야 한다. 수학 트랙이 빠른 학생이라면 수학이나 과학 과목 중 AP를 들을 수 있고 9학년에서 영어 과목을 Honor 반에서 들었다면 10학년에서는 AP Literature나 AP Language 혹은 AP Seminar 등을 들을 수도 있다. 자녀가 10학년에 학교 운영 원칙상 AP를 듣지 못한다고 해도, 혹은 학생별 레벨 배정 원칙에 근거해 AP 반에 들지 못해다 하더라도 낙심할 필요는 없다. 무조건 AP를 일찍 시작하고 많이 듣는 것이 능사가 아니기 때문이다.

주요 과목들을 포함해 AP를 최대한 많이 듣고 그 반에서 상위 성적을 유지할 수 있다면 금상첨화겠지만 그런 아이들은 비율상 소수이다. 물론 다양한 선수 과목(Prerequisites)을 이수해서 다음 학년을 준비하는 것은 중요하겠지만, 무조건 상위 레벨을 고집할 것이 아니라 아이에게 맞는 로드맵을 효율적으로 짜는 것이 중요하다.

10학년에 비록 AP 혹은 Honor를 못 듣더라도 본인이 속한 반에서 최상의 성적을 유지해서 11학년에서는 한 단계 레벨 업을 해 보거나 가능하다면 AP를 3~5개까지 들을 수 있도록 노력해 보는 것도 좋다. 미국 명문대에서 추구하는 인재상은 처음부터 완벽하게 잘하거나, 처음에는 완벽하게 잘하다가 점점 떨어지는 학생이 아니다. 학년이 오를수록 노력하고 보완해서 학습 능력이 강화되고 심화되는 학생이다.

9학년에 시작한 클럽 활동에 꾸준히 임해야 한다. 9학년에 여러 개의 클럽들을 시작해서 탐색 중이었다면 10학년에는 그 가운데 본인이 가장 즐겁게, 잘할 수 있는 클럽을 소수로 압축해서 꾸준히 오래할 수 있도록 선별해야 한다. 활동의 수를 줄이는 대신 그 안에서 본인의 역량을 강화해야 한다. 적극적으로 참여하고 역할을 늘려가도록 하자. 9학년에 원하는 클럽이 없어 들지 못했다면 10학년에는 1년간의 학교 생활 경험을 바탕으로 클럽을 창설하고 조직을 꾸려 보는 것도 좋다. 봉사 활동을 미처 시작하지 못했다면 학교나 타운에서 정보를 얻어 봉사 활동을 시작해 보는 것도 좋다.

10학년 때는 본인이 특기로 내세울 수 있는 분야(글쓰기, 수학, 아트 등)의 대회를 준비해 출전해 보기도 한다. STEM이나 이·공계 지망 학생이라면 수학이나 과학 관련 클럽 활동과 각종 경시대회 출전과 리서치 등 프로젝트성 작업들을 기획해서 공모전에 응모하거나 대회에 출전해 본다. 인문·사회과학 전공 지망생이라면 토론 및 작문 능력을 보여 주는 디베이트, 모의 법정, 모의 유엔 등의 활동을 하는 것이 좋다.

10학년 여름 방학부터는 서서히 SAT나 ACT 준비를 시작해 본다. 서점에서 추천하는 교재들을 몇 권 사서 시작하거나 영어 단어나 문법 등 특정 분야가 부족하다면 그것 위주로 시간을 투자한다. 표준 테스트 영어 과목은 성적이 쉽게 오르지 않기 때문에 9학년 때부터 습관을 들인 독서 활동을 꾸준히 하고 특히 크리티컬 리딩(Critical Reading) 연습을 많이 하는 것이 좋다.

진로를 설정하고 목표 대학을 고려하면서 관련 분야의 전문가나 지도자를 찾아보고 선배나 동문들과 관계를 견고히 다져본다.

10학년은 지금까지 해오던 활동들의 지속성을 갖되 앞으로 전공할 분야를 서서히 정해 보고 그에 맞춰서 활동의 윤곽을 잡는 시기이다.

11학년

11학년은 고등학교를 통틀어 가장 많은 공부량과 활동이 수반되는 시기이다. 가장 많이 무너지는 시기이지만 반면 가장 화려한 꽃을 피울 수 있는 시기이기도 하다.

보통 빠른 학생들은 10학년 여름 방학에 SAT나 ACT를 준비하기 시작한다. 사설 학원들이 많은, 학구열이 높은 지역이라면 3월부터 얼리 버드 수강 신청 안내가 즐비하다. 여름 방학 특강으로 두 달 동안 하루 종일 표준 테스트를 준비하는 프로그램을 구성하여 아이와 부모를 현혹한다. 물론 프로그램에 맞추어 열심히 하면 단기간에 200점도 올릴 수도 있다. 물론 학원비는 상당히 고가이다. 경제적, 지역적, 시간적 여건이 맞는다면 와이 낫?! 하지만 그렇지 못할 경우라도 마음만 먹으면 얼마든지 혼자도 준비할 수 있고 취약한 부분만 외부 도움을 받을 수도 있다.

서점에서 표준 테스트를 준비하는 여러 교재와 모의 테스트를 구입할 수도 있고 온라인상에서 여러 자료(Resources)를 구할 수도 있다. 이렇게 10학년을 끝낸 여름 동안 테스트를 준비했다면 8월 혹은 11학년 가을 학기가 시작되고 10월 첫 번째 시험을 봐 보는 것이 좋다.

이렇게 School Year 상반기(동부 기준 9월~1월)에 SAT나 ACT를 치르고 나면 하반기에는 5월에 있을 AP 시험을 준비해야 한다. 평소에는 GPA 관리에 힘을 쏟아야겠지만 적어도 4월 한 달 동안은 AP 시험에 초점을 맞추어 전력투구를 해야 한다. AP 시험과 결과 제출은 대학 지원 시 필수 사항은 아니다. 학교에서 AP 과목들을 수강하고 있다고 해서 AP 시험을 따로 꼭 치를 필요는 없다. 하지만 입학 사정관에게 아카데믹한 능력을 인정받을 수 있는 하나의 방법인 만큼 5점 만점에 5점이나 4점을 맞는다면 큰 어필이 될 것이다.

참고로, 아이비나 탑 사립 대학들에 지원할 경우에는 4~5점짜리 결과를 보내는 것이 좋지만, 그보다 랭킹이 낮은 대학들 경우에는 3점 결과를 보내도 무방하다.

하지만 무엇보다 AP 과목을 학교에서 좋은 점수로 잘 마무리하는 것이기 중요하기 때문에 평소에 꾸준하게 학점 관리에 신경을 써야 한다. 9학년, 10학년을 거치며 차곡차곡 쌓아 온 수업의 난이도들을 11학년에서는 최대로 끌어 올려 발산시켜야 하는 것이다. 이렇게 11학년은 난이도 있는 과목들을 가장 많이 듣는 시기이고 조금만 방심하면 교과목 점수가 바로 떨어지기 쉽기 때문에 11학년은 학점을 관리하는 것에 최우선 순위에 두고 학교 생활을 해야 한다.

11학년은 SAT나 AP를 준비하는 동시에 전국 모든 11학년들이 치러야 하는 PSAT 시험(PSAT/NMSQT)을 10월 중에 보게 된다.

PSAT는 Preliminary SAT의 약자로서, SAT를 준비하기 위해 고안된 시험이다. 8학년이나 9학년 때는 PSAT 8/9를 볼 수도 있다. 11학년에 학교에서 공식적으로 치르는 PSAT 시험 점수를 가지고 National Merit Scholarship Program을 통해 Semi Finalist와 Finalist가 선정되며, 파이널에 들면 국가로부터 장학금을 받게 된다.

대학 지원은 11학년이 끝난 여름부터 준비해서 그 해 11월이면 얼리 지원은 이미 마치기 때문에 실상 11학년 성적까지가 입시에 반영된다. 정기 지원의 경우도 12학년 3월 즈음이면 거의 결과가 나오고 모든 대학의 등록 마감일은 5월 1일이기 때문에 그때까지 입학 수속 절차를 밟아야 한다(Commit).

그래서 일반 전형까지 모두 치른다 하더라도 12학년의 상반기 점수까지만 반영될 뿐이기 때문에, 실상 11학년의 GPA는 어느 학년보다 중요하며 입시의 정점에 있다고 할 것이다.

대부분 12학년에 활동할 임원들은 11학년 말에 선출한다. 그렇기 때문에 교내외 활동을 꾸준히 하고 있었다면 11학년 말에는 어느 클럽이나 단체든지 리더십 포지션을 가지도록 노력해 보는 것이 좋다. 봉사활동과 수상 경력도 전략적으로 준비하고 관리하는 것이 좋다. 여기서 포인트는 이제 '양보다 질'이라는 점이다.

11학년은 대학에서 전공할 분야에 대해 어느 정도 구체화된 생각을 가져야 하는 시기이기 때문에 자신의 희망 전공에 맞추어 과외 활동들도 체계화시키고 포커스를 잡아 나가야 한다.

물론 대입 시 전공을 따로 정할 필요가 없는 대학들도 많고, 지원서에 'Undecided'라고 쓸 수도 있으며, 미국 대학들은 재학 중에 전공을 바꾸는 것에 대해 아주 관대하지만, 어쨌거나 관심 분야를 결정하고 방향성과 목표를 가지고 전공 관련 활동을 해 나가는 결과물들은 입시에도 좋은 포지션으로 반영이 될 것이다.

여름 방학에는 대입 에세이(Common App의 Main Essay와 학교별 Supplemental Essays) 작성을 시작해야 한다. 12학년이 되자마자 원서를 준비하고 쓰기 시작해야 하기 때문에 막상 12학년 초부터 눈코 뜰 새 없이 바빠지기 때문이다. 에세이는 시간이 많이 드는 작업이기 때문에 키워드를 잡고 큰 그림을 잡는 일부터 그 전 여름 방학에 미리미리 준비하는 것이 좋다. 또한 11학년에만 지원할 수 있는 Selective Camp 들이 있는데 이런 곳에 뽑히면 그 자체만으로도 대입 원서에 큰 장점(Hook)이 되기 때문에 이런 여름 캠프들에 지원할 성적과 추천받을 만한 조건이 되는 학생이라면 적극적으로 신청해야 한다.

각 주에서 몇 명씩만 초대되는 가브너 스쿨(Governor's School), 리더십 분야의 최고봉 HOBY, MIT의 여러 수학, 과학, 리서치 캠프 등은 모두 무료이지만 엄청난 경쟁률과 함께 준비해야 할 서류들도 많고 추천서와 인터뷰 등 대입 준비 과정과 같은 절차를 거치게 된다.

12학년

12학년에도 가능한 한 어려운 과목들을 듣는 것이 좋다. 9학년 때보다는 10학년, 10학년 때보다는 11학년 그리고 12학년 때는 더 난이도를 높여 나가야 입학 사정관에게 학생이 성장하고 확장해 나갔다는 인식을 심어줄 수 있다. 따라서 11학년까지 최대한 어려운 과목들을 들은 학생이라면 12학년 때 역시 AP 과목을 3~4개 정도는 듣는 것이 좋다.

많은 학생들이 12학년 때는 쉬운 과목을 들어도 된다 생각하는데 이는 잘못된 생각이다. UC 계열의 경우 12학년 1학기 성적을 보지 않지만 다른 대학들은 12학년 1학기 성적까지 입시에 반영한다.

성적 또한 점점 나아지고 완성돼 가는 형태가 좋다. 예를 들어 9학년에는 올 A인데 10학년과 11학년에 B들이 몇몇 보이더니 12학년에 C를 만들어 낸 성적표라면 최악일 것이다. 고학년에 갈수록 점수는 완벽해져가는 것이 유리하다. 끝까지 최선을 다하는 모습을 보여 주어야 한다.

12학년이 되기 전 여름 방학이나 12학년이 시작되면서는, 11학년까지의 성적과 SAT/ACT 점수, 교내외 활동과 리더십, 수상 실적과 자신만의 이력 등을 바탕으로 지원 가능한 대학들을 리서치하고 자신이 원하는 드림 스쿨, 합격 가능성이 높은 학교, 지원하면 거의 안전할 것 같은 학교 등의 리스트를 만들어야 한다.

이때 대학이 위치한 지역, 날씨, 학비, 학비 보조 조건, 대학의 규모나 성향 등을 다양하고 현실적으로 고려해야 한다. 대학은 대학 졸업 후 대학원과 직업을 구하는 일, 이후 가정을 꾸리고 정착하는 일까지 생각을 확장하여 결정해야 하는, 인생 전체를 좌우하는 중요한 선택이므로 대학을 단순히 순위만으로 놓고 결정해서는 안 된다.

조기 지원을 할 학생이라면 10월까지는 SAT/ACT 시험을 보고 끝내야 하는데 만약 결과가 만족스럽지 못하다면 늦어도 11월까지는 끝내야 한다. 물론 11학년에 이미 만족할 만한 점수를 받았다면 12학년에 다시 볼 필요는 없겠지만 많은 학생이 더 나은 점수를 받기 위해 12학년까지 표준 테스트 시험을 보는 것이 현 실정이다.

12학년은 지원할 대학들의 입학 원서를 시작하고 마무리하는 중요한 시기이다. 얼리 지원 마감일이 ED는 11월 1~15일이며 ED 2는 1월 1일이나 15일이다.

그래서 이 조기 전형을 준비하는 학생이라면 12학년이 시작되자마자 정신이 없을 것이다. 미처 완성하지 못한 에세이 작업에도 열중해야 한다. 크리스마스 전에는 모든 얼리 전형의 발표가 나기 때문에 어떤 학생은 세상에서 제일 행복한 성탄을, 어떤 학생은 가슴 한쪽이 쿵 하고 무너지는 패배감과 함께 우울한 성탄을 맞을 수도 있다. 하지만 이런 희비가 엇갈리는 순간도 잠시 잠깐이다. 12월 말에 마감되는 일반 전형까지 끝을 봐야 하기 때문에 12학년의 중턱까지는 쉴 새 없이 달려야 한다. 대학에 Mid-Year Report에 포함되는 내신 성적을 제출할 때까지는 GPA를 마지막까지 잘 관리하도록 꾸준한 노력을 기울여야 한다.

하지만 12학년의 성적이 끝까지 반영되지 않는다고 해서 입시 결과가 나오고 나서 점수 관리를 하지 않고 손을 놓아버리는 일이 있어서는 안 된다. 일반 전형 결과와 각 대학의 대기자 명단(Waiting List)이 모두 풀리는 것까지 감안해서도 3~4월이면 얼추 입시는 모두 끝이 나고 합격한 대학 중 가장 원하는 곳에 등록 절차를 밟게 되는데, 그 이후에도 12학년 학점은 계속 잘 유지해야 한다.

12학년을 마치면서 파이널 성적들을 커먼 앱(Common App)에 업로드해야 하기 때문이다. 성적이 약간 안 좋아졌다고 해서 대학 입학이 취소되는 경우는 없지만 만약 D라든지 F라는 치명적인 학점이 발생할 경우라면 입학이 전면 재고되고 최종 불합격 통지를 받게 될 수도 있다. (실제로

듀크 대학교 예배당과 벤자민 동상 ⓒShutterstock

한 학과목에서 D나 F를 받은 학생이 입학 취소된 사례는 많다.) 따라서 12학년
은 학과와 비교과 활동 모두에 있어 지속성이 요구된다. 또한 고등학교 전
과정을 잘 마무리하여 좋은 결실을 맺는 책임감을 보여 주어야 한다.

12학년은 어느 때보다 시간 관리(Time Management)가 중요하다.
입학 지원 프로세스를 잘 숙지해 놓고 각 대학의 공고나 안내를 주의 깊
게 읽어야 한다. 수업은 여전히 들으니 각 과목마다 숙제, 시험, 프로젝트
마감 기한 등도 챙겨야 하고, 참여하고 있던 클럽이나 과외 활동 미팅 날
짜, 대회나 공모전 마감일이나 기한도 놓쳐서는 안 된다.

각종 공고 날짜들도 각각 꼼꼼히 기록해 놓아야 한다. 또한 커먼 앱을 실제 작성할 때는 항목들이 많고 세세하기 때문에 막연하고 막막한 상태에서는 곤란하다. 따라서 학업뿐 아니라 교내외 자잘한 활동들, 수상 실적, 인턴십이나 봉사 활동 등을 그때그때 모두 기록해 놓아야 한다. 또한 성적표, 추천서, 공인 시험 점수 등 여러 가지 서류들을 업로드하고 챙겨야 할 일들이 산재해 있기 때문에 대학 지원 프로세스가 진행될수록 중요한 날짜들은 점점 늘어나게 된다.

이렇게 장고의 과정을 거쳐 지원하고 합격 통보를 받은 후에도 장학금(Financial Aid 또는 Merit Scholarship)을 신청하거나 마지막 학기 성적을 제출하는 등 마무리할 일들이 많기 때문에, 모든 것이 끝날 때까지는 끝난 것이 아니다.

12학년은 고등학교 생활을 되돌아보고 마무리해야 하는 시기이다. 내 인생 십대의 기나긴 터널을 배움과 우정과 도전과 경험으로 채운 성장과 성숙의 시간들, 이제 비로소 청소년에서 청년으로 발돋움하는 대학을 결정하고 여미는 마지막 단추인 것이다.

> "고등학교 과정은
> 대학 입시를 시작하는 첫걸음으로
> 대학을 결정하고,
> 그 목표를 향해 끊임없이 정진해야 하는,
> 허투루 시간을 쓸 수 없는
> 중요한 순간들의 연속이다."

미국 입시의 중요 요건들

미국 명문 대학들은 학생의 뛰어난 학업 능력, 열정적이면서도 차별화되고 독창적인, 그러면서도 초·중·고 전 과정을 관통해 꾸준하고 깊은 과외 활동을 기대한다. 게다가 각 대학들의 특성에 맞춘 인재상에 부합하거나 대학이 추구하는 다양성에 기여할 만한 학생들을 선별하고자 한다.

따라서 미국 입시에 영향을 주는 중요한 요소들이 무엇인지 하나씩 짚어 보면서 준비해 나가는 일은 무엇보다 중요하다.

GPA(grade point average)

처음도 학교 성적, 끝도 학교 성적. 코로나 시대를 겪으면서 이전 어느 때보다 학교 성적은 절대적으로 가장 큰 평가 요소가 되었다.

고등학교의 커리큘럼을 본인이 원하는 전공에 맞추어 짜임새 있게 스케줄링하고, 다니는 학교에서 제공하는 가장 난이도 높은 과정의 수업들을 최대한 많이 이수하는 것이 관건이다. 하지만 본인의 역량을 파악하지 못한 채 지나치게 높은 수준의 과목들에만 초점을 맞추어 수강했다가는 학점도 잃고 녹초가 되어 12학년 때까지 끌고 나갈 수 있는 힘을 잃어버릴지도 모른다. 이런 경우 차라리 레벨을 다운그레이드하여 본인의 수준에 맞는 과목을 이수하면서 완벽한 학점을 받는 것이 좋다.

코어 과목들은 학교에서 꼭 이수해야 하는 필수 조건(Requirement)이 있다. 그중 하나의 예로, 외국어 과목 경우 학교마다 최소 수강 햇수가 정해져 있다. 그러나 어떤 외국어든지 한 가지를 4년 동안 꾸준히 공부하는 모습이 좋다. 그런데 만약 9학년에 외국어 1부터가 아닌 레벨 2부터 시작했다면 12학년까지 4년을 전부 들을 필요 없이 3년만 수강하면 된다. 앞선 '4년 동안 꾸준히'에서 4년의 의미는 물리적 햇수가 아니라 레벨 4를 뜻하기 때문이다.

이렇게 자신의 고등학교에서 졸업에 필요한 필수 과목과 이수 조건을 확인하는 것은 9학년을 시작하면서 해야 할 중요한 일이며, 가능한 한 고등학교 전반에 걸친 큰 그림을 그리면서 전체적인 과목 선정을 미리 해두는 것이 좋다.

그런데 이때 고려해야 할 것이 또 있는데, 대학마다 요구하는 과목 최소 이수 조건(Prerequisites)이다. 어떤 대학에서는 외국어를 3년 이상 수강해야 한다는 요구 조건이 있는 반면, 어떤 대학은 미술이나 음악 과목을 필수적으로 이수해야 한다는 조건이 있다.

각 대학에서 원하는 전제 요건을 자신이 지원하고자 하는 대학 리스트가 정해지지 않은 상태에서 파악할 수는 없겠지만, 어느 정도 자신의 전공과 학교에 대한 그림이 그려지면 반드시 그 대학 웹사이트의 Common Data Set을 확인하거나 직접 전화나 이메일로 문의하여 확인해야 한다.

명문대 합격을 위한 내신 준비

어느 때보다 GPA의 중요성이 강조되고 있는 때이다. 전통적으로 내신 성적과 대입 시험 점수는 입시의 가장 기본 관문이고 중요 요소였지만 최근 대입 시험 공식 점수(SAT/ACT)를 더 이상 고려하지 않는 대학들이 늘어나고 SAT의 에세이 파트는 없어지고 Subject 시험은 아예 폐지됨에 따라 GPA는 명실공히 가장 비중 있는 입시 요소로 자리매김됐다.

내신 성적을 산출할 때는 Weighted와 Unweighted 방법이 있는데, 대부분 명문 대학에서는 예·체능 수업 등 비중이 덜한 과목들을 제외하고 Honor와 AP 과목들은 가산점을 주어 Weighted 방식으로 자체 기준에 따라 내신 성적을 산출한다.

예를 들어 Grade A+, A, A-는 Weighted GPA로는 5.3, 5.0, 4.7을 받게 되고 Unweighted GPA로는 4.3, 4.0, 3.7를 받게 된다. (대부분 학교들은 Unweighted 만점이 4.0이다.) 그래서 명문대를 진학하기 위해서는 성적표에 기록된 내신 성적 점수 자체보다는 어떤 난이도의 과목들을 이수했고 그 성적은 어떤지가 매우 중요하다.

AP의 경우 학교 성적 외에 매년 일 년에 한 번 5월에 치르는 AP 테스트 점수를 낼 수도 있는데, 이 점수가 있다면 대학에 가서 그 과목 이수를 면제받거나 크레디트를 얻을 수 있다.

그런데 12학년에 듣는 AP 과목들은 점수가 나오는 5월 이전에 이미 얼리 지원과 발표가 끝나기 때문에, 응시 과목만 입시에 고려될 뿐 성적은 반영될 수 없다. 따라서 11학년 때까지 부지런히 AP 과목을 듣고 시험에 응시하는 것이 좋다.

AP 시험 점수를 5점을 받을 경우 학교 재량에 따라 그 과목의 학교 GPA를 상향 조정해 주는 곳들도 있다.

무엇보다 학교 GPA를 잘 관리하는 것이 관건임을 기억하자.

GPA가 낮아도 좋은 대학에 갈 수 있을까?

성적표에 C나 D가 많다면? 확실히 걱정이 되는 상황이다. GPA가 낮다는 건 학생마다, 또 고등학교의 수준과 방침에 따라 상대적일 수 있다. 또한 AP나 Honor 과목에서 얼마나 난이도가 있는 도전적인 과목이냐 아니냐에 따라 그 점수에 대한 평가는 달라질 수밖에 없다.

GPA는 지원하는 대학에 따라서도 상대적일 수 있다.

아이비리그 대학에서는 4.0 만점에 3.75 이하일 경우 낮은 편으로 간주한다. 하지만 Boston University처럼 탑 대학이기는 하지만 아이비 정도는 아닌 규모가 큰 대학일 경우 낮은 GPA라고 하면 3.0 정도이다. 따라서 B가 있다고, 혹은 많다고 해서 걱정하거나 포기할 필요는 없다.

학점에 맞는 대학을 찾았는데 그 대학이 별로 성에 안 찬다면, 지원서의 다른 부분에서 개선할 수 있는 항목들을 찾아보자.

SAT/ACT 표준 시험 점수를 높여서 그것에 가중치가 좀 더 있는 대학들을 공략할 수 있다. 입학 사정관은 교실에서뿐 아니라 현실 세계에서도 뛰어난 인재를 찾기 때문에 교실 밖에서 참여하는 활동이나 외국어를 몇 개 할 수 있다든지, 잘하는 분야에서 취득한 자격증 등 자신의 특장점이라고 여겨질 만한 것들을 커먼 앱 EC 항목과 에세이 등에서 최대한 어필한다.

탑 대학일수록 주도권을 잡고 지역 사회에 영향을 끼치는 도전적인 인재를 원한다. 그렇기에 객관적인 외부의 평가서라고 할 만한 추천서도 EC, 에세이와 더불어 낮은 GPA를 상쇄시켜 줄 좋은 입시 요소라 할 수 있다.

AP(Advanced Placement)

GPA를 산정하는 방법이 학교마다 다르듯이 AP를 듣는 선수 조건(Prerequisite)이라든지 시작 시기, 개설 과목 등이 학교마다 모두 다르기 때문에 우선은 학교의 지침서를 잘 읽어 보아야 한다.

영어, 수학, 사회, 과학의 주요 과목에서 학교에서 제공하는 AP 과정을 본인 역량 안에서 효율적으로 수강하는 것이 쉬운 비주류 과목들을 줄줄이 들어 AP의 가짓수를 늘이는 것보다 중요하다. 들을 수만 있다면 최대한 많은 AP 과목들을 가져가는 것이 좋겠지만 점수를 잘 받기 위해서 일부러 쉬운 과목들의 AP들만 고르는 우를 범해서는 안 된다.

성적표상의 Weighted 점수는 같을지 몰라도 입학 사정관은 그 물리적 점수만을 보는 것이 아니라 어떤 과목을 택해서 얼마만큼의 노력을 기울였는지도 꼼꼼하게 살펴 볼 것이기 때문이다.

앞서 설명한, 일반 레벨의 과목들만으로 A+를 받는 것과 아니나 AP에서 A+를 받는 것이 Unweighted상 점수는 같은 것과 같은 이치이다. 같은 과목 100점이라고 해도 쉬운 레벨에서 100점을 받은 것과 난이도 높은 AP에서 100점을 받은 것이 엄연히 다르듯이, 같은 AP 과목들 안에서도 좀 더 쉬운 과목들만 골라 들어 A+를 받는 것과 어렵다고 정평이 난 Physics C나 외울 것이 수두룩한 US History 같은 과목에서 A+를 받는 것은 같은 점수를 받더라도 엄연히 다를 것이기 때문이다.

통상 주요 과목이라고 알려진 AP Language, AP Literature, AP Calculus AB 혹은 BC, AP Biology, AP Chemistry, AP US History, AP World History와 AP 외국어는 아이비리그와 탑 대학들을 노리는 학생이라면 가능한 한 모두 듣는 것이 좋겠다. 거기에 이과 전공이라면 Multivariable, AP Statistics, AP Physics 1(또는/그리고 C) 등을 더 넣어 주는 것이고 문과 전공이라면 AP Seminar(는 학교에 개설돼 있다면 반드시 듣고), AP European History라든지 AP Journalism을 첨가하는 식으로 확장해야 할 것이다.

반대로 주요(Core) 과목의 AP들을 모두 듣는 것이 무리라면 본인의 앞으로의 전공을 생각해서 조금 덜 중요하다고 생각되는 주요 과목을 빼는 것이 좋겠다. 하지만 주요 과목들이 모두 빠진 채 비주류 과목의 AP들로만 성적표가 채워진다면 입학 사정관에게는 결코 좋은 인상을 주지 못할 것이다.

AP 과목을 학교에서 수강한다고 해서 칼리지보드에서 주관하는 시험을 따로 꼭 치를 필요는 없다. 그렇지만 잘 준비해서 고득점을 받는다면 입학 사정관에게 대학 과정을 이수할 충분한 준비가 된 학생이라는 좋은 인상을 심어 줄뿐더러 실제로 대학에서 크레디트(Credit)로 인정받을 수도 있기 때문에 일거양득이다.

12학년에 수강하는 AP 과목들은 커먼 앱에 점수를 쓸 수가 없다. 5월에 시험을 치르고 결과는 여름에 나오기 때문이다. 커먼 앱에는 11학년까지 시험을 치러 칼리지보드에 기재된 그 공식 점수들을 기재한다. 따라서 12학년의 AP 점수는 사실상 대입에는 영향을 줄 수가 없다.

만약 11학년 때까지 본인이 이수한 과목들의 난이도가 전반적으로 별로 높지 않아 걱정이 들고 12학년 AP 과목들을 상대적으로 어필하는 것이 도움이 될 거라 판단이 들면, 12학년 때 수강하는 AP 과목을 11학년 때 미리 공부하며 시험을 치러 놓는 것도 한 방법이 될 것이다. 물론 학교에서 배우지도 않은 과목을 미리 시험 본다는 게 쉬운 일은 아니지만 성적에 대한 의지가 있다면 따로 개인 교습을 받거나 혼자 공부를 해서라도 미리 결과를 받아 놓으면 공식적으로 제출할 수 있기 때문이다.

12학년 때 본 AP 과목 점수는 추후 업데이트를 해도 되고 안 해도 된다. 만약 대학에서 크레디트를 인정해 준다면 점수를 추가 업로드하는 것이 좋다. 일반적으로 주립대들과 일부 사립대들은 AP 크레디트를 주고 교양 과목 이수를 면제(Waive)시켜 준다. 그래서 운이 좋으면 3년이나 3년 반 만에 졸업할 수 있고, 이는 학비 절감에 도움이 되기도 한다.

입학 표준 시험

몇 점이 합격 안정권인지는 의견이 분분하다. 대학교에 따라 기대치도 평가 요건도 다르겠지만, 중요한 것은 이 표준 테스트가 점점 선택 사항이 되어간다는 점이다. 아이비리그를 비롯한 명문대일수록 교과 과정만이 아닌 지원자의 포괄적인 입학 사정(Holistic Review)을 지향하기 때문이다. 물론 학교마다 어느 정도의 기준치를 정해 놓기도 하겠지만, 합격을 결정적으로 좌지우지하는 커트라인은 더 이상 존재하지 않는다는 것이 중론이다. 즉, SAT를 만점을 받아도 떨어질 수 있고, 생각보다 낮은 점수를 받았음에도 합격할 수 있다.

캘리포니아 주립 대학인 UC 계열 모두 이제 더 이상 SAT와 ACT를 아예 제출하지 못하도록 규정하고 있다. 반면 아이비리그 가운데 하나인 코넬 대학은 SAT 점수를 다른 아이비들보다 상대적으로 더 보는 경향이 있다. MIT 대학 경우는 이 표준 테스트 점수를 반드시 내도록 명시하고 있다. 이렇게 학교들마다 입학 사정에 있어 표준 시험의 제출 여부나 비중이 다 다르니 지원 대학 요강을 꼼꼼히 살펴보아야 한다. 하지만 대체로 이 표준 시험 평가의 중요도가 점차 적어지고 있고 SAT/ACT 성적은 학교 성적 외 보조 자료로서 대학 지원자가 얼마나 대학 과정을 잘 소화할 수 있는 예측해 보는 척도로서 정도로 다룬다는 점이 보편적 경향이라고 할 수 있다.

하지만 SAT와 ACT 점수가 선택 사항으로 바뀌었다고 해서 정말로 점수를 내지 않아도 되는지에 대해서는 생각해 볼 문제이다. 대부분 대학들이 "점수를 내지 않아도 불리하지 않다"는 공지를 통해 명시하고 있지만 이것이 'Test Blind'나 'Test Free'를 의미하지는 않기 때문이다. 어느 대학에 지원할지 혹은 개인의 학업 성취도에 따라 SAT의 중요성은 달라질 수 있다. 하지만 불변의 사실은, 입학 표준 시험의 중요성이 상대적으로 덜해졌을지라도 좋은 점수를 낼 수만 있다면 자신에게 가산점이 되면 됐지 불리하게 작용하지는 않을 것이라는 점이다.

 달라진 SAT 완벽 준비

앞서 학년별 고등학교 로드맵 부분에서, SAT를 보기 전에 학교마다 11학년 10월 중순에 PSAT를 치른다는 점을 언급했고, 이는 SAT 를 준비하며 보는 연습 시험 성격을 띠고 있지만 National Merit Scholarship 장학생을 선발하는 시험이기도 하다고 설명한 바 있다. PSAT는 한 해 15,000명(상위 1%)을 Merit Finalist로 선정해서 학생 당 2,500불의 장학금을 수여한다. 이 최종 선정 리스트에 들면 대학 지원 시 아주 강력한 어필을 할 수 있는 수상 경력으로 작용한다.

칼리지보드(College Board)에서 주관하는 SAT 시험은, 학생이 대학에 입학하여 그 과정을 성공적으로 마무리할 수 있는지를 측정하는 표준화 시험으로서 대학 수업을 수강할 때 필요한 논리적 사고 능력, 대학에서 요구하는 에세이나 리포트(Research Paper)를 쓸 수 있는 작문 능력, 사회적 · 인문학적 이해 능력, 다양하고 폭넓은 수학 문제들을 해결할 수 있는 능력 등을 평가한다. 영어와 수학 각 800점 총 1,600점 만점으로 3시간 동안 진행된다.

온라인이나 우편을 통해 응시 비용 55불을 지불하고 접수할 수 있으 며 준비물은 입장(Admission) 티켓, 공인 신분증, 연필, 지우개, 계산 기 등이다. 핸드폰 등 전자기기는 쉬는 시간에도 사용할 수 없으며 시계 는 디지털이 아닌 아날로그만 가지고 입장할 수 있다. 2021년 6월 이후 로 SAT 과목(Subject) 테스트와 에세이는 폐지되었다. SAT 영어는 Reading과 Writing으로 구성되는데 Critical Reading Section을 준비하는 첫 시작은 9~10학년 때 미리미리 SAT에 나오는 핵심 단어들을 충실히 외우는 것이다. 평소에 문학, 과학, 사회, 역사, 정치 등 다양한 주제의 책을 꾸준히 읽은 학생이 실전 시험에서 빛을 발한다.

11학년부터는 기출 문제를 시작으로 본격적으로 테스트의 실전 문제를 제한된 시간 안에 푸는 연습을 최대한 많이 해 본다. 자신이 약한 유형이 있다면 반복 훈련하면서 무엇보다도 정답을 지문에서 찾아내는 훈련을 집중적으로 한다면 실전 시험 때에 실수를 최소화할 수 있다.

Language and Writing Section은 다양한 Passage(Academic or Career related) 안에서 특정 부분(Underlined Portion)을 수정 및 편집할 수 있는 아카데믹한 능력을 확인하는 문제들로 구성된다.

고득점에 도달하기 위해서는 Standard Written English Grammar, Usage, 그리고 Punctuation을 정확히 이해하여야 하는데, 일반적으로 10가지 문법 요소(병렬구조(Parallel Structure), 시제(Tense), 대명사 일치(Pronoun Agreement)) 등을 혼합하여 문제가 출제된다.

문법 문제는 체계적이고 반복적으로 나올 뿐만 아니라 문제 유형이 예상 가능하기 때문에 단기간에 점수를 올릴 수 있지만 SAT 영어 점수를 올리려면 Writing Section이 관건이므로 이를 집중적으로 공략해야 한다.

SAT 수학은 알지브라 2와 직결돼 있다. ACT 수학은 Pre-Calculus의 삼각함수 개념까지 포괄하지만 SAT는 Alg 2의 모든 개념만 이해하면 풀 수 있다. Khan Academy 사이트에서 SAT 무료 강의가 제공되니 그것으로 찬찬히 공부한 뒤 칼리지보드 블루북과 『Official SAT Study Guide』라는 책을 사서 기출 문제로 연습하는 과정으로 준비해 보자.

참고로 SAT가 두 과목인 데 비해 ACT는 영어를 리딩과 문법으로 나누고 수학, 과학 이렇게 총 4과목으로 구성돼 있다. 만점은 36점이다. ACT는 SAT에는 없는 과학 과목을 더 공부해야 하는 부담이 있지만 영어 지문이 SAT보다 짧고 다소 쉽다고 알려져 있어 한국 학생들이나 유학생들 가운데 영어 점수가 상대적으로 덜 나오는 학생들이 선호하는 경향이 있다. SAT를 먼저 공부해 보고 시험을 몇 번 치러 본 이후에도 성적이 만족할 만하게 나오지 않는다면, 그리고 다소 시간의 여유가 존재한다면, ACT 시험도 준비해서 치러 보는 것이 도움이 될 것이다.

2023년부터 미국 외 지역에서 시험을 치르는 국제 학생들에게 디지털 방식으로 바뀐 SAT 시험 방식이 전면적으로 실시되었다. 미국 내 학생들은 23년 8월부터 12월까지는 종이 시험과 컴퓨터로 치르는 디지털 시험 중 선택할 수 있는데 2024년 3월부터는 디지털 방식으로 전면 시행된다.

일반적으로 시험의 형태가 변경되어 시행되는 경우, 실제 시험이 오픈되기 전에는 칼리지보드에서 선 공개하는 모의 테스트(Mock Test)의 난이도가 실제 시험과는 다를 수 있는 가능성이 매우 높다. 칼리지보드에 2023년 1월 기준 4세트의 시험이 공개되어 있는데, 아직 CAT로 변경되는 시스템은 반영되지 못한 상태이다.

또한 새로 시행되는 디지털 방식의 SAT는 영어의 리딩(Reading) 파트 지문이 조금 짧아지고 쉬워진다고 하는 이야기는 돌지만, 아직은 확실치 않은 상황이다.

과외 활동(비교과 활동)

한국의 입시도 다양한 활동들에 대한 다각적인 평가가 이루어지지만 미국의 입시 제도는 그 원조라고 할 수 있다. 교과 학업만큼 중요하게 보는 것이 과외 활동(Extracurricular Activities)이다.

스포츠와 음악 활동을 주축으로 디베이트, 경시 수학, Stem, 미술, 연극이나 뮤지컬, 리서치, 인턴십, 봉사 활동, 페이드잡 등 그 활동은 무궁무진하다. 그런데 무엇이 입시에 특별히 유리한가?를 고려하기 이전에 자

다트머스 대학교 베이커 도서관 ©Wikipedia

녀가 어떤 활동을 재미있게 꾸준히 잘할 수 있을 것인지에 초점을 맞추는 것이 중요하다.

무엇보다 중요한 것은 학교 클럽 활동이다. 학교 내에서 최대한 많은 활동들을 적극적으로 하는 것이 학교 밖에서 무언가 전문적이고 독창적인 활동들을 찾는 것보다 훨씬 중요하고 의미 있고 유리하다. 학생 카운슬러가 되어 아래 학년들을 지도하거나 학교 잡지사에서 에디터로 활동하거나 학업이 뒤처지는 동급생들을 지도해 주는 등 학교 안에서 도움을 주고 가치 있는 활동을 하는 것부터 본인이 잘하는 특기와 관심 있는 분야의 클럽들을 찾아 즐겁게 활동하는 것이 그 예이다.

그렇게 관심 있고 잘하는 영역의 활동을 9~10학년 때 여름에는 캠프에 참여하여 개발하고 11~12학년에는 방학을 활용해서 그 활동에서 리더십을 발휘하는 등 깊이 있게 발전시키는 게 좋다. 교회를 다니고 있다면 선교 여행(Mission Trip)도 의미 있을 것이다.

만약 학교에서 제공하는 가장 높은 외국어 레벨을 이수했다면 11학년부터 응시할 수 있는, 거주하는 주에서 인증하고 발행하는 Seal of Biliterlacy 메달에 도전할 수도 있을 것이다. 여기서 관건은, 이 활동들이 하나의 흐름을 가지고 완성도 있게 발전돼 가야 한다는 것이다.

이렇게 4년 동안 자신만의 이력을 발전시켜 나간다면 경시 대회 입상 기록, 아카데믹한 혹은 스포츠나 예술 분야 대회 수상 경력, 인문학이나 역사 혹은 수학, 과학 분야의 리서치 페이퍼, 봉사 활동 실적 등이 쌓여, 종합적인(Holistic) 리뷰를 통해 합격을 결정하는 명문대들을 공략하는 데 큰 도움이 될 것이다.

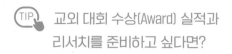

교외 대회 수상(Award) 실적과
리서치를 준비하고 싶다면?

수학, 과학, 영어 및 사회 학과목과 컴퓨터 및 로보틱스 분야로 나누어
경쟁력 있는 대회와 리서치를 소개해 본다.

구분	대회
수학	AMC, AIME, ARML(American Regions Mathematics League), USAMO, IMO, HMMT, State High school Mathematics Competitions, Trig-Star
과학	USABO(Biology), USNCO(Chemistry), USAPHO (Physics), International Olympiad, Science Olympiad, ISEF(International Science and Engineering Fair), NCF Envirothon(Annual International Competition), NSB(National Science Bowl), Neuroscience Research Prize, STS(Science Talent Search), RSI(Research Science Institute)
영어 및 사회	Academic Decathlon, Ayn Rand Essay Contest, Bow Seat Ocean Awareness Contest, HIEEC(Harvard International Economics Essay Contest), IBPF (International Bipolar Foundation Essay Competition), John F. Kennedy Profile in Courage Essay Contest, John Loke Essay Competition, National Economics Challenge, National Speech and Debate Association, NHD(National History Day), Scholastic Art and Writing, TASS(Telluride Association Summer Seminars), The Concord Review, Young Arts-National Arts Competition
컴퓨터 및 로보틱스	American Computer Science League, CYBERPATRIOT (National Youth Cyber Defense Program), International Olympiad in Informatics, Facebook Hacker Cup, Google Code Jam, USA Computing Olympiad, WTP(Women's Technology Program), YBERPATRIOT, Zero Robotics

봉사 활동

학교 수업을 통해 배우는 학문만큼이나 소속된 지역 사회(커뮤니티)에 관심을 가지고 타인에게 도움이 되는 활동을 하는 것은 입시의 스펙을 쌓기 위한 목적에 앞서 좋은 어른으로 성장하기 위한 필수적인 경험의 과정이다. 그저 봉사 활동 시간이 많을수록 좋은 대학을 가기에 유리하다고 단순히 생각하면 오산이다. 대학의 입학 사정관들은 응시자들이 어떤 마음가짐으로 봉사 활동을 했는지를 눈여겨본다. 대학 입시에서 실제로 고려하는 봉사 활동은 고등학교 4년간의 활동이지만 어릴 적부터 꾸준히 해온 봉사 활동이 있다면 입시 에세이에 자연스럽게 녹여 표현할 수 있다. 봉사 활동을 계획할 때 방향성을 잡아 줄 수 있는 몇 가지 활동을 소개해 본다.

■ 수프 키친 (Soup Kitchen) & 푸드 뱅크 (Food Bank)

홈리스나 저소득층을 위해 음식을 제공하는 Soup Kitchen이나 Food Bank에서 물건을 옮기거나 음식을 나르는 등의 봉사를 할 수 있다.

인터넷의 서치 엔진에 자신이 살고 있는 지역을 먼저 넣고 그 뒤에 Soup Kitchen, Food Bank, Food Pantry 등 단어를 연달아 넣어서 검색하면 수백 개의 봉사 가능한 곳을 찾을 수 있다. 각종 한인 종교 기관에서도 기관끼리 협력을 체결해서 정기적으로 봉사하고 있으므로 다니는 종교 기관에 문의해 볼 수도 있다.

■ 커뮤니티 센터 (Community Center) & 도서관 (Library)

일상 생활 속에서 친근하게 봉사할 수 있는 방법을 찾고 싶다면, 살고 있는 City나 Town의 커뮤니티 센터나 도서관에 문의해 보자.

뉴저지나 뉴욕의 City 도서관에서는 '숙제 도우미(Homework Help)'라는 이름으로 고등학생들이 초등학생들의 숙제를 도와주며 학습 전반에 대한 도움을 주는 프로그램을 운영한다. 한국 학생들이 밀집한 지역이라면, 미국으로 온 지 얼마 되지 않아 학습 이외에도 여러 문화적인 도움이 필요한 어린 학생들이 많다. 여름이면 각 지역에서 수많은 주제로 열리는 각종 여름 캠프들처럼 봉사 인력이 많이 필요한 경우, 각 커뮤니티 센터에서는 카운슬러(Counselor)라는 명칭으로 고등학생 자원 봉사자들(보통 15세 이상 또는 10학년 이상)을 모집한다.

■ 병원 & 양로원

주변에 병원이나 양로원이 있다면 병원 이름 + Volunteer로 인터넷을 검색해 보자. 특히 의사, 간호사 등 의료계 직업을 희망하는 학생이라면 병원에서의 봉사 활동은 미래의 직업을 관찰해 볼 수도 있는 좋은 기회일 것이다. 병원 내의 카페테리아에서 주문을 받는 일이나 접수, 안내, 단순 사무일, 환자들의 휠체어를 밀어 주거나 심부름을 돕는 일 등 다양한 봉사를 경험할 수 있다.

 봉사 활동 인증 단체

● **대통령 봉사상 (The President's Volunteer Service Award)**
'자원 봉사 활동을 통해 타인에게 헌신하라'는 미국 대통령의 부름에 응답하는 전국 자원 봉사자들의 소중한 공헌을 인증하기 위해 대통령 봉사상이 시행되었다. 대통령 봉사상을 받기 위해서는 봉사 시간을 인증할 수 있는 기관을 본인이 사는 지역에서 찾는 것이 우선이다. 그러면 그 인증 기관에서 개인의 봉사 시간 적용을 확인하고 수상 자격이 있는지 여부를 평가한 뒤 상을 신청해서 배포한다.

대통령 봉사상을 받기 위해서 인증 기관에서 신청하는 시기는 기관마다 다 다르다. 그래서 본인이 봉사하는 기관이 정한 시작일과 마감일에 따라 1년 동안 완료한 봉사 시간이 중요한데, 이는 연령에 따른 봉사 시간에 따라 상의 종류가 정해지기 때문이다. 금메달 경우 어린이(5~10세)는 총 75시간 이상, 청소년(11~15세)은 총 100시간 이상, 청년(16~25세)은 총 250시간 이상을 한 해 동안 봉사해야 신청 자격이 주어진다.

그런데 봉사하는 곳의 대통령상 신청 일이 매년 5월 1일이라면 그 전해 5월 1일부터 신청하는 해 4월 30일까지 봉사 시간을 산정하는 기준이 된다. 그 기간에 신청자가 만약 15세라면, 총 100시간만 채우면 금메달을 받을 수 있다. 그러니까 신청일 기준 연령이 아니라 신청자가 봉사한 기간의 연령을 기준으로 시간을 계산한다.

Age Group	Bronze	Silver	Gold
Kids (5-10)	26-49 hours	50-74 Hours	75+ Hours
Teens (11-15)	50-74 hours	75-99 Hours	100+ Hours
Young Adults (16-25)	100-174 hours	175-249 Hours	250+ Hours
Adults (26+)	100-249 hours	250-499 hours	500+ hours

만약 다른 봉사 기관에서도 일하고 있다면 한 곳에서 합산 신청할 수 있다. 다만 대통령 봉사상을 인증하는 기관끼리만 합산이 가능하다.

https://presidentialserviceawards.gov/

● **의회상** (Congressional Award)

미국 의회는 1979년 미국 상원, 하원 모두가 협심하여 의회상을 제정하여 자원 봉사, 개인의 인성 계발 및 건강 증진에 중점을 두고 중·고등학생들이 주도적으로 개인적인 목표를 달성하고 성취함으로써 잠재력을 발휘할 수 있는 기회를 제공한다. 최초 의회상의 법안은 와이오밍의 Malcolm Wallop 상원의원과 뉴저지의 James Howard 하원의원이 후원했으며, 법안을 확정하고 공표하는 과정에서 민간 후원을 받아 민간과 공공 파트너십으로 의회상이 설립되었다.

지미 카터 대통령이 법안을 서명한 이후 도널드 레이건, 조지 부시, 빌 클린턴, 버락 오바마, 도널드 트럼프 대통령이 차례로 서명했다.

최대 4개의 자원 봉사 목표, 2개의 개인 계발 목표 그리고 2개의 체력 목표를 설정할 수 있다. 웹사이트에 자신의 계정을 열어 등록한 날부터 각 목표에 대한 결과를 기록할 수 있으며 등록비는 25불이다.

https://www.congressionalaward.org/

● AmeriCorps NCCC (National Civilian Community Corps)

국가와 지역 사회 봉사를 통해 사회적 결속을 강화하고 올바른 지도자를 양육하기 위해 콜로라도 주 덴버, 캘리포니아 주 새크라멘토, 매릴랜드 주 볼티모어 등 총 5개 지역 캠퍼스에서 기숙하고 여행하는 비용 전반을 지원하는 프로그램을 운영한다. 국가에 대한 시민적 책임의 중요성과 실천 방법을 교육하면서 시민 의식을 배양하고 지역 사회에 효과적으로 협력하는 방안을 모색한다.

https://americorps.gov/

● 라이언스 하트 재단 (Lion's Heart Foundation)

6~12학년 학생들을 각 지역의 자원 봉사 기회와 연결하여 개인적인 목표를 달성하면서 강력한 커뮤니티를 구축하는 데 목표를 두고 있다.

라이언스 하트 웹사이트를 통해 중·고등학생들은 본인들의 봉사 시간을 입력하고 인증받아 지도자 상을 받을 수 있고, 장학금을 신청하거나 대학 및 직업 지원에 필요할 수 있는 포트폴리오를 만들 수 있다. 전국 275개 이상의 지부가 활동하고 있다.

https://lionsheartservice.org/

● Youth Service America

5~25세 사이의 청소년과 청년들이 지역, 국가 및 전 세계적으로 봉사하며 봉사 기회의 질적, 양적 기회를 늘리는 데 전념할 수 있도록 장려하는 자원 활동 기관이다. 전 세계적으로 수천 개의 조직과 파트너십 관계를 맺고 있으며 '글로벌 청소년 봉사의 날'과 같은 대규모 동원 캠페인을 벌이기도 하고 청소년이 주도적으로 참여하는 봉사 프로젝트를 기획하며 장학금을 보조하기도 한다. YSA는 봉사 정신이 투철하고 활동이 뛰어난 청소년과 어른을 선정하여 봉사상을 수여한다.

https://ysa.org/

추천서

교사의 추천서와 카운슬러의 평가서 들도 입학 사정에 있어 보조 지표로 중요성을 갖는다. 학생이 교과목에 얼마나 충실했고 창의적이었는지, 얼마나 학교에서 열성적이고 독창적인 활동을 했는지, 타인과 커뮤니티를 위해 얼마나 헌신적으로 시간과 마음을 내었는지, 장차 학생의 전공 분야를 연구하고 학교를 대표하여 얼마나 리더십을 가지고 그 역할을 수행할 수 있을지 등을 추천서를 통해 평가한다.

추천서는 일찍 부탁하는 것이 여러모로 좋다. UC 계열을 제외한 거의 모든 대학들이 추천서를 요구한다. 대개 카운슬러에게 한 개, 학과목 선생님들에게 두 개를 받아야 하는데 조기 지원을 하는 학생이라면 늦어도 9월 중에는, 정규 지원을 하는 학생이라면 10월까지는 추천서를 부탁하는 것이 좋다.

수많은 학생들 가운데 카운슬러나 교과 선생님들이 본인을 특별히 기억해 주기란 쉬운 일이 아니다. 성적이 아주 특출하거나 이런저런 활동과 역할로 교내에서 존재감이 그리 막강한 편이 아니라면 되도록 일찍 부탁해서 본인의 특장점을 최대한 부각하고 드러내서 어필해야 한다.

추천서 부탁이 늦어질수록 확률적으로 많은 추천서를 감당하느라 제대로 신경을 쓰지 못할 확률이 높다.

TIP. 좋은 추천서

추천서는 나의 4년간의 고등학교 생활을 집약적으로 평가받은 지면이다. 타인에 의해 작성되기 때문에 내가 어찌할 수 없는 불가항력의 입시 요소이지만, 최고의 추천서에는 어떤 전략이 숨어 있는지 알면 차별화된 추천서를 받는 데 도움이 될 것이고, 지원자의 미래 가치를 효과적으로 전달할 수 있다.

- 모호하거나 두루뭉술한 진술 대신 명확하고 강력한 어휘들로 표현된 추천서
- 지원자의 잠재력에 대해 확신에 찬 묘사와 열정을 드러내주는 추천서
- 누구에게나 적용할 수 있는 진부하고 일반적인 설명이 아닌, 지원자와의 상호 교류적인 경험과 디테일한 스토리를 포함한 추천서
- 단순히 성적과 수업 성취도를 칭찬하는 진술을 넘어서 교실 밖에서 지원자의 성격, 인성, 리더십 등을 전인적으로 통찰해 서술한 추천서

아이비리그 학교들은 학교 내 추천서 2개 외에도 외부 추천서를 3개까지 업로드할 수 있다. 지역 유명 인사라든지 정치인, 예비 학교 교수, 대

학이나 연구소 교수 등 사회적 영향력이 있고 유명한 사람이 추천서를 써 준다면 분명 긍정적인 작용을 할 것이다. 게다가 장차 전공할 분야에서 저명한 외부 인사의 추천서라면 더욱 그 연관성으로 인해 효과적일 것이다.

하지만 그 명성보다 중요한 추천자의 요건은 '내 자녀를 얼마나 잘 알고 오랫동안 알아왔으며 얼마나 차별적인 내용의 추천서를 써 줄 수 있는 사람인가'라는 점이다. 학생이 음악이나 스포츠를 과외 활동으로 하고 있다면 코치나 레슨 교수님이 학생의 활동에 진정성을 부여해 추천서를 써 줌으로써 그 EC를 돋보이게 할 수 있다.

만약 학생이 지역 저소득층 어린이들을 돌보는 봉사 활동을 하고 있다면 그 단체 실무자가 학생의 추천서를 써 줄 수 있을 것이다. 그런데 그 내용에 "내가 본 학생들 중 가장 오랜 시간을 이곳에서 봉사했고, 가장 진실된 마음과 태도로 아이들을 대했고, 아이들의 학습 능력을 가장 많이 끌어올려 주고, 아이들에게 가장 많이 사랑받았다."라고 쓰여져 있다고 가정해 보자. 이 몇 줄만으로도 추천서는 막강하게 읽힌다. 이런 추천서라면 아마도 큰 영향력을 줄 수 있을 것이다.

에세이와 그 밖의 보충 자료(Supplement)

추천서가 타인에 의해 학생을 평가하는 지표라면, 에세이는 본인이 본인을 어필하고 긍정적인 평가를 유도할 수 있는 강력한 도구이다. 에세이는 지원자의 성격과 인격과 생각과 목표 등을 종합적으로 보여 주는 창구이기에 오랜 시간에 걸쳐 브레인스토밍, 초안과 구성 잡기, 완성 뒤 검토, 윤문, 철자 확인, 제3자의 프루프리딩 등 과정을 차근차근 밟아 완성하는 것이 좋다.

대학별로 원하는 에세이 주제와 특성들이 다르기 때문에 지원할 대학 리스트가 정해지면 11학년이 끝나는 여름 방학부터 에세이 작업을 일찍 시작하는 것이 나중에 시간에 쫓겨 허둥지둥하지 않고 느긋하게 완성할 수 있다.

커먼 앱에 쓰는 공통 에세이 외에 대부분 한 학교당 1~3개의 개별 에세이(Supplemental Essays)를 요구하기 때문에, 만약 10개 학교를 지원하기로 결정했다면 20개 이상의 에세이를 준비해야 할 수도 있기 때문이다. 쓰고 고치고 다듬는 작업을 많이 하고 오래할수록 완성도 높은 에세이가 만들어지는 것은 당연하다. 대신 남의 글을 너무 많이 인용하거나, 그대로 베끼거나, 누군가가 대필하는 행위는 절대 용납될 수 없다. 미국에서 어릴 때부터 제일 중요하게 교육하는 것이 바로 정직성(Integrity)이며 대학은 이 정직성을 최고 우위에 놓고 평가한다.

그 밖에 악기나 운동, 미술 작품 활동 등 포트폴리오로 만들 수 있는 분야가 있다면 보충 자료를 제출할 수 있다.

2019년에는 다음 7가지 주제를 커먼 앱의 기본 에세이 옵션으로 주었고, 그 가운데 하나를 정해서 650자로 정리해야 했다.

1.Some students **have a background, identity, interest, or talent so meaningful they believe** their application would be incomplete without it. If this sounds like you, please share your story.
(어떤 학생들은 자신의 성장 배경, 정체성, 관심이나 재능 등을 대학 지원서에 꼭 써야 할 만큼 의미 있는 성장 스토리를 가지고 있을 것입니다. 그렇다면 이 주제로 에세이를 써서 그 이야기를 공유해 주시기 바랍니다.)

2. **The lessons we take from obstacles we encounter can be fundamental to later success.** Recount a time when you faced a

challenge, setback, or failure. How did it affect you, and what did you learn from the experience?

(우리가 마주한 장애물들에서 얻은 교훈들은 훗날 성공하는 데 있어 근간을 만드는 기본이 될 수 있습니다. 도전, 좌절, 실패 등에 직면했던 시간을 떠올려 보십시오. 그것들이 어떻게 당신에게 영향을 주었고 그 경험들로부터 당신은 어떤 것들을 배웠습니까?)

3. **Reflect on a time when you questioned or challenged a belief or idea.** What prompted your thinking? What was the outcome?

(신념이나 어떤 아이디어에 자신이 의문을 제기하거나 도전했던 시간이 있었나 생각해 보십시오. 그런 생각을 하게 된 계기는 무엇입니까? 결과는 어땠습니까?)

4. **Describe a problem you've solved or a problem you'd like to solve.** It can be an intellectual challenge, a research query, an ethical dilemma- anything of personal importance, no matter the scale. Explain its significance to you what steps you took or could be taken to identify a solution.

(당신이 이미 해결했거나 앞으로 해결하고 싶은 과제가 있다면 설명해 보십시오. 그것들은 지적인 도전, 탐구적인 질문, 윤리적 딜레마 등 그 경중에 관계 없이 개인적으로 중요성을 가진 문제일 수 있습니다. 그 해결책을 찾기 위해서 어떤 과정을 거쳤고 어떤 조치를 취할 수 있었는지 등 그 중요성을 설명해 보십시오.)

5. **Discuss an accomplishment, event, or realization that sparked**

a period of personal growth and a new understanding of yourself or others.

(개인적인 성장과 자신이나 다른 사람들에 대한 새로운 이해를 촉발시킨 어떤 성취나 사건, 깨달음의 순간들이 있었다면 설명해 보십시오.)

6. Describe a topic, idea, or concept you find so engaging it makes you lose all track of time. **Why does it captivate you? What or who do you turn to when you want to learn more?**

(너무 매력적이어서 시간 가는 줄 모를 것 같은 주제, 아이디어 또는 개념에 대해 설명하기 바랍니다. 그것들이 당신을 사로잡은 이유는 무엇인가요? 무언가를 더 배우고 싶을 때 무엇을 또는 누구에게 의지하나요?)

7. Share an essay on **any topic of your choice.** It can be one you've already written, one that responds to a different prompt, or one of your own designs.

(여러분이 선택한 주제에 대한 에세이를 공유하십시오. 이미 작성한 것일 수도 있고 다른 자료에 답을 적은 것일 수도 있고 스스로가 직접 쓴 것일 수도 있습니다.)

 작성 팁

1. 지원서에서 자신의 배경, 개성, 관심 분야, 재능 등에 대한 설명이 부족했다면 자신만의 강점과 매력을 소개한다.

2. 도전, 좌절 또는 실패에 직면했을 때를 생각해 보고, 그것이 자신에게
  어떤 영향을 주었으며 이 경험을 통해 어떤 것을 배웠는지 설명한다.
3. 믿음이나 생각에 의문을 제기하거나 도전했을 때를 생각해 보고, 무엇
  이 당신의 생각을 자극했고 결과는 어땠는지 기술한다.
4. 지적 도전, 연구 질문, 윤리적 딜레마 혹은 문제의 규모와 상관없이 개
  인적으로 중요하게 해결했거나 해결하려는 문제를 소개하고 자신이
  취했거나 취하고 싶은 솔루션을 설명한다.
5. 자신이 성숙하게 된 어떤 일화나 성취감에 대해 서술한다.
6. 자신을 사로잡은 주제, 아이디어 또는 개념을 요약하고 공유한다.

 잘못된 에세이

입시 에세이는 목적과 취지가 분명하다. 자신의 작문 실력을 뽐내기 위
해 백일장에 참여한 것이 아니다. 그래서 기본적으로 그 취지에 맞아야
한다. 그 취지는 '대학에 자기를 소개하고 어필하는 것'이다. '나를 뽑아
달라'고 자신을 홍보하는 자리이다. 멋진 소설이나 시를 꾸며낼 필요가
없다. 그렇지만 자신의 삶을 일률적으로 늘어놓아서도, 자신의 가치관을
지루하게 설명해서도, 자신의 결과물을 장황하게 나열해서도 안 된다.

처음에는 에세이의 목적을 분명히 잡고 시작했는데, 막상 너무 강경한
주장이나 공격적인 논조로 풀어 나가거나 논문처럼 딱딱한 전개를 해 나
가서는 곤란하다. 잘난 척도, 지나친 겸손도 마이너스다. 소신과 확신이
담겨 있지만 쉽고 재미있게 풀어 나가는 기술이 필요하다.

제일 쉽게 드러나지만 제일 쉽게 보완할 수도 있는, 에세이의 잘못된 예
는 틀린 문법과 철자가 거슬리는 경우이다. 주술 호응이 안 되거나 시제
가 안 맞는 문장, 적절치 못한 단어와 숙어가 들어간 문장, 기본 철자법

이 틀린 문장, 분량을 채우기 위해 형용사나 부사를 남발하거나 반복적으로 쓴 문장 들은 에세이의 질을 떠나 쓰기 능력의 부족함을 보여주며 학생의 자질을 의심하게 만든다. 반대로 너무 교양 있고 어려운 단어나 표현을 의도적으로 쓰는 것도 피하는 것이 좋다. 그러다가 어법이 틀리거나 만연체 문장이 되어 글의 논조를 흐리게 만들 수 있다.

에세이를 작성할 때는 충분한 시간을 두고 본인이 완성한 뒤에도 주위 사람 한두 명에게 부탁해 크로스 체크를 하면서, 작성한 에세이 검토 (Proofreading)를 받는 것이 좋다.

 ## 좋은 에세이

에세이는 온전히 자신의 경험과 이야기여야 한다. 드라마, 시, 영화 등 얼마든지 아름답고 감동적인 스토리는 많지만 그렇게 허구로 창작되거나 남이 쓴 이야기를 베껴서는 절대로 안 된다. 이야기를 미화시키거나 고급 단어를 일부러 뽑아 쓸 필요도 없다. 반드시 행복한 결말이거나 성공적일 필요도 없다. 또한 내가 이제껏 살아온 이야기를 장황하게 늘어놓는 것보다는, 어느 집중된 한 특정한 시간 속의 서사를 끄집어 내어 진솔하고 진실되게 서술하는 것이 좋다.

에세이는 도입부가 제일 중요하다. 첫 문장만큼은 공들여 인상적으로 시작하도록 오랜 시간 구상하는 것이 좋다. 입학 사정관의 눈길을 확 끌도록, 그래서 그 다음도 계속 읽어 보고 싶게 만드는 처음을 만들어 내야 한다. 호기심을 끌어 내리려면 다음 내용이 궁금하도록, 뻔하지 않은 신선한 시작, 조금은 자극적인 시작을 통해 예상치 못한 전개로 흘러가게끔 해야 한다. 그 다음, 에세이 전반에 나만의 관점과 목표와 성숙과 열정이 보여지도록 구성을 짜 본다.

입시 에세이의 키 포인트는, 광범위한 활동이나 경험, 아이디어 등을 특정 일화나 구체적인 이야기로 풀어 내는 기술이다. 지원자의 수많은 에세이들 속에서 입학 사정관의 눈을 자신의 이야기에 고정시키게 만들어야 한다. 할머니를 사랑하는 손녀인 지원자가 할머니와 자신의 관계를 요약하는 에세이는 지루할 수 있다. 하지만 할머니의 어떤 간식을 떠올리며 매일 하굣길이 얼마나 즐거운 발걸음이었는지, 할머니가 떠 주신 뜨개질 옷을 입고 얼마나 자신의 인생을 성실하고 촘촘하게 살아내야 하는지 반추하게 되었다는 내용 등은 에세이를 흥미롭고 풍성하게 이끌어낸다.

주제를 무엇으로 정했든, 개인적이고 구체적으로 풀어가는 것이 최고의 전략이다. 어떤 사람이 길바닥에서 자신이 쓴 에세이를 주웠을 때, 읽으면서 이 사람이 누군지 머릿속으로 딱 떠올려질 수 있게 특정화시킬 수 있는 에세이가 좋은 에세이다. 그리고 아이비리그 및 탑 대학들은 이런 에세이에 주목한다.

 각 학교별 보충 에세이

커먼 앱에 기본 에세이를 쓰는 것과 더불어 지원하는 각 대학에서 요청하는 에세이가 따로 있을 수 있다. 존스 홉킨스, 듀크, 놀스웨스턴, 밴더빌트 등 탑 사립 대학들은 대부분 300자 정도의 에세이 하나를 쓰도록 요구한다. 에모리 대학은 2개를 요구하는데 각 200자, 150자 제한으로 비교적 분량이 많지 않다. 그런데 미시간 대학은 (얼리 액션 전형에 속한 명문대이기는 하지만) 주립 대학인데도 불구하고 각각 550자와 300자 제한으로 비교적 긴 추가 에세이를 2개씩이나 요구하고 있다. 이 경우에는 에세이를 중요도 있게 고려하겠다는 대학의 의지로 해석할 수도 있다. 미시간 대학은, 왜 이 학교에 오고 싶은지, 이 학교가 어떻게 지원자의 관심사를 서포트할 수 있을지 구체적으로 쓰길 원한다. 탑 대학이지만 구속력(Binding)이 없는 조기 전형 안에 속해 있는 대학인 만큼, 추후 일반전형으로 아이비리그를 쓰는 학생들이 일단 합격하고 생각해 보겠다는 심산으로 미시간 대학에 얼리 지원하는 것을 경계하는 듯도 하다. 꼭 이 학교여야만 한다, 꼭 이 학교에 들어와 나의 학업을 이어가고 싶다는 의지와 열정이 보여지는 지원자를 추려 내기 위해 심도 있는 에세이를 요청하는지도 모를 일이다. 등록률이 떨어지는 것을 방어하기 위한 일드 보호 정책(Yield Protection)의 일환으로 볼 수도 있겠다. 이것은 비단 미시간 대학만이 중점을 두고 고려하는 사항은 아닐 것이다. 어떤 대학이 그곳을 경쟁 대학의 차선책으로 선택하기를 원하겠는가? 그곳이 탑 대학이라면 더욱 더 신경을 쓸 것이다.

따라서 학교별 에세이를 작성할 때에는 그 학교에 각별한 관심과 애정을 가지고 학교에 대한 객관적인 정보 조사를 할 필요가 있다. 제공하는 프로그램이나 전공, 교수진, 연구진, 추구하는 교육관이나 상위 학교로의 연계 등 그 학교만의 특장점을 내 관점과 식견으로 파악하고, 그것이 나의 학업과 진로에 미칠 영향을 긍정적이고 효과적으로 피력해야 한다.

그런데 만약 에세이의 내용은 브라운 대학이 제공하는 프로그램과 특장점으로 가득 차 있는데, 막상 이 에세이를 밴더빌트 대학에 제출했다고 생각해 보라. 밴더빌트 입학 사정관은 지원자가 설마 자신의 대학 한 곳만 지원하지 않았고 당연히 여러 군데의 드림 스쿨을 지원했다는 것을 알고 있다. 하지만 적어도 자신의 학교에 어울리는 에세이를 기대하기 마련이다. 그 학교의 특성에 맞게 에세이를 개인화, 특정화하고 그 대학이 자신에게 왜 적합하다고 생각하는지를 구체적으로 피력해야 한다.

건성건성 쓴 학교들은 기가 막히게 딱 알아 본다. 그 학교에 꼭 들어가고 싶다는 간절함이 피력돼야 한다. 나의 개인적 열망 그리고 거기에 더해, 그 학교에 내가 얼마나 필요하고 도움이 될 존재인가가 드러나야 한다.

대학은 자선 사업을 하는 곳이 아니다. 철저하게 비즈니스로 운영되는 곳이다. 그렇다고 학생들에게 받는 학비가 그들에게 그리 대단한 의미겠는가. (물론 개개인 편에서 보면 그 학비는 정말 어마무시하지만 말이다!) 대학은 학생의 미래에 투자하는 비즈니스를 하는 곳이다. 모교생이 졸업하여 사회에 진출하여 큰 영향력을 행사하고 동문으로서 대학을 빛내 주는 것, 그 결과로 빚어지는 사회적, 경제적인 파급 효과는 엄청날 것이기 때문이다. 결국 학교별 에세이에서는 내가 이 학교에서 얼마나 열심히 공부하고 실력을 쌓아, 사회에 진출하여, 얼마나 큰 업적과 명예와 영광을 가져다 줄 것인지를 드러내야 한다.

대학 입시는 자신의 학교 내에서 시작하여 학군 내, 주 내, 관할 지역(Region) 내에서 계단식으로 걸쳐 경쟁 구도를 밟아 나가는 국지전이다. 이 지역 경쟁에서 일단 싸워서 살아 남아야 본격적으로 전국구를 바라볼 수 있다. 그리고 전 세계 각지에서 간택된 경쟁자들 사이에 끼어 비로소 내 지원 서류가 최종적으로 입학 사정실 책상 위에 올라 가게 되고 입학 사정관들의 회의석상에 회부되는 것이다. 적어도 우리가 목표로 삼는 순위권 대학들을 꿈꾸고 있다면 말이다. 학교 에세이 하나라도 허투루 쓰면 안 되는 이유이다.

여름 캠프

학기 중에 시간 제약상 공부를 충분히 못한 학생이라면 긴 여름 방학을 학과 공부를 보충하는 데 시간을 쓸 것이다. 입시가 코앞이라면 학원을 찾아 표준 학력고사를 준비하는 학생들도 많을 것이다. 그런데 스스로의 진로를 어느 정도 정한 학생이고 방학 시간이 좀 여유롭다고 생각된다면, 원하는 전공 혹은 특기에 초점을 두고 깊이 있게 배울 수 있는 여름 캠프에 지원해 보면 어떨까?

미국에는 정말 많은 여름 캠프들이 개최되고 아카데믹한 것부터 예·체능 전반에 걸쳐 주제도 다양하다. 작은 동네 캠프부터 국제적으로 학생들을 유치하는 대규모 캠프, 들어가기가 아이비리그 급이라는 경쟁적인 캠프, 무료에서 고비용까지. 게다가 기숙 캠프(Sleep Away Camp 또는 Residential Camp)들 중에는 여러 유수 대학이나 국·공립 학교 등 각 분야별 정평이 난 프로그램을 운영하는 최고의 캠프들이 있는데, 2월이면 조기 등록이 마감될 정도로 인기가 있으니 등록 준비를 서둘러야 한다.

■ 인문학 특화 캠프

A Telluride Association Summer Program

이 프로그램은 11학년이 되는 아이들을 대상으로 여름 방학 6주간 열리는 Humanity(인문학) 기반의 여름 캠프로서 에세이와 인터뷰를 통해 선발된 학생들이 참여하게 된다. 진지한 사고력과 뛰어난 지적인 능력을 지역 사회(커뮤니티)와 나누고자 하는 의지가 있는 미래의 리더십을 장려하기 위해 세워진 비영리 단체인 텔루라이드 어소시에이션(Telluride Association)에서 주관하고 전액 무료다.

뉴욕의 코넬대, 매릴랜드 주립대, 미시간 주립대에서 이루어지는 본 캠프는 대학에서 이루어지는 강의와 토론 형태의 세미나 그리고 사회공헌 프로그램으로 구성돼 있어 캠프 내내 다양한 주제에 대한 읽기와 토론을 진행하고 상당량의 에세이를 제출한다.

저명 강사진으로부터 과제에 대한 피드백을 받으며 논리적 사고력과 글쓰기 능력을 향상시키는 기회를 가질 수 있다. 소그룹으로 이루어진 동기 학생들과의 활동을 통해서 필드 게임, 음악/연극, 커뮤니티 서비스 프로젝트, 환경 보호 운동 참여 등을 함께 경험하게 된다. 지원을 위한 자세한 내용은 아래 사이트를 참조한다.

https://www.tellurideassociation.org/our-programs/high-school-students/summer-program-juniors-tasp/

■ 글쓰기에 재능 있는 아이들을 위한
The Iowa Young Writers' Studio

The University of Iowa에서 6월과 7월에 두 번 주최하는 글쓰기 캠프인 The Iowa Young Writers' Studio는 하이 스쿨러들을 대상으로 하는 2주간의 기숙 캠프 프로그램이다. 2주 동안 시, 픽션, 크리에이티브 라이팅(Creative Writing) 세션 등으로 세미나와 워크숍을 하며 글을 쓰기도 하고, 함께하는 친구들의 작품을 섬세하게 평론하며 평론가(Critic)로서의 자질도 배우게 된다.

모든 프로그램이 읽기와 쓰기, 토론으로 이루어지고 강사진들 또한 이 캠프의 선배인 경우가 대부분인 만큼 문학이나 글쓰기를 전공하고자 하는 학생들에게 매력적인 캠프이다.

글쓰기 샘플, 학습 계획서(Statement of Purpose), 추천서와 성적표를 제출하여 선발되며 참가비는 약 2,400불이다. 저소득층 지원(Need-based) 장학금을 신청할 수 있으며 관련 웹사이트는 아래와 같다.

https://iyws.clas.uiowa.edu/

■ Aime 이상을 꿈꾸는 수학 특기 학생이라면
MathPath & Idea Math

매스패스는 수학에 대한 관심이 높은 11세~14세들을 위한 4주간의 여름 프로그램이다. 여름 동안 자신의 능력에 맞는 속도와 깊이로 배우고 수학 능력을 계발할 수 있는 기회를 제공하는 동시에 함께 기숙하는 프로그램을 통해 풍부한 사회성과 레크리에이션 경험 또한 제공한다. 매년 장소는 변경되는데 2022년 여름 경우 Mount Holyoke College in South Hadley, MA에서 개최했으며 소득에 따라 등록금 보조(Financial Aid)도 제공된다.

IDEA MATH는 대수, 조합론, 기하학, 수 이론 등 경시 문제가 출제되는 분야에서 심층적인 강화 학습을 제공하는 라이브 원격 온라인 프로그램으로 여름에 3주 동안 60시간을 제공하는 서머 과정을 운영한다. 단순히 이론을 암기하는 걸 넘어서 중요한 아이디어를 가르치고 발견하고 협력하는 세미나 형식의 상호 과정을 수업의 중심에 놓고 문제 해결 과정을 이끌어 준다.

수업료는 수업 시간 1,245달러(시간당 20.75달러)이다.

https://www.mathpath.org/

https://www.ideamath.education/landing/home

■ 최고 권위의 과학 캠프
Massachusetts Institute of Technology (MIT) for the Research Science Institute(RSI)

이 캠프는 MIT 대학에서 주최하는 미국 최초의 무료 STEM 관련 캠프이자 가장 저명한 프로그램이다. 미국뿐만 아니라 세계 각국에서 선발된 80여 명의 학생들은 보스턴의 MIT에서 제공하는 숙소에 머물며, MIT가 주관하거나 참여하고 있는 다양한 연구 활동에 직접 참여할 수 있는 기회를 가지게 된다.

학계, 기업 혹은 정부가 주도하고 있는 연구 활동의 모든 과정이 캠프에 참여한 학생들에게 공유되며, 연구 활동의 처음과 마지막까지 전체 과정

(Full Cycle)을 경험할 수 있는 특별하고 귀한 기회이다. 첫 주에는 현직 전문가들로부터 강도 높은 STEM 교육을 받게 되며, 다음 5주간은 해당 연구 활동에 집중하고, 마지막 한 주는 프로젝트를 발표하는 것으로 마무리된다.

지원하려면 지원 동기를 담은 에세이, 2명의 선생님으로부터의 추천서, 고등학교 성적표와 PSAT 점수가 필요하다. 프로그램에 대한 설명 및 지원 방법은 아래 사이트를 참고한다.

https://www.cee.org/apply-rsi

■ 음악을 사랑한다면

Aspen, Interlochen, Tanglewood & Berklee College of Music Summer Programs

타 캠프와 달리 음악 관련하여 유명한 기숙 캠프(Sleep Away Camp)들은 고등학교 학생들만을 대상으로 하지는 않는다. 많은 캠프들은 음악 페스티벌(Music Festival)의 성격을 띠고 있어 대학생 혹은 전문 연주가들도 참여하고 나이, 인종, 성별 등을 뛰어 넘어 타 캠프보다 자유롭고 다양하며 자신의 연주를 성숙시키기 위한 특별한 경험을 할 수 있다.

대표적인 음악 캠프로는 콜로라도 아스펜의 아스펜 뮤직 페스티벌, 미시건의 인터라켄 그리고 보스턴의 탱글우드 등이 있으며 모두 오디션을 통해 선발된다.

Berklee College의 5주간 여름 캠프는 세계적으로 가장 뛰어난 여름 뮤지컬 공연 프로그램으로 알려져 있다. 버클리의 유명 교수진의 일대일 지도와 대학 학점을 제공하는 커리큘럼이 결합된 인텐시브 코스로서 고등학생의 연주와 노래 실력 향상, 나아가 대학 진학을 위해 실질적인 노하우를 배울 수도 있는 기회이다. 레슨을 받고 있는 선생님의 추천을 통해서만 지원이 가능한 경우도 있으며 각 캠프의 성격이 다르니 해당 아래 홈페이지들을 자세히 참고하자.

http://www.aspenmusicfestival.com/

http://camp.interlochen.org/

https://www.bu.edu/cfa/tanglewood/

https://www.berklee.edu/summer

■ 국제적으로 정평이 난 영재 캠프 존스 홉킨스
CTY (Center for Talented Youth)

CTY는 남다른 학문적 능력과 배움에 대한 열정이 가득한 학생들을 위해 명문 대학 존스 홉킨스에서 개발, 운영하고 있는, 영재들을 위한 3주간 프로그램이다. 2학년~4학년은 통학, 5학년부터는 기숙 캠프가 가능하다. 이 여름 캠프에 등록하기 위해서는 SCAT이나 SAT 등 기관에서 정한 일정 점수 이상의 공인 시험 점수가 필요하며 그 결과에 따라 선택할 수 있는 과목과 레벨이 정해진다. 6월 하순이나 7월 중순에 시작하는 두 세션 중 선택 가능하며 하나의 과목을 정해 3주 동안 그 주제만으로 엄격한 학업과 심화 학습을 하게 된다. 굉장히 다양하고 세분화된 과목이 개설돼 있고 세계 각국에서 모여든 여러 나라의 똑똑한 또래들과 공부하고 교류할 수 있는 좋은 기회이다. 그만큼 인기 있는 과목은 경쟁이 치열하니 아래 사이트를 참고하여 미리 시험과 등록을 준비하도록 한다.

http://cty.jhu.edu/

■ 요리와 음식에 관한 예술 캠프
Culinary Arts and Cooking Camp NYC

12세~17세 사이 학생들이 참여할 수 있는 미국 최고의 요리 관련 여름 캠프로서 뉴욕 시티(NYC)의 중심부에 위치한 뉴욕대(NYU)에서 기숙하거나 통학할 수 있다. 매우 안전한 환경을 제공하고 있으며 요리 집중 코스와 더불어 도시를 함께 탐방하는 재미있고 다양한 기회도 마련하고 있다. 프로그램 내내 많은 시간을 들여 다양한 음식 레시피를 개발하고 심도 있는 요리 작품을 만들어 전시하고 발표하면서 특별 전문 평가단과 게스트들의 평가를 받는 의미 있는 시간을 경험할 수 있다.

www.campusnyc.org

■ 테크놀로지 시대의 선두
Digital Media Academy, iD Tech Camp들

디지털 미디어 캠프는 6~17세 연령의 학생들 대상으로 LEGO EV3, Lego WeDo, Arduino, Raspberry Pi, Maya, 3D Printing, Java, Swift, Python, AI, Unity, Ableton, Adobe 플랫폼을 가르친다.

Stanford, Harvard, Duke, UCLA, UT Austin, University of Chicago, Northwestern, NYU, University of Toronto 등 미국과 캐나다의 유수 대학들에서 개최되며, NASA의 Johnson Space Center가 프로그램을 개발한다.

iD Tech Camp는 7~17세 연령 대상으로 Vex Robotics, Lego Mindstorm, Arduino, Minecraft, Autodesk Maya, Tynker 등을 가르친다. Stanford, MIT, Carnegie Mellon, UC Berkeley, UT Austin, Emory, Macalester, Northwestern 등 미국 28개 주 150여 개 대학에서 열린다.

iD Programming Academy는 13~18세 중·고생들의 프로그래밍 교육으로 특화됐고, iD Game Design & Development Academy는 Unity, Vex Robotics, Arduino, Autodesk Maya, Mudbox,

Unreal Engine 4 등 게임 디자인에 특화된 플랫폼을 교육받을 수 있다.
자세한 내용은 아래 사이트를 참고한다.

https://digitalmediaacademy.org/

https://iDTech.com

■ **한국인으로서 뿌리와 자긍심을 가질 수 있는 WAFL 프로그램**
KAYF(Korean American Youth Foundation)는 1993년 뉴욕 플러싱 지역을 기반으로, 재미 한국 학생들이 지역 사회에 긍정적 영향을 만들고 이민자 가정으로서 그들의 목소리를 내기 위해 설립한 단체이다. 연간 행사로 스피치 경연 대회와 직업 포럼, 장학생 선발 및 장학금 수여식, 골프 대회, 기부금 조성을 위한 갈라 행사, 겨울 캠프 등이 있다.
여름 캠프는 아니지만 매년 10월부터 WAFL이라는 유용한 프로그램을 운영하기도 한다. 대학 준비 세미나를 비롯하여 디베이트 워크숍, 한국 영화 및 정치적 이슈에 대한 토론회, 한국 고등학생들과의 문화 교류, 대중연설 및 스피치 경연 대회 등 다채로운 내용들로 수업을 진행한다.

www.kayf.org

■ **대학 서머 프로그램**
대학 서머 프로그램의 경우는 리서치의 성격이 강한 것들이거나 특정 주제나 분야를 정해 진행된다. 프린스턴 대학의 Journalism이나 아이오와 주립대의 Writing 캠프, 예일 대학의 Young Global 리더십 프로그램 등이 널리 알려져 있으며 거의 모든 종합 대학들은 약 3주 정도 진행하는 이 서머 프로그램 코스를 통해 학교를 홍보하고 재정적 운영을 도모하기도 한다. 비용을 내고 기한 내에 등록하면 특별한 결격 사유가 없는 한 누구나 참여할 수 있다.

그러나 명문 대학에서 실시하는 프로그램이라고 해서 모두 그 학교 교수들이 직접 강의를 하는 것은 아니다. 그리고 유명 대학들마다 이런 프로그램들을 실시하지만 이 프로그램에 참여했다고 해서 나중에 그 대학에 지원했을 때 혜택이 있는 것도 아니다. 따라서 남이 다 하니까 나도 해 본다는 식으로 신청하는 것보다는 자신의 관심사와 확실한 필요성에 의해 참여하는 것이 좋다. 자칫 잘못하면 시간 낭비, 돈 낭비가 될 수도 있기 때문이다. 하지만 고등학생이 자신의 드림 스쿨인 곳에 가서 캠퍼스에서 일정 기간 거주하며 대학 생활을 미리 체험해 볼 수 있는 것만으로 좋은 기회로 작용할 수 있다. 그 경험을 통해 드림 스쿨에 대한 생각을 더 확고히 가진다면 학업에 더욱 매진하는 긍정적인 계기가 될 수도 있고, 반대로 주변 환경이나 학교 제반 여건이 막연히 생각했던 것과 달라서 열망했던 마음을 접는 계기가 될 수도 있을 것이다. 이 경우도 궁극적으로 시간 절약, 돈 절약의 긍정적 결과를 가져 오는 셈이 된다.

한편 선발 과정부터 까다로운(Selective) 프로그램들이 있다. 예를 들어 NASA의 리서치 프로그램인 SHARP, 리더십 캠프이면서 학교장이 추천하고 선발되어야 갈 수 있는, 가장 권위 있다는 HOBY, 스탠퍼드 대학의 수학 캠프인 SUMaC이라든지 Ross나 PROMYS 같은 수학 영재 캠프들 그리고 RSI나 PRIMES 등 MIT가 진행하는 수많은 여름 프로그램들이 있다. 특히 'MITES(Minority Introduction to Engineering and Science)'는 무척이나 까다롭게 선발하기로 유명한 MIT의 리서치 캠프로서 발탁만 된다면 상당한 경쟁력을 갖추게 되고 입시에까지 큰 스펙으로 작용한다. 실제로 이 프로그램에 합격한 학생들의 약 30%가 이후 MIT에 합격한다는 통계가 있다. 주로 10~11학년에 지원하게 되며 이런 경쟁적인 프로그램들은 준비하고 도전하는 것만으로도 큰 경험이자 자산이 될 것이다.

인턴십

인턴십은 학생들이 기업에서 일정 기간 동안 기업 활동을 체험하면서 실무 역량을 키우도록 고안된 제도이다.

주로 대학생이 졸업 전 정식 취업 활동에 나서기 앞서 예행 연습처럼 경험을 쌓기 위해 지원하는 경우가 많은데, 요즘처럼 취업이 어려운 시기에는 인턴십이 큰 경력으로 작용하고 취업의 일종의 관문처럼 여겨지기도 한다. 실제로는 인턴십도 하늘의 별 따기처럼 어려운 것이 요즘 한국의 실정이다.

하지만 미국에서는 고등학생들도 방학을 활용해 인턴십 기회를 많이 갖는다. 자신의 진짜 관심이 무엇인지, 특기와 소질을 살려 어떤 분야에서 일하면 좋을지, 미래의 전공과 직업을 찾을 수 있도록 도와 준다는 점은 인턴십을 통해 얻을 수 있는 가장 큰 이점이라고 할 수 있다.

학교 과목이나 성적만 가지고는 상상도 안 되는 현실적인 체험 활동을 통해 다양하고 전문적인 관심 분야를 직접 경험하고 전공과 직업에 대한 구체적인 방향을 잡을 수 있다. 물론 인턴십 경력은 대입 원서에 쓸 수 있는 다양한 스펙 중의 하나이기도 해서 그 자체만으로 입시에 도움이 되는 요소이기도 하다. 일부 부모들은 공부할 시간도 부족한데 인턴십이 웬 말이냐며 걱정이 앞서기도 할 것이다.

하지만 이 체험 활동을 통해 자신의 미래를 구체적으로 가늠해 보는 계기가 된다는 점과 함께, 내가 어떤 학업에 초점을 맞추고 배워 나가는 것이 좋을지 명확히 깨닫게 되는 계기도 된다는 점에서 학업 동기를 부여해 주는 효과도 크다. 또한 교실에서는 배울 수 없는, 자신이 희망하는 전공에 필요한 기술과 실무 능력을 직업 현장에서 다양한 사람들을 만나고 경험하면서 직접 배운다는 점에서도 매우 실용적이다. 따라서 인턴십은 대학생 때보다 오히려 자신의 적성에 맞는 전공을 정해야 하는 고등학생 때 경험하는 것이 더 큰 도움이 될 수 있다. 자기계발, 실무 체험, 입시 영향, 수입 창출 등 많은 장점을 가지고 있는 인턴십에 대해 좀 더 자세히 알아보자.

■ 인턴십 첫 단계

어떤 인턴십을 어디서 할까 고민된다면 우선 좋아하는 학교 과목이나 평소 관심이 많았던 분야를 중심으로 결정하는 것이 좋고 제일 빠르다. 도서관 사서가 희망 직업인데 컴퓨터 프로그램 개발 회사에서 인턴십을 할 이유는 없다. 평소에 마케팅 홍보 업무가 관심 있고 마음이 끌려 한번 해보고 싶은 생각이 있는데 과학재단 실험실에서 인턴십을 할 이유는 없다. 자연과 동물을 사랑하는 캐릭터라면 주립이나 카운티 공원에서 일을 찾아 보아야 할 것이고, 산업 디자인에 관심이 있다면 방송국이나 기업 등의 관련 부서에 문을 두드리는 것이 좋을 것이다.

하지만 관심 있는 분야에서 인턴십을 하게 되면 자신의 적성을 찾고 전공을 정하는 데 결정적인 도움이 될 거라는 막연한 기대는 하지 않는 것이 좋다. 인턴이 경험할 수 있는 영역은 사실 굉장히 한정적이기 때문이다. 게다가 인턴이라는 한정된 시간 동안 짧게 경험할 땐 정말 좋았다가 실제로 취업해 보면 자기 길이 아닌 경우가 너무 많고, 반대로 흥미를 느끼지 못했던 분야가 실제로는 아주 적합한 자기 적성인 경우도 많다.

■ 인턴십을 구하기 전 고려 사항

인턴십 기회를 가질 수만 있다면 어떤 것이든 무조건 좋다는 식으로 접근해서는 안 된다. 인턴십에도 옥석이 있고 그 옥석을 잘 가려 내야 한다. 어떤 인턴십은 특별한 경험을 쌓거나 기술을 습득할 기회 없이 그저 단순 업무를 반복해야 한다. 무보수인 경우도 많다. 무보수여도 돈보다 더 중요한 것을 얻을 수 있다면 유의미하겠지만, 이런 단순 노동만 경험해야 하는 인턴십이라면 그 시간에 공부를 하는 것이 낫고 지원서에 경력을 쓸 이유도 없다. 물론 돈을 버는 것 자체만으로 유의미한 아르바이트 (Paid Job) 경력을 대학 원서에 쓰는 것은 도움이 되기도 한다. 부유한 가정 환경에서 돈 버는 어려움과 소중함을 일부러 체험해 보는 것, 혹은 가난한 가정 환경에서 부모의 경제 활동을 도와 함께 그 짐을 부담하는 것, 이것은 둘 다 에세이에 좋은 소재가 될 것이고 입학 사정관의 이목을 끄는 진정성 있는 스토리가 탄생할 수 있다.

하지만 인턴십의 목적성은 경제적인 것이 우선은 아니다. 실무적인 경험이어야 한다. 또한 인턴십이 자신이 지원할 전공과 꼭 연관될 필요는 없다. 새로운 분야에 도전해 보고 싶다면 그 자체만으로도 충분한 가치가 있을 것이다. 하지만 입시의 관점에서만 본다면 전공을 찾아 나가고 준비하는 일환의 선상에 인턴십이 자리하는 것이, 입학 사정관에게도 자연스럽게 점수에 영향을 주는 스토리가 될 것이다.

이런 점에서 인턴십을 찾을 때는 인턴이 구체적으로 어떤 업무를 감당하는지 우선적으로 파악해야 한다. 주 업무가 명시돼 있다 하더라도 막상 실제로는 다른 경우들이 허다하다. 따라서 회사나 기관 측에 주어질 업무를 구체적으로 설명해 달라고 요청해야 한다. 장래에 바이러스를 연구하는 과학자가 되고 싶어 다양한 실험을 기대하고 연구소에 인턴십을 신청해서 합격했는데 막상 가 보니 시키는 일이 연구실 청소나 허드렛일이라면 어떻게 하겠는가? 게다가 고등학생 대상 인턴십들은 무보수 조건도 많아서 돈을 안 받고 이 일을 뼈 빠지게 해야 하나? 하는 갈등이 생길 수도 있다. 물론 연구실 환경을 간접 체험해 보고 어깨 너머로 실험하는 과정을 지켜 볼 수만 있어도 감사하다면 이것은 감수할 노동일 것이다.

■ 인턴십의 영향력

학생들과 부모들이 생각하기 쉬운 오류가 있는데, 대기업 사무실이나 명망 있는 교수의 연구실 혹은 유명 정치인의 캠프 등에서 인턴십을 해야 대학 입시에 도움이 될 것이라고 생각하는 점이다. 꼭 그렇지 않다. 대단한 곳 인턴십을 따내 일했다고 해도 학교 성적이나 추천서 등 주요 평가 요소가 부족하거나 평범하다면 큰 효과가 없다. 인턴십 자체는 입시에서 부수적 요소이지 중점적으로 보는 평가 항목은 아니기 때문이다.

또한 대단한 곳 인턴이라는 타이틀만 확보했을 뿐 일 자체에 아무 관심도 없고 목적도 없고 성과도 없다면 무용지물이다. 오히려 보잘것없는 곳에서 인턴을 하더라도 자신의 관심 분야에서 열정과 성실을 다해 일해서 그 경험이 축적되어 에세이에 드러난다면 큰 플러스 요인이 될 것이다.

또한 무급 인턴십이라도 학점으로 인정된다면 효용 가치가 있을 것이다. 게다가 이런 사소한 경험이라고 하더라도 나중에 졸업 후 다른 인턴십이나 실제 구직 활동에서 이력으로 작용할 수 있다는 이점도 있을 수 있다. 하지만 입시를 목전에 앞둔 11학년이거나 여름 방학 활동이 제일 중요하게 고려되는 10학년도 마찬가지로, 자신의 목적과 상충되는 점은 없는지 꼼꼼히 따져서 인턴십을 시작해야 할 것이다.

■ 인턴십 구하기

고등학생이 인턴십을 구하는 과정은 만만하지 않다. 그래서 다양하고 구체적인 방법을 동원해 찾아야 하는데, 일단은 재학 중인 자신의 학교에서 정보를 구하는 것이 제일 빠르다. 또는 학교 카운슬러에 문의하거나 유관 부서의 문을 두드려 보는 것이 좋다.

대부분 고등학교는 학생들이 인턴십을 구할 때 도와 주는 프로그램을 운영하고 있다. 그 학군 지역에서 필요로 하는 인력을 학교 측에 요청한 리

스트라든지 그 학교를 졸업한 선배들의 직장과 연계돼 인턴십이 제공
될 확률도 있다. 또한 미성년자가 일을 하려면 학교 측에서 노동 허가서
(Work Permit)를 받아 승인이 이루어져야 하기 때문에 어떤 식으로든
학교가 연관이 될 수밖에 없다.

자신이 인턴으로 일하고 싶은 특정 회사나 기관이 있다면 직접 문의를
해 볼 수 있다. 우선은 무작정 방문하는 것보다는 회사에 전화나 이메일
을 통해 연락해서 고등학생들을 위한 인턴십을 제공하는지 여부와 어떻
게 지원해야 하는지 등을 물어 본다. 가능성이 열려 있다면 꼼꼼하게 이
력서를 작성하고 인터뷰 때 자신의 관심 분야와 인턴십을 통해 배우고
싶은 점 등을 조리 있게 표현할 수 있도록 충분히 연습한다.

■ 온라인상에서 인턴십 찾기

학교를 통해 구하는 것이 요원하거나 직접 문의할 곳도 없을 때, 아는 곳
도 없고 부모 찬스도 인맥 동원도 어려워서 인턴십을 구하는 것이 막연
하다면, 일차적으로 포털 사이트 검색을 활용해 본다.

구글 검색창에 '자신의 거주지'와 '인턴십'이라는 단어를 조합(Intern-
ship near your town)하거나 관심 분야를 함께 검색어로 넣어 본다.

많은 인턴십이 대학생들을 대상으로 하고 있기 때문에 대상을 특정화시
켜 '고등학생을 위한 인턴십(Internships for High School Students)'이
라고 넣어 보면 좋다. 이렇게 연령, 인턴십 분야, 직무, 포지션, 사는 곳 등
최대한 다양한 옵션으로 검색어를 조합해서 시도해 보면 여러 가지 정보
가 뜰 것이다.

하지만 무분별한 정보가 넘쳐나고 있는 온라인상에서는 믿을 수 없는 사
기성 업체들도 있을 것이고 링크로 유인해서 개인 정보를 털어갈 수도
있을 것이다. 신분이 도용될 수도 있고 수수료 등 명목으로 이익을 취하

는 악덕 기업을 만날 수도 있을 것이다. 그러니 잘 모를 경우에는 검색부터 연락을 취하고 소통하기까지 신중하게 접근하고 대처하는 것이 중요하다.

평소에 SNS를 즐겨 한다면 트위터나 인스타그램에서 좋아하는 회사나 인물을 트윗하거나 팔로우하는 것도 인턴십 찾기에 도움이 될 수 있다. 갑자기 인턴십을 구하는 것은 막막할 수 있지만 일상에서 내가 좋아하는 키워드를 통해 소셜 네트워크를 가져 왔다면 인턴십 기회는 의외로 쉽게 찾아 올 수도 있다. 그러니 평소에 원하는 분야의 사람들과 온라인상 네트워킹을 잘 해 두는 것도 좋다.

인턴십에 국한되지 않게 미국 전역을 대표하는 가장 큰 구인 구직 사이트로는 링크드인(https://www.linkedin.com)이 있다. 인턴으로 국한해서는 유턴(https://www.youtern.com) 사이트가 유명하다. 인디드(www.indeed.com) 사이트에서는 인턴십과 자신이 사는 지역으로 세팅하여 찾을 수 있다.

주정부 인턴십을 찾고 싶다면 유에스에이 잡스(https://www.usajobs.gov) 사이트가 유용하다. 특정화된 분야, 예를 들어 비영리 단체나 NGO 관련에 관심이 있다면 아이디얼리스트(https://www.idealist.org)에서 180여 개국 6만 개에 가까운 단체 및 기관들의 깨알 같은 인턴십 정보를 찾을 수 있고, 환경 보호에 관심이 있다면 학생 보호협회(Student Conservation Association)에서 운영하는 사이트(https://www.thesca.org)가 유용하다.

■ 인턴십을 시작할 때

인턴십 기간 동안 어떤 것을 얻을지, 어느 지점까지 도달할지 구체적인 목표를 세운다. 가장 중요한 것은 인턴십에 임하는 자세이다. 금쪽같이 중요한 시기에 인턴십을 하기로 결정하고 어렵게 구한 것이니만큼 최대한 많은 것을 배우고 얻을 수 있도록 적극적인 태도로 임해야 한다.

만약 주어진 임무가 예상과 다르거나 그렇게 즐겁지 않더라도 최선을 다해야 한다. 어떤 일이든지 더 많이 노력할수록 더 많은 베니핏은 따라 오기 마련이다. 생각지 못한 지점에서 의외의 무언가를 건질 수도 있다.

난생 처음 일하는 분야라면 익숙하지 않은 부분이나 자신이 모르는 스킬이 필요할 수 있다. 이런 때 필요한 것은 적극성이다. 자신이 숙련된 기술자가 아니라는 것은 고용하는 사람들도 모두 알고 있다. 물어보는 것에 대해 부끄러워할 필요가 없다. 또 비교적 업무량이 많지 않아 여유가 있다면 자신이 도울 수 있는 다른 일이 있는지에 대해 보스에게 물어보라. 이것은 자신에게 동기부여가 될 뿐 아니라 더 많이 배우고 열심히 일한다는 것을 보스에게 각인시키기도 한다.

■ 인턴십 의미 되새기기

인턴십을 통해 좋아하는 일을 한다고 해도 자신의 본업은 학생이라는 사실을 잊어서는 안 된다. 따라서 인턴 기간에도 학업을 절대로 소홀히 해서는 안 된다.

고등학생 신분으로 인턴십을 시작한 계기는 '대학 입시에 필요 요소'여서라는 점을 부인할 수 없다. 대입 전형에 도움이 되기 위해 시작한 인턴십인데, 그것 때문에 입시에서 가장 중요 평가 요소인 학교 성적이 떨어진다면 아무 의미가 없다. 성취감보다는 후회가 더 크게 다가올 것이다. 따라서 성적을 따라잡아야 할 상황인데 인턴십을 하는 우를 범해서는 안 된다. 자신이 인턴십 준비가 되어 있지 않다고 생각되면 과감히 포기해야 한다. 서두를 이유도, 꼭 해야 할 필요도 없다.

인턴십의 의미를 좀 더 부여하자면, 학교에서 배운 내용과 이치를 직업 현장을 통해 응용하고 터득해 나가기 위함이다. 따라서 인턴십은 인생의 중요한 첫 기반이 되는 출발점이 될 수 있고 이것이 인턴십의 포괄적인 목적이라고 할 수 있다.

"미국 명문 대학들은
학생의 뛰어난 학업 능력,
열정적이면서도 차별화되고 독창적인,
그러면서도 초 · 중 · 고 전 과정을 관통해
꾸준하고 깊은 과외 활동을
기대한다."

PART 4

성공적인 입시 전략 짜기

고등학교마다 다른 수준, 입학 사정관은 어떻게 잘 알고 있을까?

한마디로 입시는 지역 경쟁이다. 국지전이라는 소리다. 그렇기에 아이가 다니는 학교의 나비앙스(Navians)와 칼리지 바인(College Vine) 웹사이트 등을 참고해서 그 전해나 5년 정도 기간 동안 어느 정도 성적의 어느 정도 스펙 아이들이 어느 학교를 지원했고 합격했는지 벤치마킹을 해야 한다. AP를 몇 개를 들었는지, 학점이 몇인지 등 다른 지역, 다른 학교 아이들과 비교하는 것은 아무 의미가 없다.

예를 들어 캘리포니아나 뉴저지, 뉴욕 주같이 큰 지역 그리고 평균적으로 학교 수준도 높고 경쟁이 치열한 곳은 담당 입학 사정관들이 여럿 있다. 반면 노스·사우스 다코다, 와이오밍, 아이다호 등의 주들은 다 합쳐서 한 명의 입학 사정관이 담당한다. 그러니까 입학 사정관이 담당하는 학교와 학생들이 주별, 지역별로 나누어져 있기 때문에 아이다호 학생이 캘리포니아 학생과 경쟁하는 경우는 없다는 것이다.

그러니 본인이 주어진 환경과 학교 안에서 최선을 다하면 될 뿐 경쟁과 수준이 높은 지역의 스탠더드를 끌어다 비교하고 분석할 필요가 전혀 없다. 물론 시골에 사는 아이들이 한국처럼 농·어촌 특별전형 특혜를 특별히 받는 것은 아니다.

하지만 외곽이나 시골에 사는 경우 상대적으로 뉴저지나 LA 같은 큰 도시처럼 학원이 즐비해서 환경적인 유리함이 있고 그 안에서 서포트를 받을 수 있거나 여유로운 부모의 뒷바라지를 받을 수 있는 것이 아니기 때문에 지역을 통틀어 경쟁하는 구도는 형평성에 어긋난다. SAT 같은 표준 입학 시험을 없애는 추세도 그 이유에서이다. GPA처럼 오랜 기간 관리해야 결과를 낼 수 있다기보다 비교적 단시간에 과외나 학원의 도움을 받아 만점도 받을 수 있기 때문이다.

고등학교마다 수준도 다르고 저마다 다른 성적 체계를 가지고 있다. 그러니 본인의 아이를 저 멀리 사는 친구 아이와 비교하지 말자.

아이가 다니는 학교의 GPA와 석차의 체계를 이해하고 학생들의 수준을 파악해서 그 안에서 자신의 아이의 위치를 정확히 파악해야 한다. 입학 사정관은 그것을 잘 알고 있고, 그것에 맞추어 매우 잘 평가한다.

> "입시는 지역 경쟁이다.
> 다른 지역,
> 다른 학교 아이들과
> 비교하는 것은
> 아무 의미가 없다."

Safety, Match, Dream
스쿨 정하기

11학년이 되면 서서히 아이가 지원할 대학을 아이 성적에 맞추어 가늠해 보게 된다. 그런데 미국 전역에 대학들은 4,000개가 넘는다. 4천 개가 넘는 대학들의 이름이나 수준조차 다 알 수가 없다. 상위 50개 대학들에 입학생 수는 대략 7만 명 정도이고 미국의 한 해 고등학교 졸업생 수는 평균 450만~550만 명이라고 한다. 500만 명이 넘는 졸업생 가운데 탑 50위권 대학에 입학하는 학생 수는 고작 1.5%도 안 된다는 소리이니 무척이나 적은 비율이고, 외국에서 유학 오는 학생들까지 더해지면 그 합격률은 더 낮아질 것이다.

이렇게 방대하고 다양한 대학의 스펙트럼 안에서, 탑으로 갈수록 어렵고 복잡한 입시 현실을 마주할 수밖에 없다. 그런데 학교에서 탑을 찍는 넘사벽 아이가 아닌 이상, 내 아이의 성적은 어디쯤일까? 내 아이의 대학은 어디쯤일까? 문득 막막해질 것이다. 그래, 구글을 해 보자. 그런데 뭐라고 검색어를 넣어야 하지? 어디서부터 어떻게 리스트를 작성해야 할지도 모르겠다.

앞서 설명했듯이 모든 기준은 내 아이가 지금 다니는 학교이다. 내 아이가 다니는 고등학교에서 어느 정도의 위치에 있고, 그 위치에 있었던 이전 아이들이 어느 학교들을 지원하고 합격하고 등록했는지를 파악하면 된다.

일단 아이의 '학교 이름 + School Profile(or Destination)'이라고 단어들을 함께 넣어 검색해 보자. 학교 클래스 정원이나 개설 과목, 학점 제도도 다르고 프로파일을 작성하는 기준이나 방법도 다르지만, 중복 합격을 비롯하여 3년치 혹은 5년치 대학 합격 현황도 한눈에 볼 수 있다. 만약 그 고등학교의 입시 결과(각 대학 등록 현황)만 확인하고 싶다면 구글에서 '학교 이름 + Matriculation'이라고 검색하면 된다.

그리고 이 각 학교 프로파일(정확한 영문명은 Grade Distribution Report)은 각 대학의 입학 사정관들에게 전달되기 때문에 앞서 말했듯 입학 사정관들이 각 고등학교들의 수준을 잘 알고 있을 수밖에 없다.

포털 검색창을 통해 프로파일을 확인하면 좋겠지만, 프로파일을 별도로 작성하지 않는 학교도 있다. 이 경우에는 각 학교의 나비앙스(http://student.naviance.com)를 통해 그 학교의 학생과 부모가 접속해서 확인할 수 있도록 만들어 놓았다. 나비앙스는 진학할 대학교를 선정하는 데 있어 바이블이라고 할 수 있다. 어떤 학교의 경우는 9학년 때부터 학생의 계정을 통해 접근이 가능하기도 하지만 보통 카운슬러에게 신청하거나 승인이 나야 사이트에 접속이 가능하기도 하다.

나비앙스에는 히스토리 항목이 있다. 거기에는 아이 학교에서 각 대학에 매년 혹은 3~5년 사이 얼마나 많은 학생이 진학했는지 확인할 수 있다. 만약 아이의 희망하는 대학이 다트머스인데 그 고등학교 나비앙스 히스토리에는 한 명도 보이지 않는다면 여기는 아쉽지만 포기하는 것도 마음이 편하다. 그리고 매해 꼭 한 명만 가는 대학인데 같은 학년 친구가 그 학교를 지원하려고 한다면 그 둘은 한 대학을 놓고 경쟁해야 할 확률이 높다. 그런 불상사를 피하려면 과감히 그 학교를 포기하거나 친구와 타협점을 찾는 것도 좋다. 나비앙스에서 Menu-Colleges-Find Your Fit-Scattergram 순으로 들어가 검색하면 학교 선배들의 과거 진학 현황을 도표를 통해 잘 확인할 수 있다.

스캐터그램은 학교 선정과 분류에 있어 상당히 유용한 정보를 제공하는 도구이다. 대학 이름을 검색해서 링크를 누르면 그 대학의 Overview 페이지가 나오고 여기서 Studies, Student Life, Admissions, Costs, Spotlights 등 항목이 뜨는데 거기에서 학교의 여러 정보들을 읽고 Admissions로 들어가 그 안에서 Scattergram을 찾을 수도 있다. 이런 과거 분석을 토대로 아이가 원하는 학교에 대입하여 아이 성적이 지원 시 75% 가능성이 된다면 지원해 볼 만하다.

조기 전형 경우는 지원자는 적지만 정말로 그 학교에 준비된, 허수가 없는 지원자들이기 때문에 합격 가능성이 40~50%는 되어야 가능성이 높다고 볼 수 있다.

나비앙스는 아이 학교를 기준으로 과거 진학 통계를 분석할 수 있다는 큰 장점이 있지만 GPA와 표준 테스트라는 정량적 평가 외 입시에서 중요한 요소로 작용하는 인종, 성별, 비교과 활동 표기가 안 되기 때문에 역시 절대적인 기준은 될 수 없다는 점을 참고하자.

또 하나, 희망 학과별로 분류되는 기능이 없고 오로지 학교별 분류만 가능하기 때문에 과별 편차가 크거나 경쟁이 심한 과에 지원하고자 한다면 보수적인 시각으로 접근해서 분석해야 한다.

선배 학생들이 비교적 많이 진학하여 졸업까지 잘 진행된 대학이라면 지원하는 데 유리하다. 그 대학의 입학 사정 사무실에서는 재학생들과 졸업생들의 성적을 언제든지 열람할 권한이 있다. 그리고 각 지역 담당 입학 사정관들이 선발한 학생들이 그 대학에서 얼마나 성취도를 가졌고 성과를 이루었는지에 따라 그 해당 입학 사정관의 업무 능력과 성과 또한 평가되는 것이기 때문에 입학 사정관이 과거 이 학교 출신 학생들의 평가를 바탕으로 이 고등학교 교육 및 점수 체계에 대해서 신뢰가 있다면 신입생을 선발할 때 가능성이 그만큼 높아지는 것이다.

이렇게 아이 학교의 과거 진학 상황들을 파악했다면, 이제 그 데이터를 기준 삼아 아이가 가고 싶고 갈 수 있는 수준의 대학들 리스트를 작성해 보자. 카테고리의 시작은 조기 전형(Early Admission)과 정기 전형(일반 전형, Regular Admission)에 지원할 대학을 나누는 일이다.

조기 전형에 지원할 수 있는 대학들은 정해져 있고 대부분 들어가기 어려운 명문대들이기 때문에 아이가 조기 전형을 희망한다고 무조건 지원할 수 있는 것이 아니다. 어쨌든 전형에 따른 카테고리 안에서 아이의 드림 스쿨이지만 챌린지가 될 만한 학교들을 Dream School(Reach School), 실제적으로 입학이 가능할 것 같고 학교 분위기와 원하는 인재상이 아이와 맞을 것 같은, 소위 말해 fit이 맞는 학교들을 Match School, 아이의 실력이면 충분히 갈 수 있는 학교이지만 만약의 경우를 대비해서 그래도 지원하면 좋을 학교들을 Safety School로 분류해 보자.

각 카테고리마다 최대 10개 정도씩 선별해 두되 시간이 없다면 Safety는 2~3개 정도도 충분하다. 이렇게 해 두면 나중에 아이가 구체적인 상황들을 고려해 실제로 지원할 때 여유롭게 느껴질 것이다. (물론 30개의 리스트를 작성해 두었다고 해서 실제로 30개를 지원하기는 굉장히 어렵다. 각 대학별로 지원 기간, 입시 요강도 각각이지만 대학별, 주제별로 에세이를 쓰는 것도 상당하고 지원 비용도 무시할 수 없다. 코비드 19 팬데믹 전에는 학교 카운슬러가 인포세션에서 5개 정도 지원하기를 통상 추천했다.)

만약 학교 프로파일을 찾거나 나비앙스를 이용하는 것이 어려운 경우라든지 입시 관련 사이트를 참고하고 싶다면 Collegevine이나

Niche, Prepscholar 등의 웹사이트들을 참고하고 Us New 사이트에서 학교별 분류를 통해 유료로 사용하는 방법도 있다.

무엇보다 원하는 대학의 사이트를 찾아서 그곳에 소개된 대학의 전반, 세부 사항들을 읽어 보는 것이 리스트를 최종적으로 마무리하는 데 있어서 중요한 수순일 것이다. 각 대학들도 자신들의 웹사이트에 Profile을 공개적으로 올려 놓지만, 이 프로파일 자료는 대학을 홍보하는 성격도 가지고 있어서 조금씩은 과장되거나 왜곡돼 있을 수 있기 때문에 참고만 하는 것이 좋겠다.

그러면 좀 더 정확하고 수치에 근거한 입학 관련 데이터를 얻으려면 어떻게 해야 할까? 검색창에 '대학명+CDS'라고 넣어 보자. CDS는 Common Data Set의 약자로서 각 대학의 연도별, 전공별 지원자, 합격자, 등록자 수와 합격률, 일드율(Yield Rate) 그리고 평균 SAT/ACT 점수와 GPA, 웨이팅이 풀려 받아들여진 합격률 등 다양한 입학 관련 정보를 제공하고 있다. 물론 학교 카운슬러에게 아이에 맞는 대학 진학 관련 문의를 직접 해볼 수도 있다. 이 경우 상담 시간을 이메일로 먼저 요청하거나 아이를 통해 구두로 면담 신청을 해야 하는데, 작은 학교이거나 학생당 선생 비율이 적은 교육 환경이라면 모를까 대부분 공립 학교의 카운슬러는 내 아이의 인종, 성적, 성향, 강·단점에 따라 카운슬링을 심도 있게 해 주지 못한다. 또한 아시아계는 경쟁 구도 자체가 백인, 흑인, 라티노 등과는 다르다는 점을 염두에 두어야 하기 때문에 일반적인 통계만 가지고 이야기하는 카운슬러의 말만 믿고 지원하다가는 낭패를 볼 수도 있다.

대학 리스트를 만들 때에는 아이가 가고 싶은 학교, 수준에 맞는 학교가 일차적으로 고려돼야겠지만 집안의 경제 사정에 맞추어 학비가 가능한 수준인지, 학자금 보조를 받을 수 있다면 얼마나 가능한지, 집과의 거리라든지 지역적 선호도, 종교라든지 개인 신념과 맞는지, 학기 제도라든

브라운 대학교 존헤이 도서관 ©Wikipedia

지 학교 운영 제반 사항 그리고 대학원이나 전문 학교 등 그 다음 학위를 원할 때나 직업을 구할 때 본인에게 더 많은 지원이나 도움이 가능한지 등을 좀 더 세부적으로 고려해 보자. 그러면 합격을 했을 때의 만족도는 더 클 것이고 불합격을 했을 때에도 아쉬움이나 미련은 덜해질 것이다.

> " 학교의 입학 관련
> 정보를 얻고 싶다면
> 구글에 '대학명+CDS'라고 넣어 보자."

III

주요 50위권 대학들의
합격률과 인기도

우선 탑 50위권 대학들을 ABC순으로 나열하면 다음과 같다.
(UC 계열 등 공립 대학 제외)

Amherst(LAC), Barnard(LAC), Boston College, Boston University, Bowdoin(LAC), Brown(Ivy), Caltech, Carleton(LAC), Carnegie Mellon, Case Western Reserve, Chicago, Claremont Mckenna(LAC), Colgate(LAC), Columbia(Ivy), Cornell(Ivy), Dartmouth College(Ivy), Davidson(LAC), Duke, Emory, Georgetown, Hamilton(LAC), Harvard(Ivy), Harvey Mudd(LAC), Haverford(LAC), Johns Hopkins, MIT, Middlebury(LAC), New York, Northeastern, Northwestern, Notre Dame, Penn(Ivy), Pomona(LAC), Princeton(Ivy), RPI, Rice, Smith(LAC), Stanford, Swarthmore(LAC), Tufts, Tulane, USC, Vanderbilt, Vassar(LAC), Wake Forest, Washu, Washington & Lee(LAC), Wellesley(LAC), Williams(LAC), Yale(Ivy)

앞서 설명한, 상위 50위권에 포진한 각 대학들의 CDS를 살펴 본 결과 합격률(Admit Rate 또는 Acceptance Rate)이 20%가 넘는 대학은 Boston College, Boston University, Case Western, Colgate, Hamilton, RPI, Smith, Vassar, Wake Forest, Washington & Lee 였다.

안전 지원을 하고 싶다면 합격률이 비교적 높은 곳을 공략하는 것이 유리할 것이다. 그러면 합격률이 한 자리 숫자인 곳들은 어디일까?

아이비리그 대학 8곳과 Caltech, Claremont Mckenna, Duke, MIT, Northwestern, Pomona, Stanford, Swarthmore, Vanderbilt였다. 합격률이 낮은 이 학교들은 한마디로 경쟁이 세고 인기가 많다는 뜻이다.

남학생 합격률이 상대적으로 낮은 학교들도 있다. MIT을 위시하여 Caltech, Carnegie Mellon, Harvey Mudd 같은 이·공 계열 중심 탑 대학들이다. MIT는 특히나 아시안 남학생이 합격하기에 매우 어렵고 불리하다고 알려져 있다. 실제로 남학생 지원 수가 여학생 지원 수의 두 배 이상임에도 불구하고 여학생 합격률은 2.5배가 더 많은 것을 데이터 상 확인할 수 있다.

이·공계 중심 대학들의 남·녀 합격률을 모아 보면 아래와 같다.

대학교명	남학생 합격률	여학생 합격률
Caltech	4.53%	11.25%
Carnegie Mellon	11.55%	21.43%
Cornell	9.39%	12.44%
Harvey Mudd	9.24%	23.82%
MIT	4.91%	10.59%
RPI	44.26%	62.83%

이렇게 도표로 한눈에 보니 남학생과 여학생 합격률 차이가 굉장히 크다는 것을 실감할 수 있다.

합격률은 지원자 수 대비 합격자 수 비율로서, 합격률을 낮추려면 (합격자 수를 대학 측에서 임의로 줄일 수는 없으므로) 지원자 수가 늘어나야 하고 이를 위해서 대학들은 온갖 방법들을 사용한다. 마치 지원만 하면 무조건 합격시켜 줄 것처럼 우편 홍보물을 발송해 지원자들을 유인하기도 하고, 70~100불 정도인 원서비를 면제해 주기도 한다.

중복 지원이 얼마든지 가능한 미국에서는 한 학교당 100불 남짓인 원서 비용이 가정에 부담이 되기도 하기 때문에 원서비를 면제(Application Fee Waiver)해 주는 방법은 실제로 하버드 포함 아이비리그 대학들과 다른 탑 사립 대학들에서도 지원자 수를 늘리는 효과적인 방안으로 떠오르고 있다.

또한 각 대학에서 요구하는 Supplemental Essay를 없애기도 한다. 그러면 지원자의 심적, 물리적 시간의 부담이 줄기 때문에 지원할 확률이 커진다. 학교 랭킹이나 합격률에 신경 쓰는 학교들은 합격자를 적게 발표하고 대신 대기자 명단(Waiting List)을 엄청 푼다는 소문까지 공공연히 들리니 학교마다 얼마나 이 합격률과 인기도에 신경을 쓰는지 알 수 있다.

그런데 합격률이 낮은 것이 인기가 많다는 뜻은 맞지만 그렇다고 합격률이 낮다고 해서 들어가기가 반드시 더 어려운 것만은 아니다. 합격률 자체가 지원자들의 수준을 판별해 주는 것은 아니기 때문이다.

브랜드 파워가 크거나 사람들이 선망하거나 선호하는 도시에 위치한 대학들 경우 그곳에 합격할 만한 수준이 아닌데도 지원하는 학생들이 많다. 이렇게 '일단 쓰고 보자'는 생각으로 요행을 바라고 지원하는, 준비되지 않은 혹은 학교 수준과 맞지 않은 지원자 등 얼마든지 허수가 있을 수 있기 때문이다.

그래서 2018년부터 US News & World Report에서는 대학 랭킹을 매기는 산출 항목에서 합격률은 제외시키기로 결정했다.

일드율은 합격자들이 실제로 등록하는 비율이다. 이 일드율을 2019년 기준으로 살펴보면, 50%가 넘는 곳은 아이비리그 대학 8곳과 Barnard, Bowdoin, Claremont Mckenna, Duke, MIT, Northwestern, Notre Dame, Stanford, Pomona였다. 일드율이 60% 넘는 학교는 아이비와 스탠퍼드, MIT였고 일드율이 70% 넘는 학교는 아이비 중에서는 하버드와 예일 그리고 스탠퍼드와 MIT를 더해 4군데뿐이었고, 80%가 넘는 학교는 오직 하버드와 스탠퍼드였다.

합격률이 낮은 학교들과 마찬가지로 일드율이 높은 학교들도 그만큼 인기가 높다는 뜻이다. 그래서 대학들은 합격률은 낮추고 일드율은 높이기 위해 온갖 마케팅 전략을 세우며 홍보에 총력을 기울이고 있다.

"MIT는
특히나 아시안 남학생이
합격하기에
매우 어렵고
불리하다고 알려져 있다."

대학 인기도의 지표,
일드율(Yield Rate)

미국의 현행 대학 입시 제도하에서는 한 학생이 여러 대학들에 무제한 복수 지원을 할 수 있기 때문에 한 학생이 여러 대학들에 합격하는 경우가 많다. 그렇지만 결국에는 그 가운데 한 곳만을 정해 매년 5월 1일까지 등록(Enrollment)을 마쳐야 한다.

일드율(Yield Rate)은, 대학으로부터 합격증을 받은 학생들 중에 그 대학에 최종적으로 등록해서 입학한 학생들의 비율을 말한다. 따라서 대학에 대한 학생들의 선호도와 충성도를 보여 주는 중요한 지표로서 합격률보다는 훨씬 객관적이고 정확하다고 볼 수 있다.

코로나 이후 많은 대학들이 사상 초유 최저 합격률을 보고했다. 학교 수업이 원격(Remote)으로 바뀌고 시험이나 수업이 제대로 진행되지 못한 상황에서 저조한 성적과 과외 활동, 객관적 평가에 대한 불안함과 불확실성 등의 이유로 학생들이 최대한 많은 대학들에 지원한 결과이다.

그래서 단순 합격률보다는, 합격한 지원자들 가운데 실제로 몇 명이 등록했는지 더욱 궁금증을 자아냈고, 대학들은 예년보다 훨씬 많은 대기자 명단 때문에 일드율을 발표하는 데 훨씬 많은 시간이 걸렸다.

이 일드율은 대학 랭킹, 충성도와 선호도를 평가하는 데에도 큰 영향을 주기 때문에 모든 대학들의 최우선 관심사이기도 하다. 그래서 대학들은 허수가 많은 지원보다는 학생들이 대학 지원에 있어 본인에게 가장 적합한 곳을 심사숙고하기를 원하고 그에 따라 일드율이 높아지는 것을 바란다.

대학교명	일드율	합격률
앰허스트(Amherst College)	42%	8%
배이츠(Bates College)	43.8%	17.3%
보스턴(Boston College)	29%	18.3%
보든(Bowdoin College)	60%	8.8%
브라운(Brown University)	67.1%	5.5%
콜비(Colby College)	44%	8%
콜로라도(Colorado College)	41%	14%
컬럼비아(Columbia University)	66.5%	3.9%
코넬(Cornell University)	64.3%	8.7%
다트머스(Dartmouth College)	70.3%	6.17%
듀크(Duke University)	61.4%	5.8%
에모리(Emory University)	30.5%	20.4%
하버드(Harvard University)	85%	3.43%
리하이(Lehigh University)	23.5%	45%
뉴욕(New York University)	51%	12.8%
노터데임(Notre Dame University)	60.1%	14.6%
프린스턴(Princeton University)	67%	3.98%
라이스(Rice University)	43.7%	9.3%
스와드모어(Swarthmore College)	43%	8%
터프츠(Tufts University)	53%	11%
툴란(Tulane University)	45%	9.7%
펜실베니아(University of Pennsylvania)	75%	5.68%
버지니아(University of Virginia)	64.2%	21%
워싱턴(Washington University in St. Louis)	45.6%	12%
웨슬리언(Wesleyan University)	31%	19.4%
예일(Yale University)	82.5%	4.62%

앞의 표는 상위권 대학들의 Class of 2025 기준 일드율과 합격률을 분석한 자료이다. Class of 2025는 2025년에 대학을 졸업하는 학생들을 뜻한다. 한국은 입학 연도를 기준으로 학번을 이야기하지만 미국은 졸업하는 해를 기준으로 학번을 정한다.

일드율이 높은 순서를 보면, ①하버드 85%, ②예일 82.5%, ③유펜 75%, ④다트머스 70.3%, ⑤브라운 67.1%, ⑥프린스턴 67%, ⑦컬럼비아 66.5%, ⑧코넬 64.3%, ⑨버지니아 64.2%, ⑩듀크 61.4%이다.

아이비 학교 여덟 곳이 하나도 빠짐 없이 일드율 탑 10에 들어 갔다는 것을 확인할 수 있고, 이는 그만큼 학생들이 아이비 학교들을 선호한다는 방증이다. 이 표에는 빠졌지만 다른 연도의 다른 자료들을 살펴보면 사립 대학 일드율 1~10위에는 아이비 여덟 곳과 MIT, 스탠퍼드 대학이 선점하고 있고 이 열 개의 대학이 '부동의 탑 10'이라는 별명도 가지고 있음을 확인할 수 있다.

하버드와 예일 대학의 경우 합격증을 받은 학생 중 80% 이상이 실제 등록을 한다고 하니 이 두 학교의 인기가 얼마나 대단한지 알 수 있다. 그런데 어떻게 그 어려운 학교에 합격하고도 15~17.5%는 등록을 안 할까? 반대로 의아할 수 있는데 일차적으로는 등록금을 해결할 수 없는 재정적인 문제가 있어 장학금이나 재정 보조가 후한 학교를 대신 선택했을 가능성이 있다. 또는 예를 들어 예일대와 듀크대를 같이 붙었을 때 놀스캐롤라이나나 동남부 지역에 거주하는 학생이거나, 지역과 대학의 선호도에 따라 듀크대를 선택하는 경우도 있을 수 있기 때문에 아무리 인기가 최고로 좋은 학교라 할지라도 일드율이 100%는 될 수 없다.

합격률이 낮은 순서를 보면, ①하버드 3.43%, ②컬럼비아 3.9%, ③프린스턴 3.93%, ④예일 4.62%, ⑤브라운 5.5%, ⑥유펜 5.68%, ⑦듀크 5.8%, ⑧다트머스 6.17%, ⑨애머스트, 콜비, 스와스모어 8%, ⑫코넬

8.7%이다.

역시 하버드와 예일 대학은 합격률과 일드율상 모두 최고로 인기 있는 대학임을 입증하고 있다. 프린스턴과 컬럼비아는 합격률은 높지만 일드율은 조금 낮은 것으로 보인다. 프린스턴은 원래 예일대와 일드율이 매년 비슷하거나 약간 높게 나오는데, Class of 2025 입시에서 프린스턴이 SCEA(얼리 액션에서 대학 한 군데만을 지원해야 하는 싱글 초이스 전형)을 없애고 RD(일반 전형)만으로 학생들을 뽑는 바람에 미리 학생들을 확보하지 못했던 것이 영향이 컸으리라 본다. 프린스턴의 일드율이 이 표에서만 특별하게 예년보다 낮게 나온 이유이다. 컬럼비아는 합격하면 반드시 가야 하는 얼리 디시전 전형으로 학생들을 뽑기 때문에 일드율이 조금 더 높게 나올 수 있다.

이런 요소들까지 감안하면 ED가 아예 없는 SCEA의 4개 학교 하버드, 예일, 프린스턴, 스탠퍼드의 일드율은 ED가 있는 학교들과는 또 다른 차원으로 이해되어야 할 것이다. 등록의 구속력이 없는 얼리 액션임에도 불구하고 일드율이 상당히 높은 것이고, 이 일드율은 곧 이 대학들의 인기도를 말해 주는 지표이기 때문이다.

일드율 예측은 대학 어드미션 오피스의 중요한 임무들 중의 하나이다. 일드율이 낮은 대학은 대기자 명단(Waiting List)에 있는 학생들로 신입생 정원을 충당해야 하기 때문에, 합격시켜도 다른 상위 대학에 붙을 경우에는 그 상위 대학을 선택할 것 같은 스펙을 가진 지원자들을 걸러 내어 불합격시킬 확률도 높다. 이것을 '일드 프로텍션(Yield Protection)'이라고 칭한다. 따라서 수험생은 자신이 지원하는 대학에 합격하여 공부하고 싶다는 의지와 열망을 커먼 앱 에세이 등을 통해 대학 측에 강하게 보여 주는 것이 필요하다.

대학들이 매년 새로 입학하는 신입생 정원을 균일하게 유지하기 위해서는 일드 프로텍션을 고려해야 하며, 얼리 전형 제도를 통해 확정된 학생들을 선점하는 것도 사실 일드 프로텍션 방법들 중의 하나라고 볼 수 있다. 또한, 대기자 명단에 있는 학생들 가운데 추가 합격되는 학생들에게 갭 이어 옵션(Gap Year Option)을 주고 다음 해에 등록하도록 하는 방법도 일드율을 높이는 일드 프로텍션의 방법일 것이다. 이렇게 하면 다음 해에 등록할 학생들 일부가 확정된 상태가 되어 다음 해에 뽑는 인원을 줄일 수 있고, 이는 다음 해 지원자 수에 비해 뽑는 수를 줄이는 효과를 주어 다음 해 합격률을 낮추는 동시에 일드율은 높이는 효율적인 방법이 되는 것이다.

지원하는 학생들 편에서 보자면 그만큼 합격 가능성이 적어지는 것이니 좀 억울한 느낌이 들기도 한데, 전 세계적으로 가장 강력한 브랜드 파워와 인기가 있는 하버드 대학조차도 100명의 합격자 중에 15명은 하버드가 아닌 다른 대학을 선택하는 것만 보아도, 대학들마다 미리 확정된 학생들을 유치하는 것이 얼마나 중요한 업무인지를 알 수 있다.

일드율은 대학 입학 결정에 영향을 미칠 수 있는, 그래서 학생과 가족이 입시 때 고려해야 하는 중요한 지표이다. 지난 10년 동안 대학들의 일드율은 평균적으로 감소 추세를 보이고 있다. 앞서 설명한 대로 코로나 대유행 이후에는 학생들이 계속해서 더 많은 대학들에 지원하고 있고, 지원도 평가도 객관성을 잃은 부분이 많기 때문에 일드율은 계속 예측하기 어려운 상태로 나아갈 가능성이 크다.

"일드율은,
대학으로부터 합격증을 받은 학생들 중에
그 대학에 최종적으로 등록해서
입학한 학생들의 비율을 말한다."

고등학교 석차를 통해
지원 대학 가늠하기

　미국 대학들이 입학 심사를 할 때 가장 눈여겨보는 아카데믹 항목은 교과 성적(Unweighted and Weighted GPA)과 학교 석차(Class Rank) 이다. SAT와 ACT 같은 표준 테스트의 점수 제출이 선택 사항이거나 제출 불가한 상황으로 바뀌고 SAT 2 같은 서브젝트와 에세이가 더 이상 존재하지 않는 현 상황에서 이러한 입학 시험은 지원자의 학력을 평가하는 절대 요소가 아닌 보조 지표로서 사용될 뿐이고 더 이상 결정적인 (Critical) 항목은 아니다.

　GPA가 중요하다는 건 누구나 아는 사실이지만 석차는? 좀 의아할 수 있다. 왜냐하면 성적표나 파워 스쿨 등의 학교 포털에 학교 석차가 명시돼 있지 않아서 부모들이 자기 자녀의 학교는 석차를 매기지 않는다고 생각하는 경우가 많기 때문이다. 하지만 학생들의 석차를 공개하지 않는 고등학교라 할지라도 그 학교 카운슬러는 내부 자료에 학생들의 등수 또는 등수에 따른 석차 비율 등 관련된 내용을 가지고 있다. 그래서 대학 지원 시 카운슬러는 석차를 포함하는 고등학교 리포트 제반을 입학 사정관에게 제출한다.

순위	대학교명	입학 비율
1	엠아이티(MIT, Massachusetts Institute of Technology)	98%
2	칼텍(Caltech, California Institute of Technology)	97%
2	다트머스(Dartmouth)	97%
4	브라운(Brown)	96%
4	존스 홉킨스(Johns Hopkins)	96%
4	펜실베니아(UPenn)	96%
7	하버드(Harvard)	95%
7	예일(Yale)	95%
9	스탠퍼드(Stanford)	94%
10	포모나(Pomona) (LAC)	93.7%
11	스와드모어(Swarthmore) (LAC)	91%
12	컬럼비아(Columbia)	90%
12	듀크(Duke)	90%
12	하비 머드(Harvey Mudd) (LAC)	90%
12	조지타운(Georgetown)	90%
12	노스웨스턴(Northwestern)	90%
12	밴더빌트(Vanderbilt)	90%
18	에모리(Emory)	89%
18	노터데임(Notre Dame)	89%
18	라이스(Rice)	89%
21	서던캘리포니아(USC)	88%
21	윌리엄스(Williams) (LAC)	88%
23	워싱턴(Washu) (LAC)	87%
24	보든(Bowdoin) (LAC)	86%
24	칼턴(Carleton) (LAC)	86%
26	앰허스트(Amherst) (LAC)	83%
26	코넬(Cornell)	83%
28	클레어몬트 맥케나(Claremont McKenna) (LAC)	82%
29	해밀턴(Hamilton) (LAC)	81%
29	워싱턴 앤드 리(Washington & Lee) (LAC)	81%
29	웰즐리(Wellesley) (LAC)	81%
32	터프츠(Tufts)	80%
33	보스턴(Boston)	78%

34	콜게이트(Colgate) (LAC)	77%
34	웨이크 포레스트(Wake Forest)	77%
36	데이비슨(Davidson) (LAC)	76%
37	노스이스턴(Northeastern)	75%
38	카네기 멜런(Carnegie Mellon)	74%
39	스미스(Smith) (LAC)	72%
40	빌라노바(Villanova)	69%
41	케이스 웨스턴 리저브(Case Western Reserve)	66%
42	브랜다이스(Brandeis)	65%
42	바사르(Vassar) (LAC)	65%
44	콜비(Colby) (LAC)	63%
44	알피아이(RPI , Rensselaer Polytechnic Institute)	63%
46	툴란(Tulane)	62%
47	뉴욕(NYU)	61%
48	리하이(Lehigh)	57.9%
49	웨슬리언(Wesleyan) (LAC)	57%
50	마이애미(Miami)	55%

* 공개한 적 없는 대학 : 보스턴(Boston), 미들버리(Middlebury), 프린스턴(Princeton),
로체스터(Rochester), 시카고(Chicago)
* LAC = Liberal Arts College(학부 중심 대학)

위 표는 2017년과 2018년에 입학한 학생들 중 자신의 고등학교에서 상위 10% 이내 학생들이 각 학교들에 입학한 비율과 그 순위를 나열한 것이다. 예를 들어 Northwestern 대학교는 고등학교 석차 10% 안에 드는 학생들이 90% 합격했고 Boston College는 78% 합격했지만 Boston University는 그 비율을 공개하지 않았다.

이 표에 있는 대학들이 명문대 순위와 일치하지는 않겠고 사실 명문대 순위라는 것도 발표하는 기관이나 매체에 따라, 해마다, 이해관계에 따라 다르지만 통상 상위 50위권 내에 거론되는 대학들과 크게 벗어나지는 않는다.

표를 보면, 코넬과 컬럼비아를 뺀 아이비리그는 아주 너그럽게 잡아도 학교 석차 상위 5% 안에 들어야 지원이 가능하다는 계산이 나온다. 게다가 미국 대학 입시에서 가장 불리하다는 아시안 남학생이라면 더더욱 상위권 석차여야 가능할 것이다.

표의 퍼센티지는 고등학교 성적 탑 10%에 들었던 아이들의 비율이니 사실 그 아이들이 상위 5%였는지 1%였는지 알 길이 없고, 표의 퍼센티지에 들지 않는 학생들이 합격한 경우는 운동 리크루트로 뽑혔거나 아프리칸 아메리칸이나 라티노 등 URM(Under Represented Minority, 대표자가 불충분한 소수)일 가능성이 크다.

자녀의 학교 석차 비율이 탑 10% 안에 들지 않는데 탑 10% 학생이 합격하는 비율이 90% 이상인 대학에 합격하는 건 굉장히 어려운 일일 것이다. 물론 아카데믹 항목만으로 입시가 결정되는 것은 아니고 여러 가지 다양한 비교과 활동(Extracurricular Activities)을 비롯하여 수상 실적, 봉사 활동, 추천서, 에세이, 인터뷰 등 종합적인 평가(Holistic Review)를 통해 결정되는 것이 미국 입시이다.

하지만 사실 아무리 학군이 좋은 곳에 10점짜리 만점인 일반 공립 고등학교에서 상위 10% 아니라 1% 안에 드는 탑 학생의 경우도 아이비리그 대학과 MIT, 스탠퍼드 등 탑 대학들에 합격하는 것은 상당히 어렵다는 것이 입시 현실이다.

> "미국 대학들이
> 입학 심사를 할 때
> 가장 눈여겨보는 아카데믹 항목은
> '교과 성적'과 '학교 석차'이다."

입학 사정 시 평가되는 요소들과 중요도

좋은 성적만으로 미국에서 좋은 대학에 갈 수 있을까? 마치 1994년 이전에 한국의 학력고사 시대처럼 말이다. 그때는 학교 내신 성적과 대입 시험인 학력고사 점수로 모든 것이 결정됐었다. 한국도 이제는 수시 제도와 여러 특례 조건 등 다양화된 입시 체계로 학생들을 선발하지만 미국은 애초부터 대학별로 다양한 관점의 평가 기준을 가지고 있다.

그래서 학교 내신(GPA), 수강 과목들의 난이도(Rigor of Secondary School Records, 주로 Core AP 과목들), SAT/ACT 표준 시험 점수(Standardized Test Scores), 석차(Class Rank), 에세이, 추천서, 수상 실적, 리서치 같은 아카데믹 요소와 과외 활동(Extracurricular Activities), 봉사 활동(Volunteer Work), 인턴십(Internship) 같은 비아카데믹 요소 그리고 인터뷰 같은 전인적 평가 요소(Character, Personal Qualities)와 지역 선호도, 거주자 우선, 레거시(Alumni/Ae Relation), 인종(URM), 종교, 1st Generation 같은 외부 조건적 요소들에 따른 중요도들을 관심 대학마다 분석하고 이해하고 있어야 지원 시 정확한 매치를 할 수 있다.

'이런 다양한 요소들이 입시 당락에 영향을 미치는가?'에 대한 해답은 분명하다. 당연히 영향을 미친다. 과연 '어떤 요소가 얼마만큼의 중요도를 가지고 영향을 미치는가?'에 해답은 대학마다 제각각이다.

그러면 이 해답을 어떻게 찾아야 할까? 각 대학이 제공하는 CDS(Common Data Set)의 섹션 C를 찾아 보면 그 해에 입학한(Enrolled) 신입생들에 관한 다양한 정보를 볼 수 있다.

그리고 대학이 입학 사정을 할 때 평가하는 세부 항목들은 CDS의 C7에 분류돼 있다. 그러니 자녀가 다니고 싶은 대학에 어떻게 합격할 수 있을지 전략을 짜고 싶으면 그 대학의 C7 항목을 찾아 분석하고 미리 미리 준비하면 된다. 입시가 임박한 시간에 서 있다면, 자녀가 희망하는 대학 리스트들 중 C7 항목을 찾아 자녀가 강점인 활동들의 중요도를 높게 책정하고 있는 대학들을 공략하면 된다.

원하는 대학의 CDS C7 항목을 미리 참고해서 철저하게 준비한 후 지원한다면 그만큼 합격의 가능성이 올라 가는 것이다. 반대로 입시가 모두 끝나고 불합격한 대학에 왜 뽑히지 않았을까? 무엇이 부족했을까? 궁금하다면 그 대학의 C7 항목을 찾아 보면 답이 있을 수 있다.

C7 Relative importance of each of the following academic and nonacademic factors in your first-time				
	Very important	Important	Comsidered	Not Considered
Academic				
Rigor of secondary school record	X			
Class rank	X			
Academic GPA	X			
Standardized test scores			X	
Application Essay	X			

Recommendation(s)	X			
Nonacademic				
Interview			X	
Extracurricular activities	X			
Talent/ability	X			
Character/ personal qualities	X			
First generation			X	
Alumni/ae relation			X	
Geographical residence				X
State residency				X
Religious affiliation/ commitment				X
Racial/ethnic status			X	
Volunteer work			X	
Work experience			X	
Level of applicant's interest			X	

위의 표는 Northwestern 대학을 예로 그 대학 웹사이트에서 CDS C7 항목을 찾아 본 것이다. 일반적으로 "Very Important(매우 중요) - Important(중요) - Considered(어느 정도 고려함) - Not Considered(전혀 고려하지 않음)"의 순서로 각각 평가 요소들에게 중요도(Relative Importance)를 표시해 놓고 있다. 이 학교는 학교 성적, 석차, 주요 과목 난이도, 에세이, 추천서는 매우 중요하게 보지만 SAT/ACT 점수는 많이 고려하지 않는다는 것을 확인할 수 있다.

C7 Relative importance of each of the following academic and nonacademic factors in your first-time				
	Very important	Important	Comsidered	Not Considered
Academic				
Rigor of secondary school record			X	
Class rank				X
Academic GPA			X	
Standardized test scores			X	
Application Essay			X	
Recommendation(s)			X	
Nonacademic				
Interview			X	
Extracurricular activities			X	
Talent/ability			X	
Character/ personal qualities			X	
First generation			X	
Alumni/ae relation			X	
Geographical residence			X	
State residency				X
Religious affiliation/ commitment				X
Racial/ethnic status			X	
Volunteer work			X	
Work experience			X	
Level of applicant's interest				X

하버드 대학의 경우는 특이하게, 전혀 고려하지 않는다는 4개 항목을 제외하고 모든 요소들을 "Considered"에 표시해 놓았다. 어떤 요소도 매우 중요하거나 어느 정도 중요하게 보지 않는다는 입장인데 사실은 입학 사정의 구체적인 평가 내용을 밝히지 않겠다는 뜻일 것이다.

"미국은 애초부터
대학별로
다양한 관점의 평가 기준을
가지고 있다."

GPA는 높은데
SAT 점수가 낮다면?

대학을 지원할 때 정량화된 수치로 제출하고 평가받는 항목은 '학교 성적'과 '표준화 점수'이다. 그 외 항목들은 사정하는 담당자의 관점에 따라, 또 각 학교가 비중을 두는 가중치에 따라 평가가 상대적이고 달라질 수 있다. 즉 GPA와 SAT는 수치로 표시된 양적 기준을 통한 정량 평가이고 예측 가능하다. 그 외 항목들은 내용을 질적인 부분으로 판단하는 정성 평가이며 주관적이고 불확실성을 수반한다.

따라서 미국 대학 입시가 아무리 '포괄적(Holistic) 리뷰'를 통해 결정되고, 그래서 예측이 힘들다고 하더라도 GPA와 SAT 만큼은 개인의 점수를 기존 자료들을 토대로 분석할 수 있고 그에 따른 예상치를 가늠할 수 있는 것이다. 물론 대학 입학 전형이 '포괄적'이라는 점 때문에 GPA와 SAT 점수 자체만으로 '합격' 혹은 '불합격'을 단정할 수 없을 지라도 말이다.

GPA와 SAT의 비중을 따지자면 당연히 GPA가 압도적일 것이다. 평소 학업에 충실하고 꾸준히 노력했다는 반증이기 때문이다. SAT의 영어나 수학 영역도 하루 아침에 쉽게 얻어질 수 있는 점수는 아닐 것이다.

어떤 대학은 SAT 점수가 지원자의 아카데믹한 잠재력을 반영한다는 기준을 갖고 좀 더 비중 있게 볼 수도 있을 것이다. 하지만 SAT는 시험을 잘 치르는 기술적인 부분을 연마하면 점수를 단기간에도 충분히 올릴 수 있는 가능성이 있는 반면, GPA 점수는 고등학교 4년 동안의 지난한 과정을 통틀어 얼마나 준비하고 수고하고 노력했는지를 보여 주는 결과물이라는 점에서 그 가중치는 비교할 수가 없다.

각 대학의 입학 사정관들도 GPA 고득점자들의 이러한 점을 높게 평가하는 것이고 특히 주요 과목을 도전적인 난이도로 들어 좋은 성적을 거뒀다면 더 주목할 것이다.

대입 전형의 중요한 기준이자 정량 평가로 명명백백 가늠이 되는 이 GPA와 SAT 모두 완벽하다면 혹은 개인적으로 만족스럽다면 아무런 문제가 되지 않을 것이다. 그런데 GPA 점수는 높은데 상대적으로 SAT 점수가 낮다면?

우선적으로, 대입 사정관 중에는 지원자의 고등학교에 대해 GPA 인플레가 너무 심하다는 의심을 가질 수 있다. 혹은 지원자가 너무 쉬운 과목 위주로만 수강한 것이 아닌가 의혹의 눈초리를 가질 수도 있다. 하지만 입학 사정관들은 특정 지역을 전담하여 일하고 있기 때문에 자신이 관할하는 고등학교에 대해서 자세히 알고 있다. 그래서 의심이 든다면 지원자의 고등학교가 그 동안 내신 성적을 어떤 식으로 측정하고 평가했는지도 파악할 수 있고, 또 지원자가 그 학교에서 도전적 과목을 피하고 쉬운 과목들 위주로 수강했는지 아닌지 여부도 파악할 수 있다.

학교 성적 산출이나 체계의 문제도 아니고 개인 과목 선택의 문제도 아닌데 GPA와 SAT 점수 차가 큰 경우라면 학교 수업에서는 인정을 받고 실력을 발휘하는데 정작 표준화 시험에는 약한 학생들일 수 있다.

아무리 SAT 점수 제출이 선택 사항으로 바뀐 대학이 많아졌다고 해도 두 항목 사이의 간극이 크다면 긍정적일 수는 없을 것이다.

아래는 하버드 대학의 Common Data Set에서 표준화 시험에 대한 분석을 보여 주는 C8 항목을 발췌한 표이다.

	Require	Recommend	Require for Some	Consider if Submitted	Not Used
SAT or ACT				X	
ACT Only					
SAT Only					
SAT and SAT Subject Test or ACT					
SAT Subject Tests				X	

표에서 보면 하버드 대학은 표준화 시험으로 SAT와 ACT 점수 (둘 다 혹은 둘 중 하나의) 제출을 인정하고 있으며, 시험 성적을 꼭 내야 할 필요도 없지만 그렇다고 제출한 점수를 아예 보지 않는 것도 아니며, 어느 정도 평가 요소로 고려한다고 명시돼 있다. (그리고 SAT 과목별 테스트는 폐지됐기 때문에 현재는 고려 요소가 아니다.) 즉 하버드 대학은 표준화 시험을 선택 사항으로 간주한다. 그러면 SAT 점수가 GAP에 비해 상대적으로 낮은 학생이어도 큰 문제는 없을까?

그렇다고 아예 고려를 안 하는 것도 아니니 이 경우 무언가 분석과 대안이 필요할 것 같다.

C9 Percent and number of first-time, first-year (freshman) students enrolled in Fall 2021 who submitted national standardized (SAT/ACT) test scores.

· Include information for ALL enrolled, degree-seeking, first-time, first-year (freshman) students who submitted test scores.

· Do not include partial test scores (e. g., mathematics scores but not critical reading for a category of

· Do not convert SAT scores to ACT scores and vice versa.

· If a student submitted multiple sets of scores for a single test, report this information according to how

· If you consider the highest scores from either submission, use the highest combination of scores

· If you average the scores, use the average to report the scores.

	Percent	Number
Submitting SAT Scores	54%	1049
Submitting ACT Scores	31%	604

Assessment	25th Percentile	75th percentile
SAT Composite		
SAT Evidence-Based Reading and Writing	730	780
SAT Math	750	800
ACT Composite	33	36
ACT Math	32	35
ACT English	35	36
ACT Writing		

Percent of first-time, first-year (freshman) students with scores in each range

Score Range	SAT Evidence-Based Reading and Writing	SAT Math
700-800	88.37%	93.52%
600-699	10.68%	6.38%
500-599	0.95%	0.10%
400-499		
300-399		
200-299		
Totals should = 100%	100.00%	100.00%

하버드 대학 CDS의 C9 항목을 발췌한 것이다. 우선 SAT를 본 학생이 54%, ACT를 본 학생이 31%로 SAT 제출 비율이 ACT를 상회한다. 15%의 학생들은 국가 공인 표준화 시험 성적을 제출하지 않았다.

표에는 25퍼센타일(Percentile)에 해당하는 점수와 75퍼센타일에 해당하는 점수를 나누어 분류했는데 25퍼센타일 점수란, 그 대학 합격생 중 25%가 그 점수나 이하의 점수를 받았다는 뜻으로 실제 평균보다 낮다는 것을 의미한다. 만약 자신의 점수가 25퍼센타일인 1,480점 아래라면 하버드 기준으로는 '낮은 점수'이고, 이 경우 하버드 대학에 합격할 가능성은 낮다고 볼 수 있다.

하버드 지원자 75퍼센타일이 1,580점을 제출했다. SAT 만점이 1,600점이니 하버드 합격자 75%가 만점에 가까운 SAT 점수를 제출했다는 뜻이다. 영어(Reading and Writing)에서 88.37%, 수학에서 93.52%의 합격자가 각 과목 700~800점 사이에 분포하고 있다.

일반적으로 명문대 경우라면 25퍼센타일의 점수로는 합격을 보장하기 힘들다. 대개 이 점수대의 합격생은 체육 특기생이나 레거시, 기부자(Doner) 자녀 등 특별 지원 케이스가 대부분이라고 보면 된다.

합격생 점수에서 많이 등장하는 75퍼센타일 점수는 75%의 학생들이 그 점수 혹은 그 이하를 받았다는 뜻이다. 25~75퍼센타일은 전체 합격생의 중간 50%를 차지한다.

SAT에서 1,400점 정도의 점수를 받았다고 가정해 보자. 평균적으로 치면 나쁘지 않은 점수로 보인다. 하지만 위에서 살펴보았듯 하버드 같은 탑 칼리지를 목표로 한다면 아무리 SAT가 선택 항목이어도 합격이 보장되지는 않아 보인다. 하버드처럼 프린스턴의 25퍼센타일 점수도 1,450점을 상회한다.

꼭 아이비리그가 아니더라도 탑 주립대나 명문 리버럴 아츠 칼리지 대부분의 25퍼센타일 점수대도 1,400점 중반대이다. 칼텍의 경우 1,530점 미만을 받은 합격생은 전체의 25%가 채 되지 않는다.

이제 MIT 경우를 아래 표를 통해 좀 더 자세히 살펴보도록 하겠다.

	Very Important	Important	Considered	Not Considered
Academic				
Rigor of secondary school record		X		
Class rank			X	
Academic GPA		X		
Standardized test scores		X		
Application Essay		X		
Recommendation		X		

ADMISSION					
	Require	Recommend	Require for Some	Consider If Submitted	Not Used
SAT or ACT	X				
ACT only					
SAT only					
SAT and SAT Subject Tests or ACT					
SAT Subject Tests					

MIT 는 학교 석차 외에는 아카데믹 요소들을 동등한 선에서 중요도 있게 본다고 명시하고 있다.

SAT나 ACT 같은 표준화 시험을 학교 GPA와 같은 비중으로 보며 하버드가 표준화 시험을 선택 사항으로 보는 반면 MIT는 필수 제출하도록 명시하고 있다.

앞서 가정한, SAT 점수를 학교 성적에 비해 낮게 받은 학생이라면 MIT를 지원해서는 절대적으로 곤란하다는 결론이 나온다.

Assessment	25th Percentile Score	75th Percentile Score
SAT Composite	1510	1570
SAT Evidence-Based Reading and Writing	730	780
SAT Math	780	800
ACT Composite	34	36
ACT Math	34	36
ACT English	35	36
ACT Writing		

	SAT Evidence-Based Reading and Writing	SAT Math
700-800	89.4%	100.0%
600-699	9.7%	0.0%
500-599	0.9%	0.0%
400-499	0.0%	0.0%
300-399	0.0%	0.0%
200-299	0.0%	0.0%
	100%	100%

하버드 지원자 75퍼센타일이 1,580점을 제출했듯이 MIT 지원자 75퍼센타일의 점수도 만점에 가까운 1,580점이다. 그런데 MIT는 표준화 점수 제출이 필수이고 GPA와 동등한 중요도를 갖고 평가되기 때문에 하버드보다도 이 SAT 점수는 훨씬 중요하다고 볼 수 있다. 게다가 하버드는 수학에서 93.52%의 합격자가 700~800점 사이에 분포하고 있는데 비해 MIT는 100% 합격자가 그 점수대이다. 예외 없이 완벽한 SAT 수학 점수를 냈다는 뜻이다. MIT 같은 STEM 중심 명문 공대들은 수학 점수가 대부분 만점이라고 알려져 있는데, 이렇게 데이터상으로도 확인할 수 있다.

결론적으로, 지원하는 학교에 따라 SAT를 평가하는 중요도도 다르고 합격생의 SAT 점수 커트라인도 차이가 난다. 그러니 자신의 표준 시험 점수가 자신 없거나 불안하다면 자신의 대학 리스트에 있는 학교의 CDS를 찾아 C 항목을 반드시 확인하도록 하자. 그리고 합격생들의 중간 점수를 살펴보도록 하자. 75퍼센타일에 드는 점수라면 안정권이다.

그러면 상대적으로 낮은 SAT 점수를 보완하려면 어떤 방법이 있을까? 탑 스쿨을 목표로 하고 있다면 무조건 SAT 재시험을 치러야 할 것이다. 첫 SAT 점수가 기대에 부응하지 못했다 하더라도 문제는 없다. 한국에서 수능 시험은 일 년에 단 한 번의 기회밖에는 주어지지 않지만 SAT는 응시료만 내면 얼마든지 다시 치를 수 있다. 입학 사정관들은 지원자의 SAT 응시 횟수도 고려한다고 하고, 볼수록 성적이 향상되지 않는다면 오히려 감점 요인이 된다고도 한다. 그래서 너무 여러 번 시험을 보는 것은 삼가야 하며 응시 적정 횟수는 3회 정도라고 일선 전문가들은 조언하고 있다. 하지만 대부분 대학에서는 슈퍼 스코어를 제출하도록 하고 있다. 칼리지보드에 모든 시험 기록이 남고 그 기록들을 입학 사정관들이 열람해 볼 수 있다고는 하지만, 그 리스크를 고려하기보다는 한 번이라도 더 시험을 치러서 점수를 상향화시키는 것이 전략적으로 더 좋은 방법이라고 생각된다.

재시험을 준비할 때는 자신의 약한 부분을 제대로 파악하고 이 부분을 중점적으로 공부해서 실력을 다져야 할 것이다. 또 SAT 시험일이 다가오면 칼리지보드 블루북 등 모의고사를 시간을 재어 풀어 보면서 실제 시험을 보는 것처럼 마지막 피치를 가해야 한다.

그럼에도 불구하고 낮은 점수를 극복하지 못했다면 합격 확률을 높이기 위해 정량 평가가 아닌 정성적 기준이 적용되는 나머지 스펙들을 돌아 보고 강화할 점들을 찾아 본다. 다른 스펙들로 상쇄할 수 있는 방법은 얼마든지 있을 것이다. 인상적인 자기 소개서, 선생님의 훌륭한 추천서, 헌신적인 봉사 활동, 적극적인 과외 활동······. 다른 것들이 경쟁력을 갖고 있다면 아무리 리얼하게 드러나는 SAT 점수라 할지라도 그 이면으로 묻힐 수도 있다. SAT 점수도 지원서상의 한 구성 요소일 뿐이라는 점을 기억하자. 부족한 것은 충분한 것으로 채우면 된다.

만약 SAT 점수가 저조할 수밖에 없는 합당한 이유가 있다면 지원서상에 이를 설명할 수도 있다. 물론 극단적인 상황을 거짓으로 꾸며서는 절대로 안 된다. 하지만 실제로 시험을 앞두고 병을 앓았거나 가족을 잃는 슬픔을 겪었거나 힘든 사건이 있었다면 시험에서 충분히 실력 발휘가 어려웠다는 것을 입학 사정관에게 어필할 수 있다.

커먼 앱에서 '추가 정보' 섹션을 활용하면 되는데, 이때 장황한 설명을 늘어놓기보다는 그 점수가 자신의 학업 능력을 충분히 보여 주지 못한 결정적인 이유를 간단히 적으면 된다.

SAT 점수가 마음에 들지 않아 제출이 꺼려진다면 SAT 점수를 중요하게 보지 않거나 고려하지 않는 대학들에 지원하면 된다. 예를 들어 캘리포니아 주립대인 UC 계열 대학들은 모두 SAT 점수를 제출하지 않도록 규정하고 있다. UC 계열 대학들에게 정량 평가 요소는 현재로서는 오직 높은 GPA뿐이다.

"SAT 점수는
한 번이라도 더 시험을 치러서
점수를 상향화시키는 것이
전략적으로 더 좋은 방법이다."

명문대 합격을 위한
Early 지원

반 전형(Regular Admissions)보다 합격률이 평균 2~3배가 높다는 조기 전형(Early Admissions)은 명문대 진학을 위한 필수 관문이다.

아이비리그의 합격률은 2021~22년 브라운(Brown) 15.97%, 다트머스(Dartmouth) 21.25%, 유펜(U. Penn) 15%, 예일(Yale) 10% 등이다. 2022~23년에는 이 조기 전형 지원자가 역대 최다를 기록했으며 합격률은 브라운 14.6%, 다트머스 20.1%, 하버드 7.9% 등 역대 최저치를 기록했다.

〈월스트리트저널(WSJ)〉에 따르면 대입 경쟁률은 코비드 19 팬데믹 장기화에 따른 학생들의 입학에 대한 불안감, SAT와 ACT 공식 점수를 지원 요건에서 제외시키는 학교들이 늘어남에 따라 더 치열해지고 있으며 앞으로 조기 전형 지원으로 더 몰릴 추세라고 한다.

학교 입장에서는 얼리 지원 제도를 통해 합격자들을 미리 확보해서 입학 정원을 확실히 할 수 있다는 이점이 있다. 하지만 합격률이 높다고 해서 합격 가능성이 높다는 뜻은 아니다. 무한 동시 지원이 가능해 경쟁률에서 허수가 많은 정기 전형 입시와 달리, 얼리 전형은 특정한 학교를 목표로 그 학교가 원하는 인재상에 부합하는 준비를 오랜 동안 해온 실력 있는 학생들만이 지원하기 때문이다. 철저히 준비된 학생들끼리의 경합은 숫자로만 판단할 수 없는 엄청난 경쟁률을 이면에 깔고 있다.

얼리에 지원하는 조기 전형의 종류는 크게 Early Decision(ED)과 Early Action(EA), 이렇게 두 가지로 나뉜다.

Early Decision은 ED 1(통상 ED로 표기)과 ED 2로 세분화된다. Early Action은 일반 EA과 Restrictive, Single Choice EA로 세분화된다.

Restrictive Early Action(REA) 전형은 조지타운과 노터데임 대학 두 군데에서 채택하고 있다. REA의 한 종류이기도 한 Single Choice Early Action(SCEA)은 하버드, 프린스턴(2021년엔 예외적으로 SCEA 지원을 받지 않고 일반 지원만 가능했다), 예일, 스탠퍼드 대학에서 취하는 전형이다. 이 SCEA와 브라운, 컬럼비아, 코넬, 다트머스, 유펜, 듀크, 놀스웨스턴 등이 속한 ED는 단 하나의 학교만 지원할 수 있다.

반면 존스 홉킨스, 에모리, 밴더빌트, NYU, Washington University, Boston College 등 ED 2와 EA(Early Action) 학교들은 여러 군데 동시 지원이 가능하다. 시카고 대학은 모든 얼리 전형(EA, ED 1, ED 2)을 다 채택하기도 한다.

ED와 EA의 가장 큰 차이점은 Binding으로서 구속력의 여부이다. ED에 합격하면 지원자는 무조건 그 학교에 입학해야 하는 법적 구속력을 갖는다. 반면 EA는 Non-Binding으로 구속력이 없기 때문에 만약 SCEA 학교에 Early Action으로 합격했어도 일반 지원을 중복적으로 할 수 있고 합격한 학교들 중에서 골라서 최종 결정할 수 있다.

얼리 전형은 다소 까다롭기도 하고 중요하기 때문에 다시 정리해 보았다.

■ Early Action (EA)

일반 전형보다 일찍 대학에 지원하는, 구속력 없는 입학 절차. 보통 11월 1일까지 지원을 마감하고 12월 15일까지 합격 여부를 발표하며 등록 여부는 5월 1일까지 결정하면 된다. 합격하더라도 등록의 의무는 없다. 여러 군데 동시 지원이 가능하다.

■ Early Decision I (ED I)

일반 전형보다 일찍 대학에 지원하는, 구속력 있는 입학 절차. 보통 11월 1일까지 지원을 마감하고 12월 15일까지 합격 여부를 발표한다. 합격하면 반드시 등록해야 한다. 여러 군데 동시 지원할 수 없다.

■ Early Decision II (ED II)

일반 전형보다 일찍 대학에 지원하는, 구속력 있는 입학 절차. 보통 1월 1일 또는 15일까지 지원을 마감하고 2월 15일까지 합격 여부를 발표한다. 합격하면 반드시 등록해야 한다. 여러 군데 동시 지원이 가능하다.

■ Restrictive Early Action (REA)

얼리 액션보다는 제한적이지만 구속력은 없다. 하버드, 프린스턴, 예일, 스탠퍼드 대학은 REA 중 Single Choice Early Action(SCEA) 전형인데, 이 대학들 중 단일 선택을 해야 하고 다른 EA 학교들과 주립대들과는 함께 지원할 수 있지만 ED 학교들과는 함께 지원할 수 없다. 그 밖에 조지타운과 노터데임 대학이 있다. 합격하더라도 등록의 의무는 없다. 보통 11월 1일까지 지원을 마감하고 12월 15일까지 합격 여부를 발표하며 등록 여부는 5월 1일까지 결정하면 된다.

■ Regular Decision (RD)

일반 전형이며 대다수의 학생들이 지원한다. 보통 1월부터 지원을 시작해서 3월 말이나 4월 초에 합격 여부를 발표한다. 합격하더라도 등록의 의무는 없다.

SCEA에 속한 하버드, 예일, 프린스턴, 스탠퍼드 대학은 얼리에 쓸 경우 레거시나 운동 리쿠르트 없이 합격하기는 굉장히 어렵다는 것이 요즘 상황이다. 특히나 레거시 조건이 아닌 동양계인 우리 한국 아이들이, 두드러지는 내셔널급 EC라든지 리쿠르트 조건이 아닌, 우등한 성적을 내세워 SCEA 전형으로 지원했을 때 합격률은 굉장히 낮다.

일말의 가능성이 있다는, (합격은 아니지만 일반 전형으로 넘겨 심사를 다시 하는) 디퍼(Defer)가 되기도 하는데 이런 학교들은 얼리에서 디퍼가 되면 그냥 불합격(Reject)이라고 마음을 접고 대안을 생각하는 것이 현명하다고 여겨진다. 예일 대학 경우 1,000여 명 넘게 디퍼를 주고 정작 합격시키는 경우는 3~4명 정도라고 한다.

하지만 일반 전형에 이 학교들을 쓰면 합격률은 상대적으로 높다. 이는 SCEA 외 아이비 스쿨들을 ED로 한 경우 합격률이 높아지는 것과는 좀 반대되는 양상이기도 하다. 예를 들어 GPA를 원하는 만큼 완벽하게 받지 못해서 일반 전형으로 유펜에 쓰기는 어려울 것 같아 얼리로 지원해서 합격한 경우이다. 유펜은 구속력이 있는 얼리 디시전(ED) 카테고리에 속한 학교이고 합격하면 무조건 등록(Commit)해야 하는 조건이 있기 때문이다.

이렇게 보았을 때 그래도 가장 합격 확률이 높은 건 어쩌면 ED2까지 포함한 ED 학교들일 것이다. 얼리 액션(EA) 학교들은 앞서 설명했듯이 구속력이 없으므로 합격해도 무조건 등록해야 할 필요 없이 일반 전형까지 모두 넣어 보고 결정해도 아무 상관이 없기 때문이다.

만약 아이의 자질과 능력이 충분히 맞춰 준다는 전제하에, 드림 스쿨이 SCEA 가운데 하나이면 주립 대학들과 함께 과감하게 얼리에 넣어 보고, 만약 아이 상황이 살짝 불안하게 느껴진다면 EA 학교들과 함께 ED 학교 하나를 정해서 넣으면 된다.

조기 지원 전형은 11학년까지 대학 입시를 위한 모든 준비가 된 학생을 위한 제도이다. 12학년 진학 전까지 내신(GPA)과 SAT, AP 점수 등이 완벽히 확보되어 있어야 하고, 자신이 원하는 학교를 진지하게 고민해서 그 학교가 선호하는 인재상에 맞추어 원서 마감일인 11월 1일까지 과외 활동, 에세이, 원서에 대한 전반적인 준비와 추천서 확보까지 가능해야 한다.

캘리포니아 주립 대학(UC 계열 모든 학교)은 얼리 전형은 채택하지 않지만 일반 지원 전형에 속하더라도 마감일이 11월 30일이다. 얼리 전형 마감일과 한 달도 채 차이가 나지 않는다. 그래서 얼리 전형 학교들과 같이 준비가 일찍 갖춰져 있어야 지원이 수월하다.

따라서 11학년까지 내신 성적이 부족하다면 12학년 1학기 동안 충분히 보충해서 일반 지원을 노리는 것이 오히려 유리하다. 얼리에 합격하면 빨리 대입 스트레스에서 벗어나 졸업 때까지 12학년의 반 년 이상을 홀가분한 마음으로 지낼 수 있지만, 합격자에게 돌아가는 장학금의 종류와 액수가 제한적이라 장학금을 받을 기회가 적다는 단점도 있다.

이런 얼리 지원의 모든 점을 고려해서 자신의 드림 스쿨을 정하고 그 학교의 특성을 리서치하여 차근차근 준비한다면 얼리 합격이 주는 안정감, 해방감과 함께 명문대 합격을 통한 프라이드를 충분히 누릴 수 있을 것이다.

얼리 전형은 아니지만 Rolling Admission(롤링 어드미션)이 있는데,

이 롤링 전형을 취하는 보통의 주립대들은 12학년 시작하는 8월부터 다음 해 5월까지 원서를 받아서 2~3주간 심사한 뒤 결과를 알려 준다. 즉 롤링은 그 정해진 긴 기간 중 아무 때나 지원이 자유로운 전형인데, 먼저 지원하는 학생 순서대로 합격시킨다. 따라서 일찍 지원할수록 유리한 전형이다. 그리고 학교의 펀드가 정해져 있어서, 늦게 지원하면 장학금 혜택을 못 받을 수도 있다. 그러니 되도록 일찍 지원해서 합격을 받아 놓은 뒤 다른 사립대들에 원서를 넣으면 마음이 훨씬 가벼울 수 있다.

참고로 이 대학들은 통상 에세이를 요구하지 않고 성적표와 SAT/ACT 점수만 제출하면 된다.

> "조기 지원 전형은
> 11학년까지
> 대학 입시를 위한
> 모든 준비가 된
> 학생을 위한 제도이다."

탑 50위 종합대학 EA/ED 전형 분류표

School Name	US News Ranking	Early Action/Early Decision Policy
Princeton University	1	Single-choice early action removed for the 2020-2021 cycle due to COVID-19
Harvard University	2	Restrictive early action due November 1; Okay to apply to public universities and foreign universities with no binding option at the same time
Columbia University	3	Early decision due November 1
Massachusetts Institute of Technology	4	Early action due November 1
Yale University	4	Single-choice early action due November 1; May apply to other schools with nonbinding rolling admissions programs or apply ED II to colleges if admission notification comes after January 1
Stanford University	6	Restrictive early action due November 1; Okay to apply early to any public institution, service academy, international institution, college with nonbinding rolling admission, or college with early deadlines for scholarship as long as it is nonbinding
University of Chicago	6	Early decision due November 1; Early action due November 1; Early decision II due January 2
University of Pennsylvania	8	Early decision due November 1
California Institute of Technology	9	Early action due November 1

Johns Hopkins University	9	Early decision due November 1; early decision II option added due to COVID-19, applications due January 4
Northwestern University	9	Early decision due November 1
Duke University	12	Early decision due November 1
Dartmouth College	13	Early decision due November 1
Brown University	14	Early decision due November 1
Vanderbilt University	14	Early decision I due November 1 Early decision II due January 1
Rice University	16	Early decision due November 1
Washington University in St. Louis	16	Early decision I due November 1; Early decision II due January 2
Cornell University	18	Early decision due November 1
University of Notre Dame	19	Restrictive early action due November 1; Okay to apply to other nonbinding EA programs
University of California – Los Angeles	20	No early application option; All UC applications are due November 30
Emory University	21	Early decision I due November 1; Early decision II due January 1
University of California – Berkeley	22	No early application option; All UC applications are due November 30
Georgetown University	23	Early action due November 1; Students applying EA are not allowed to apply to any Early Decision program
University of Michigan –AnnArbor	24	Early action due November 15 (previously Nov. 1)
University of Southern California	24	No EA or ED option; Regular decision applications due January 15

Carnegie Mellon University	26	Early decision due November 1; Early admission for high school juniors who have met the course requirements (https://admission. enrollment.cmu.edu/media/W1si ZilsljlwMTgvMDcvMzAvODViY3Z1d 3FkN18yMDE5X0FwcGxpY2F0aW9 uX0Jvb2tsZXRfLnBkZiJdXQ/2019_ Application_Booklet_.pdf) for each CMU school, due January 1
University of Virginia	26	Early action due November 1; Early decision due November 1 due to COVID-19 (prev. October 15)
University of North Carolina – Chapel Hill	28	Early action due October 15
Wake Forest University	28	Early decision I due November 15; Early decision II due January 1
New York University	30	Early decision I due November 1 Early decision II due January 1
Tufts University	30	Early decision I due November 1; Early decision II due January 1
University of California – Santa Barbara	30	No early application option; All UC applications are due November 30
University of Florida	30	No EA or ED program; Applications due November 1; Applications after November 2 considered on a space-availability basis until March 1
University of Rochester	34	Early decision due November 1
Boston College	35	Early decision I due November 1; Early decision II due January 1
Georgia Institute of Technology	35	New COVID-19 deadlines: EA1 (for in-state) deadline: Oct 15 EA2 (for out-of-state) deadline: Nov 2
University of California – Irvine	35	No early application option; All UC applications are due November 30

University of California - San Diego	35	No early application option; All UC applications are due November 30
University of California - Davis	38	No early application option; All UC applications are due November 30
William & Mary	39	Early decision I due November 1; Early decision II due January 1
Tulane University	41	Early action due November 15; Early decision I due November 1; Early decision II due January 7
Boston University	42	Early decision I due November 1; Early decision II due January 6
Brandeis University	42	Early decision I due November 1; Early decision II due January 1
Case Western Reserve University	42	Early action due November 1; Early decision I due November 1; Early decision II due January 15
University of Texas - Austin	42	No EA or ED program; Applications due December 1
University of Wisconsin - Madison	42	Early action due November 1
University of Georgia	47	Early action due October 15
University of Illinois - Urbana Champaign	47	Early action due November 15 (prev. Nov 1)
Pepperdine University	49	Early action due November 1
Lehigh University	49	Early decision 1 due November 1; Early decision II due January 1
Northeastern University	49	Early decision I due November 1; Early decision II due January 1
University of Miami	49	Early action due November 1; Early decision I due November 1; Early decision II due January 1

PART 5

실제 대학 지원하기

대학 지원 준비 사항

대학 지원 준비는 무조건 일찍 시작할수록 유리하다. 대학 지원을 위한 온라인 플랫폼인 커먼 앱은 매년 8월 1일 오픈된다. 인터넷 검색을 통해 커먼 앱 작성에 어떤 것들이 필요한지 미리 준비한다면 8월 1일부터 바로 커먼 앱에 계정을 만들고 자료들을 업로드할 수 있다.

그 실전의 날을 위해 아래 사항들을 미리 시간을 두고 꼼꼼하게 준비해 보면 좋을 것이다.

- **엑셀 파일을 만들어 각 학교별 요청 사항, 입학 기준 및 지원 절차, 각 항목에 대한 비중도 등을 정리해 놓는다.** 각 학교의 지원 마감일과 FAFSA 등 재정 지원 서류를 제출해야 하는 마감일, 지원서 수수료, SAT/ACT 점수 요구 사항, 보충 자료 제출 등이 그것이다. 예를 들어 SAT 점수 경우, 어떤 학교는 SAT 점수 중에서 가장 높은 슈퍼 스코어만을 요청하기도 하고 어떤 학교는 그간 본 SAT 전부의 성적을 요구하기도 한다. 학교 웹사이트를 검색하고 캠퍼스를 직접 방문하면서 학교 간 차이점과 특징들을 간결하게 정리해 놓

는 것도 좋다. 소소하게는 기숙사나 교내 식사, 학생회 활동, 클럽, 학과목이나 커리큘럼, 교수 약력, 학제 간 편입 및 복수 학위 프로그램 등 살펴 볼 것이 많을 수 있다. 학교 방문이나 온라인 검색을 통해 내가 다니고 생활해야 할 캠퍼스 생활에 대해 선지식을 얻고 평가해 보는 것은, 나와 어떤 학교가 적합한지 적극적으로 이해하고 분석해 보는 과정이며 이는 각 학교별 에세이를 작성할 때 그 학교와 나와의 적합성을 피력하는 데도 도움을 준다.

- **지원할 학교를 선정할 때 학교를 둘러싼 제반 환경을 조사하는 것도 중요한 준비 과정이다.** 캠퍼스는 안전하지만 그 밖에는 의외로 우범 지역이거나 위험한 장소일 수도 있다. 또는 기후나 도시 사이즈 등이 나와 맞지 않을 수도 있다. 인구 통계, 범죄율, 교육 여건 등을 꼼꼼히 살핀다. 보통 대학교를 다니고 졸업하는 지역에서 직업을 구하고 그곳에서 결혼하고 퇴직을 할 때까지 삶의 터전이 되는 경우가 많다. 그렇기에 대학을 다니는 기간 자체만을 놓고 고려하기보다는, 청년 이후의 삶까지 지속적으로 생활할 곳으로도 나와 맞는 곳인가? 하는 점도 함께 생각해 본다.

- **이력서를 만들어 두면 도움이 된다.** 한 페이지로 요약된 간략본부터 몇 페이지에 걸쳐 자신의 모든 과외 활동, 페이드 잡, 봉사 활동, 연구 활동, 수상 내역 등이 포함된 좀 더 자세하고 긴 버전까지 만든다. 어떤 학교는 레주메 제출을 요청할 수 있고, 이것이 아니더라도 커먼 앱 액티비티 목록을 작성할 때 유용하다.

- **소셜 미디어 관리에 신경을 써야 한다.** 요즈음 고등학생들은 이메

일보다 인스타그램 등 소셜 미디어 관리에 더 힘을 쏟는다. 입학 사정관들은 지원 학생의 배경을 검토하기 위해 그의 소셜 미디어를 들여다볼 수도 있다. 불리한 것이 있다면 미리 지워야 한다. 보편적이지 않거나 부정적인, 반사회적인 혹은 모욕적인 언사가 드러나는 동영상이나 대화, 포스팅이 있다면 삭제해야 한다. 자신의 이름으로 구글링을 해 보거나 유튜브나 틱톡 등에 올린 게시물들을 확인해 보자.

- Common Application(커먼 앱) 사이트에 들어가면 대학 지원 절차를 가상으로 밟아 볼 수 있도록 계정을 만들 수 있다. 모의 지원을 미리 해 보면 실전에서 시간을 아끼고 실수를 줄일 수 있다.

- 재정 지원 요청에 필요한 FAFSA와 CSS 프로파일을 작성하려면 부모의 자산과 전년도 세금 보고 양식이 필요하다. 은행 잔고, 주식이나 채권 등 금융권 투자 내역, 부동산 현황 등 보유하고 있는 자산을 꼼꼼히 살펴서 보고하는 데 차질이 없도록 해야 한다.

- 대학으로부터의 재정 보조가 필요하다면 장학금을 제공하는 대학들을 우선적으로 검토해야 한다. 자신이 거주하는 곳의 Honors College도 고려하면 좋다. 대학의 재정 지원은 크게 두 가지인데, 하나는 부모의 소득을 기준으로 받는 Need Based Scholarship 으로서 Need Blind 대학에서 받을 수 있다. Need Blind를 채택한 학교는 지원자의 재정 상황을 모른 채 지원자의 성적과 평가 요소들만으로 합격 여부를 결정한다. 반면 Need Aware 학교들은 지원자가 재정 보조를 신청했는지 안 했는지 미리 알 수 있고,

그 여부가 합격에 영향을 미칠 수 있다. 부모의 소득이 아닌, 지원자의 성적을 평가하여 우수 성적 장학금을 주는 재정 지원을 Merit Based Scholarship이라고 한다. 아이비리그 대학들은 Need Blind, 즉 부모 소득에 따른 재정 지원만 있을 뿐 이 성적 장학금 제도는 없다. 하지만 듀크, 시카고, 라이스, 노터데임, 밴더빌트, 와슈 등 많은 탑 대학들이 성적 장학금 제도를 갖추고 있다. 재정 보조를 원하면 보조받기 수월한 학교들을 공략하는 것이 좋겠다. 그런데 입학 원서를 접수하면 자동으로 응시되는 시스템을 가진 학교가 있는 반면 어떤 학교는 장학금 신청 지원서를 따로 작성해서 내야 한다. 또한 성적 장학금 지원을 위해서 입학 원서 마감일이 좀 더 빠른 경우도 있다. 이렇게 다양한 조건과 서류 제출을 필요로 하기 때문에 원서를 내고자 하는 학교의 웹사이트를 잘 참고해야 한다.

- **대학에는 지원자가 소통할 수 있는 여러 통로가 마련돼 있다.** 다니는 고등학교에 지역 사정관이 방문할 수도 있고, 여름 방학에 대학에서 주최하는 학교 설명회가 있을 수도 있다. 온라인으로 세미나를 제공하는 웨비나, 온라인 오픈 하우스, 여러 이벤트 행사들, 블로그나 페이스북 등을 통해서도 교류가 가능하다. 관심이 있는 대학의 홍보 활동에 적극적으로 참여하거나 뉴스 레터에 가입하여 알림을 받는 방법도 있다. 자신의 의지를 갖고 대학에서 제공되는 리소스들을 활용하면 지원을 준비하는 데 큰 도움이 될 것이다.

> "대학 지원 준비는
> 무조건 일찍 시작할수록
> 유리하다."

Common Application 작성

대학 입학 원서를 쓰는 시즌은 시니어 학생을 둔 가정이라면 최고의 스트레스, 걱정, 고민의 시간일 것이다. 학교 선정과 성공적인 지원을 위한 전략에 모범 답안이 있다면 얼마나 좋을까? 하지만 각 학생별 성적이나 가정별 재정 상황 등 개인적으로 고려해야 할 요소가 너무 다르기 때문에 조건과 형편에 알맞게 지원 학교를 선별하고 그에 맞는 지원 전략을 짜야 할 것이다.

이전에는 얼리와 레귤러 합쳐 최대한으로 해도 총 10개 미만의 학교들을 통상 지원하는 것으로 통계상 알려져 있는데, 최근 몇 년간은(특히 팬데믹 이후에는) 개인이 능력이 닿는 한에서 가능한 만큼 그 지원 숫자를 늘리려는 경향이 있다고 한다. 그만큼 입시가 어려워졌다는 방증일 것이다.

그런데 이 많은 지원 학교마다 각각 독립된 지원서를 써야 하는 것이 아니라 Common Application이라는 통합 원서 하나로 많은 부분이 해결될 수 있다. 미국 전체 약 800여 개 대학이 이 커먼 앱을 통해 입학 사정을 하고 있기 때문이다.

이 포털에 학생의 기본 정보와 대표 활동 사항, 에세이 등을 한꺼번에 업로드하면 이것을 각 대학 입학 사정관들이 공유해서 검토하는 시스템이다. 또한 학생이 다니는 고등학교의 College Counseling System (대표적으로 Naviance)을 통해 추천서와 보충 자료(Supplements)들을 공유하고 검토함으로써 학생과 학교 간 상호 작용을 유용하게 만들어 줄 수 있다.

따라서 커먼 앱의 기본 사항과 작성 요령 등을 미리 인지하고 있다면 입시 준비에 많은 도움이 될 것이다. 일부에서는 커먼 앱으로 원서를 제출하면 본인이 지원한 대학들끼리 그 정보를 공유할 수도 있다고 생각하는데, 학생이 제출한 정보와 어느 대학을 지원했는지 리스트 등의 내용은 엄격하게 비밀로 보장되며 각 대학은 정보를 전혀 공유할 수 없다.

커먼 앱 제출 전 준비 주의 사항

- **과외 활동(Extracurricular Activities) 내용을 성격, 중요도, 시간 순 등으로 미리 정리해 둘 필요가 있다.** 자원 봉사인지 페이드 잡인지 인턴십인지를 구별해야 하고, 예를 들어 스포츠 팀 활동 경우라면 어워드(수상) 내역과 리더십 등에 걸쳐 기재해야 할 수도 있다. 8학년 끝나는 여름 방학부터 활동한 모든 것을 역산하여 꼼꼼히 되짚어 보되, 중요한 것 순으로 리스팅을 해 본다. 이렇게 하면 혹시나 놓칠 수 있는 것들을 빼먹지 않고 포함시킬 수 있다. 하지만 반대로 하지 않은 것을 실수 혹은 의도적으로 넣어서도 안 된다. 무엇보다 중요한 것은 활동의 '일관성(Consistency)'이다. 고등학교 4년 동안 학생의 관심과 재능 분야에 대해 어필하기 위해서는 과외 활동을 통해 일관성 있게 이끌어 내야 하고, 이는 에세이에 자연스럽게 연결시켜 풍성하고 임팩트 있는 스토리를 보여 주도록 한다.

- 학교 카운슬러에게 지원한 대학 리스트를 반드시 알려 준다. 카운슬러와 적시에 제대로 소통해야 성적표와 추천서 등 카운슬러가 입시에 필수적인 서류를 누락하는 등의 실수를 방지할 수 있다. 커먼 앱을 작성하는 주체는 부모가 아니라는 점을 명심하자. 특히 한국 부모들은 자녀의 일거수일투족을 알아야 하고 간섭하는 경향이 큰데, 미국에서는 이미 중학교 때부터 아이가 학과 및 학교 전반의 일과 관련하여 선생님과 직접 소통하고 결정한다. 부모의 개입은 전혀 반갑지 않고 긍정적인 결과를 가져오지도 않는다. 부모가 대학 지원 시에도 자녀에게 맡기는 것이 불안하고 또 도와 주고 싶은 마음이 앞서더라도, 가고자 하는 대학을 정하고 지원하는 일련의 과정은 자녀의 일이고, 선택이고, 책임이라는 점을 잊지 말자. 따라서 커먼 앱을 대신 작성하는 것은 금물이다.

- 입시 전용 이메일 계정을 따로 만들어 사용하는 것이 좋다. 기존 것을 사용하다 보면 익숙해서 편한 반면, 늘 들어 오는 온갖 이메일들에 섞여 각 지원한 대학에서 온 중요한 이메일을 놓칠 수도 있다. 따라서 입시 관련 사항들만 따로 받아 보고 저장하고 관리할 수 있는 이메일 계정을 별도로 만들어 운용한다면 훨씬 효율적일 것이다.

커먼 앱 항목들

Profile: 학생 정보, 거주 지역, 신분(시민권 여부)

Family: 부모, 형제자매 정보

Education: 현재 다니고 있는 학교 정보, 고등학교 카운슬러 정보, 대학에서 미리 받은 크레디트, 학업 성적, 현재 듣고 있는 과목, 상을

받은 내역, 전공 관련

Testing: SAT/ACT/TOEFL 점수

Activities: 과외 및 봉사 활동

액티비티 작성 팁

Activities는 10개까지 150 단어 안에서 설명할 수 있다. Activities 에 들어가면 아카데믹한 활동인지 직업 활동(Work Experience)인지 혹은 봉사 활동(Volunteer Job)인지 등에 따라 카테고리를 고르게 되어 있다. 또 학교 내 활동인지 학교 밖 과외 활동인지, 학기 중에 한 건지 방학 때 한 건지 등 카테고리가 항목별로 나뉘어져 있고 그것을 고른 다음 에 내용을 쓰게 되어 있다.

리더십 포지션과 단체 이름은 50 단어 내에서 설명한다. 혹시 10 가지 이상의 활동을 나열해야 하는 경우 Additional Information Section에 활동 내역을 이력서 형태로 첨부할 수 있다.

특별한 상황 즉 가족 또는 학생의 건강 상태 등 어떠한 이유로 학업 에 손실을 초래한 상황이 있다면 또한 이 공간을 활용할 수 있다. 예를 들 어 맞벌이하는 부모님 대신 어린 동생을 돌보느라 방과 후 시간에는 다 른 활동을 할 수 없었다든지, 유학생으로서 영어를 더 빨리 배우기 위해 학교 공부에 집중하느라 다른 과외 활동을 할 시간적 여유가 없었다든지 등 이유를 서술할 수 있다.

'Award and Achievement'에는 5개를 기술할 수 있는데 아카 데믹 활동에서 실적이 있거나 대회 등에서 수상했을 경우, 학교 외부 에서 수업을 들어 수료증(Certificate)이나 자격증(License)를 받았을 때도 여기에 적을 수 있다. 그런데 이 수료증이나 자격증이 어떤 활동

(Activities)과 연관되어 받은 것이면 액티비티 10개 칸에 쓸 수도 있다. 커먼 앱의 에세이 작성 팁은 따로 다루었다.

커먼 앱 제출과 이후 확인 사항

- 요즘엔 거의 모든 학생이 온라인으로 지원서를 제출하고, 이는 제출 버튼만 누르면 되는 간단한 일이다. 그런데 본인은 제출이 잘 되었다고 방심하고 있다가 만약 실수로 보내지지 않았다면? 생각만 해도 아찔한 일이다. 제출 후에는 대학에 지원서가 잘 접수되었는지 반드시 확인해 보아야 한다.

- **지원서에 깜빡하고 서명을 하지 않고 보냈다면 무효 처리가 된다.** 꼼꼼하게 지원서 전반을 확인하고 제출해야 한다. 가끔 이름의 스펠링이나 띄어쓰기가 잘못된 경우도 있다. 한국 한생들은 한국 이름을 미들 네임으로 해서 이름이 길어지기도 하기 때문에 이름을 작성하는 아주 기본적인 사항부터 실수가 없도록 유의해야 한다.

- **철자와 맞춤법에 유의해서 작성해야 한다.** 지원 서류는 대학에 지원하여 더 상위 학문을 배우고자 평가받는 관문인 셈인데, 이곳에서 드러나는 문법과 철자법에 오류가 많다면 어느 입학 사정관도 좋게 볼 리가 없다. 과연 이 지원자가 우리 대학에 지원할 준비가 돼 있는 학생인지 의문을 가질 것이다. 이는 에세이 작성 시에서도 가장 기본 중에 기본이기도 하다. 그리고 지원서 질문을 잘못 읽고 엉뚱한 내용을 기재하는 실수를 범할 수도 있다. 이렇게 커먼 앱 제출 시 작성 내용을 면밀히 재검토해서 실수가 있다면 찾아 내서 완

벽하게 고쳐서 제출하도록 한다.

- 지원서를 제출하면 보통 일주일 안에 대학에서 보내는 포털 링크
와 접속 방법이 커먼 앱에 등록한 이메일로 온다. 임시 비번으로
본인 계정을 새로 만들고 들어가서 보면 포털에 어떤 서류들이 제
출됐고 어떤 서류들이 미제출 상태인지 뜬다. 재정 보조를 신청했
다면 그 여부나 금액이 함께 뜨기도 한다. 대학 측에서 제출이 필요
한 (Missing) 서류들을 재확인해 주는 곳도 있고 아닌 곳도 있으니
포털 링크가 오면 반드시 초기에 들어가 확인하는 것이 좋다. 그리

고 필요에 따라 대학은 알려야 할 사항들을 지원서에 기재된 이메일로 전할 수 있다. 항상 입시 관련 이메일 계정은 수시로 점검해서 늦거나 놓치는 일이 없도록 해야 한다.

- **포털에 뜨는 체크 리스트로는 (본인이 내는) 지원서와 (시험을 보았다면) SAT 또는 ACT 성적표, (카운슬러가 내는) 고등학교 성적표와 리포트, (교사가 내는) 추천서가 있고, 커먼 앱으로 제출한 추가 에세이나 아트 포트폴리오 등이 있을 수 있다.** 만약 미제출 상태이면 빨간색 엑스표로 표시가 돼 있다. 지원 시에만 커먼 앱이 사용될 뿐, 일단 제출하고 나서 각 대학에 전달된 뒤에는 개인이 필요한 모든 업데이트, 추가 제출, 수정 등과 대학 측의 합격 여부 발표 등 모두 각 학교 포털을 통해서 이루어진다.

"커먼 앱의
기본 사항과 작성 요령 등을
미리 인지하고 있다면
입시 준비에 많은 도움이 될 것이다."

소득에 따른 등록금 보조 신청

미국 대학들은 가정의 소득과 재산 정도에 따라 학비를 보조해 주는 범위가 아주 다양하고, 대학마다 산출하는 방법이나 보조 금액도 다르다. 그래서 자신이 지원하고자 하는 대학의 NPC(Net Price Calculator)를 꼭 확인해 보아야 한다. NPC는 그 대학에 실제로 납부할 학비의 추정치를 보여 주는 계산기이다. 각 대학의 NPC는 구글에서 대학 이름과 NPC를 붙여 함께 검색하면 찾을 수 있다. 대부분 대학들은 College Board에서 제공하는 NPC 서비스를 사용하기 때문에 칼리지보드 사이트에서 NPC에 관련한 항목들을 한 번만 입력해 놓으면 각 대학마다 반복해서 입력할 필요가 없다.

NPC 산정한 액수는 신기하게도 합격 후 대학에서 실제 계산돼 보내지는 산출액과 거의 비슷하다. 만약 차이가 난다면 NPC에는 입력하지 못했지만 CSS Profile에는 기재된 자산 관련 항목들이 추가적으로 계산됐기 때문일 것이다. 나중에 실제 합격한 뒤 만약 NPC 산출 금액과 학교에서 최종 결정된 금액이 너무 많이 차이가 나는 경우 학교에 어필할 수 있는 근거로 NPC 금액들을 프린트를 해 두면 좋다.

이렇게 NPC를 돌린 뒤 가정에서 부담해야 할 예상 학비를 각 학교별로 뽑아 본 뒤 필요에 따라 FAFSA나 CSS Profile을 작성한다. 학교 마다 학비가 다 다르지만 그것을 지불해야 하는 구성은 다음과 같다.

①학교에서 주는 보조금(Grant) + ②Work Study(학생이 학교 다니며 일해서 버는 것) + ③학생 대출(총 5,500불/년) + ④부모 대출(약 7% 이자)

재정이 좋은 학교일수록 ①과 ②가 많고 ③과 ④는 줄게 해 준다. 학 비는 사립 대학이 공립 대학에 비해서 평균적으로 많이 높으며, 주립대 는 자신이 거주하는 주일 경우 주 내(In State) 비율이 산정되어 주 외 (Out of State) 학생들보다 훨씬 낮은 학비를 낸다. 그래서 다른 주 학생 인데 재정 보조를 신청해야 할 경우에는, 주립대나 시립대 같은 공립보 다는 재정 보조가 좋은 사립 대학을 공략하는 것이 좋다. 캘리포니아 주 립 대학인 UC 계열들은 연 학비가 8만 불에 육박하는데, OOS(Out of State) 학생에게는 재정 보조를 아예 해 주지 않기 때문에 이 8만 불 남 짓을 매년 다 내야 한다. 따라서 경제적인 부담을 걱정하는 경우에는 주 립 대학의 학생 수, 교수의 질 및 학업이나 프로그램 들을 잘 고려해서 꼭 가고 싶은 경우에만 선택해야 할 것이다.

FAFSA(Free Application for Federal Student Aid)

FAFSA는 미연방정부에서 지원하는 대학 학비 재정 보조 지원 프로 그램이다. 10월 1일에 웹사이트가 열리고 계정 만들기를 시작할 수 있 다. FAFSA 자체는 재정 보조를 신청 혹은 지원하는 과정일 뿐 연방정부 나 금융기관의 펀드도, 대학의 사무 기관도 아니다. 재정 보조의 주체는 다시 말하지만 미연방정부이다. 그리고 연방의 지원금은 정해져 있어서 일찍 지원서를 넣을수록 유리하다고 알려져 있다. 국가에서 주는 지원금인 만큼 인터내셔널 학생들은 지원할 수 없다. 대부분 주립대들은 이 펩사만 작성하면 된다. 작년도 세금 보고(Tax Return) 서류와 집 모기지 정보 등이 필수적이다.

FAFSA상에는 지원하는 대학 수에 제한이 없다. 대신 10개 대학씩 나누어서 보내지게 돼 있어서 10개가 넘을 경우에는 10개를 입력해서 보내고 난 뒤 전에 입력했던 10개 대학들은 지우고, 새로운 대학들을 입력한 뒤 다시 보내면 된다. 한번 보내면 접수가 되었다는 확인 이메일이 오는데 그것을 잘 확인한 뒤 다시 입력하는 수순을 반복한다. 입력해 놓고 실제로는 지원하지 않아도 전혀 문제가 되지 않는다. 따라서 조기 전형이든 일반 전형이든 관계없이 일단 지원하고 싶은 대학들은 모두 펩사에 입력해서 제출해 두는 것이 좋다. 게다가 펩사는 몇 번을 이용하든 모두 무료이다.

CSS Profile(College Scholarship Service Profile)

FAFSA의 질문 항목들만으로는 각 가정의 재정 상황을 정확하게 파악하기 힘들 수도 있다. CSS Profile은 그런 수요로부터 시작됐으며, 대부분의 사립대들과 일부 주립대들이 FAFSA와 더불어 추가로 CSS Profile을 요구한다. 소득이 다소 높아 펩사 지원금을 못 받게 되더라도 CSS 프로파일은 재정 좋은 사립 학교들 경우 보조가 나올 수 있다. 펩사 이용은 무제한 무료인데 반해 CSS 프로파일은 학교 하나당 16불씩 지불해야 한다. 하지만 연봉 10만 불 이하의 가정은 이 사용비가 면제된다.

펩사와 마찬가지로 CSS 프로파일도 입력한 정보를 여러 번 수정할 수 있다. College Board사가 주관하는 사이트이기 때문에 SAT를 등록할 때 사용했던 학생의 로그인 정보를 그대로 이용할 수 있다. CSS 프로파일과는 다르지만 College Board사에서 운영하는 재정 보조 관련 서비스 중에는, 학생 부모의 재정 상황을 증명할 수 있는 세금 보고서를 비롯한 각종 재정 관련 서류들을 업로드받아 지원 대학에 전달해 주는 유료 서비스로 IDOC(Institutional Documentation Service)라는 것이 있다. College Board사의 사이트이기 때문에 동일하게 SAT 등록할 때 사용했던 로그인 정보로 이용 가능하다.

기본적으로 FAFSA와 CSS Profile에 기입한 재산 및 수입 정보들은 동일해야 한다. 각 대학들은 FAFSA와 CSS Profile을 통해 실제 보내진 자료들을 토대로 지원 학생의 재정 보조 금액을 정확히 산출하고, 이는 FAFSA에서 EFC(Expected Family Contribution) 즉 가정이 부담해야 할 예상 학비로 보여진다. 이를 위해서 FAFSA와 CSS Profile에 반드시 입력해야 하는 자산 정보(Reportable Assets)는 현금, 은행 및 주식 계좌, CD(Certificates of deposit), 뮤추얼 펀드, 스톡 옵션, 채권(Bond), Restricted stock units(RSU), Commodities, 529 플랜, 트러스트 펀드 등과 REITs, 투자용 부동산, 금이나 코인 등이다. 정보를 모두 입력한 뒤에는 프린트하여 보관한다. 또한 무작위로 증거 세금 서류를 보내라고 하여 감사(Audit)를 하기 때문에 허위 정보를 기술해서는 절대로 안 된다. 이렇게 부모의 자산 정보를 세부적으로 입력하면서 생기는 EFC(Expected Family Contribution) 변화 폭은, FAFSA에서 최대 5.64%, CSS Profile에서 최대 5%라고 한다. 또한 부모가 아닌 학생 자신의 자산 정보 보고로 인해 생길 수 있는 EFC 변화 폭은, FAFSA에서 20%, CSS Profile에서 25%라고 한다.

> "자신이 지원하고자 하는 대학의
> NPC를 꼭 확인해 보아야 한다."

인터뷰 준비

커먼 앱을 작성하고 얼리 전형의 지원을 마치고 나면 안도감도 잠시, 인터뷰 스케줄을 위한 연락이 오기 시작한다. 이제 선배 동문과의 인터뷰가 기다리고 있다.

대입 인터뷰는 지원자가 사는 지역에서 자원하여 신청한 대학 혹은 대학원 선배 동문과 함께 이루어진다. 지역마다 같은 대학을 졸업한 동문회 조직이 있고 그 운영진은 그 지역에서 본인들이 졸업한 대학을 지원하는 학생들의 인터뷰를 무료 봉사로 진행할 동문들을 물색하고 관리한다. 지원자가 많이 몰리는 아이비 같은 탑 스쿨들은 언제나 인터뷰어(Interviewer)가 부족하다. 그래서 지원 학생 모두를 인터뷰할 상황이 못 되는 경우가 많다.

따라서 지원한 대학에서 인터뷰를 하자는 스케줄을 못 받아 기다리다가 결국 인터뷰를 못하게 되더라도 걱정할 필요는 없다. 이것은 내부 사정으로 인한 불발이지 지원자인 인터뷰이(Interviewee)의 합격 가능성이 낮아서 밀리거나 자질 문제로 기회를 못 얻는 것이 절대로 아니다.

동문 인터뷰는 학교를 널리 알리고 좋은 학생들을 유치하고자 하는 동문들의 노력으로 진행되는 일련의 대입 과정의 일환이다. 즉 합격과 불합격의 여부를 가려 내거나 불합격시킬 만한 학생을 걸러내는 평가의 과정이 아니라 지원한 학생들이 합격했을 때 적극적으로 등록할 수 있도록 매개가 되고자 하는 일종의 홍보 활동과도 같은 것이다.

인터뷰를 진행하는 선배 동문에게는 입학 사정관에게 주어지는 그런 합격 여부를 가리는 권한이 없다. 진행자는 오로지 지원자의 인적 사항만을 전해 받을 뿐 그 이상의 정보는 전혀 알 수 없다. 그러니 인터뷰를 받게 되면 그 시간을, 지원자 간의 경쟁의 시간이나 평가의 과정으로 생각하지 말고 오히려 지원한 학교에 대해 좀 더 인간적으로 알게 되고 본인과 잘 맞는지 탐색하는 의미 있는 시간으로 만들어 보자.

인터뷰는 학교 성적이나 등수, SAT나 ACT 점수, AP를 얼마나 많이 듣고 점수는 어떤지, 어떤 어려운 수업들을 이수했는지 등을 물어보는 자리가 아니다. 지원자의 열정, 감성 지능, 성숙함 등 마음의 고유한 특성과 자질을 탐색해 보는 자리이다. 인터뷰는 지원 시에 썼던 에세이의 '자신에 대해 서술해 보시오.'와 같은 아주 기본적인 질문과 맥을 같이하는 것이다. 인터뷰가 당락을 결정 짓는 요소는 아니지만 인터뷰를 잘 준비하고 진행하는 것은 잠재적으로 그 대학에 좋은 인상을 남기는 계기가 될 것이므로, 인터뷰 시 고려할 사항들을 알고 질문에 대한 적절한 대응 방식을 마련해 보자.

1. 입학 지원자들이 갈수록 많은 대학들을 더 교차 지원하는 성향이 커짐에 따라 인터뷰 진행이 적체되는 현상이 많아지고 있다. 입학 사정 사무실로부터 인터뷰 스케줄 요청이 잡히는 대로 최대한 빨리 답하여 인터뷰 일정을 확정 짓는 것이 좋다.

2. 입학 인터뷰가 잡히면 본인 고등학교나 그 학군에 배정된 담당자

(Representative)를 만날 수 있도록 요청해 본다. 그 사람이 지원서를 평가할 가능성이 가장 크다.

3. 지원한 대학의 수업 과정, 코스, 교수진, 제공되는 과외 활동, 교내외 활동 등 학교에 대한 세세한 정보를 학교 사이트를 통해 꼼꼼히 인지해 놓는 것이 좋다. "우리 대학이 마음에 드는 부분이나 관심을 갖게 된 계기가 있나요?", "우리 학교가 제공하는 어떤 수업이나 과정이 관심 있는지요?" 등의 질문에 자신 있게 대답할 수 있을 것이다. 그러면 입학 사정관은 지원자가 진지하게 이 학교에 관심이 있고 입학할 의사가 있다는 인상을 받을 수 있다.

4. 아주 구체적으로, 그 학교에 지원하는 이유를 밝힐 수 있으면 좋다. 특정 전공이나 스포츠 팀, 오케스트라 등 그 학교에 입학하고 싶은 목적을 밝히거나 그 학교를 졸업하고 10년 후 학교를 빛낼 수 있는 멋진 인물이 돼 있을 자신을 어필하는 것도 좋다. 자신의 학교 성적, 입학 시험 성적, 교내외 활동 영역과 강점 들이 보여지도록 최대한 자신의 서류들을 잘 준비해 가는 것도 좋다.

5. 그 학교가 본인이 대학원이나 취업을 준비할 때 어떤 도움을 가져다 줄지, 그 학교의 동문이 되는 것과 그 네트워크 속에서 활동하는 것이 자신의 인생에 얼마나 큰 이점이 될지, 그 학교가 다른 대학들에 비해 얼마나 차별화된 곳인지 등 그 학교만의 본인을 위한 특장점과 미래 가능성에 대해 강력하게 어필하면 좋은 인상을 줄 것이다.

인터뷰 연습을 진행해 줄 좋은 파트너를 찾아 인터뷰 전에 연습을 많이 해서 긴장을 풀고 머릿속에 구체적인 인터뷰 시나리오를 장착해 놓아야 한다. 그 과정을 통해 인터뷰상 기술을 익히고 약점을 개선해 나가야 한다. 그러려면 최대한 자신을 잘 알고 편안하게 응대할 수 있는 사람에게 부탁하는 것이 좋다.

만약 직접 미팅이 아닌, 온라인상에서 인터뷰가 진행된다면 무엇보다 중요한 것은 자신이 사용할 디바이스를 꼼꼼하게 확인해서 오디오나 카메라 설정 등 기술적인 문제가 생기지 않도록 사전에 대비해야 한다. 그리고 실제로 만나는 것처럼 예의를 갖추어야 한다. 시작 시간을 엄수하고, 화면에 보여질 때 단정하고 튀지 않도록 상의를 잘 갖추어 입고, 눈을 잘 맞추고 적절한 타이밍에 웃거나 자연스러운 동작을 통해 인터뷰를 자연스럽게 잘 이끌어 나가야 한다.

무엇보다 인터뷰 시간을 자신이 평가받는 근엄한 과정으로 여기지 말고 그 학교를 배우고 이해하는 유연하고 유익한 시간으로 생각한다면 인터뷰가 큰 부담으로 다가오지 않을 것이다.

인터뷰를 진행하는 선배 동문은 대학으로부터 내려온 내부의 지침(Code of Conduct)에 따라야 한다. 이 매뉴얼을 어느 정도 지원자가 숙지하고 있다면 인터뷰를 받는 입장에서 어떤 마음가짐을 가지고 인터뷰에 임해야 할지, 질문에 대해 어떻게 적절하게 대응할지 준비하는 데 도움이 될 것이다. 아이비리그를 비롯한 모든 대학들이 모두 아래와 같은 비슷한 내용의 지침을 가지고 있다.

인터뷰 시에 (interviewer가) 지켜야 할 것들
- 열정과 전문성을 전하세요. 온라인으로 진행되는 인터뷰에서도 복장을 잘 갖춰 입으세요.

예일 대학교 스털링 기념관 ⒸWikipedia

- 적절한 언어를 사용하여 적절한 질문을 하세요.
- 지원자가 편안함을 느낄 수 있도록 노력해 주세요.
- 대화를 확장시켜 나가기 위해 "대학에서 당신에게 중요한 것은 무엇입니까?" 같은 열린 질문을 하세요.
- 지원자의 관심과 열정, 분석 및 대화 기술을 탐색하세요.
- 지원자가 생각하고, 대답하고, 대화를 확장해 나갈 충분한 시간을 주세요.
- 인터뷰 결과 보고서를 작성할 때 참고할 수 있도록 지원자에 대한 메모를 작성하세요.
- 학생 및 동문으로서 '학교'에서의 경험에 대해 이야기하세요.
- '학교'에 대한 정확한 정보를 전달하고 있는지 확인하세요.

인터뷰 시에 (interviewer가) 하지 말아야 할 것들

- 녹음기를 사용하여 인터뷰를 녹음하지 마세요.
- GPA, SAT, 등수 또는 어떤 숫자로 평가되는 것들에 대해 묻지 마세요. 인터뷰의 목적은 점수를 매기는 데 있는 것이 아니라 학생의 개인적 자질을 파악하는 것입니다.
- 이 학교가 첫 번째 선택인지 묻지 마세요. 지원자가 먼저 이 학교가 최우선 고려하는 학교라고 밝힌다면 그것은 괜찮지만 인터뷰 보고서에 이 사실을 포함할 필요는 없습니다. 지원자에게 "대학 생활에서 당신에게 중요한 것은 무엇입니까?"라고 물어 보는 것이 좋습니다.
- 지원자가 다른 대학에 지원하는지 묻지 마세요. 지원자가 이것에 대해서도 자발적으로 말하면 상관은 없지만 보고서에 이 내용을

포함할 필요는 없습니다.

■ 지원자의 중 · 고등학교에 대해 폄하하는 발언을 하지 마세요.

■ 지원자의 합격 가능성에 대해 긍정적이든 부정적이든 어떤 인상이나 기대를 조성하지 마세요. 대신에 대학에 합격하는 과정에서 최선을 다하도록 독려해 주세요..

■ 지원자가 불편해할 만큼 지나치게 개인적인 질문을 하지 마세요. "남자친구 있어요?" 등의 질문은 피하도록 하세요.

> " 대입 인터뷰는
> 지원자가 사는 지역에서
> 자원하여 신청한
> 대학 혹은 대학원 선배 동문과
> 함께 이루어진다."

PART 6

대학 선정 시 고려하면
좋을 것들

오픈되어 있는 전공

아이비리그 학교들 대부분(하버드, 예일, 다트머스, 브라운)은 대학 지원 시에 전공을 나누지 않는다. 학부생 전원이 하나의 단과대학 소속이 되는 것이다. 그래서 지원서에 쓰는 희망 전공은 단지 참고용일 뿐 당락에 영향을 미치지는 않는다.

어드미션 오피스는 이렇게 전공에 관계 없이 신입생을 선발하고, 학생들은 입학 후 '미정(Undecided)' 상태로 2학년까지 본인이 원하는 수업들을 다양하게 들은 뒤 3학년에 올라가면서 비로소 전공을 선택하게 된다. 전공을 정한 뒤 변경도 자유롭다. 아예 공부하고 싶은 전공 분야를 새로 만들어서 공부할 수도 있다. 이렇게 본인의 진로를 대학 전 과정을 통해서 발견하고 완성해 나갈 수 있다.

프린스턴과 컬럼비아는 문리대와 공대 이렇게 두 단과대로만 분리해서 선발한다. 각 단과대 안에서는 전공 선택과 변경이 자유롭다. 하지만 단과대 자체를 변경하고 싶다면 어떨까? 지원 시에 엔지니어링 경우 에세이가 따로 있을 정도로 인기가 있지만 Arts & Science에서 엔지니어링으로 바꾸는 것이 불가능한 것은 아니다.

그러나 단과대를 바꾸고자 한다면 그만큼 큰 관심과 결단이 필요하다. 이 경우 학교 어드바이저와 상담하고 단과대를 바꿀 수 있는 조건들을 확인한 뒤 준비를 철저히 해야 할 것이다.

유펜과 코넬은 단과대별로 신입생을 선발한다. UIUC(일리노이 주립대 어바나 캠퍼스)도 12개 학부 가운데 하나를 선택하고 전공은 3학년에 세부적으로 결정한다. 이런 대학들은, 일단 그 학부의 전공 학과마다 정해 놓은 합격선과 정원에 따라 선발된 것이기 때문에 만약 단과대학 간의 변경을 시도하려면 그리 쉬운 일은 아니다. 그렇다고 불가능한 것은 아니다.

제일 하지 말아야 할 사항은, 커먼 앱의 The Future Plans Section에서 전공을 정해야 하는 대학에 '미정(Undecided)'으로 표기하는 것이다. 입학 사정관은 고등학생이 대학 전공을 미리 정한다는 것이 어렵다는 것을 잘 안다. 그렇지만 설령 그 제출한 전공이 실제로 입학한 뒤 강의들을 듣고 자신의 진로가 아니라는 것을 확인하고 몇 번을 바꾸어야 하는 상황이 생긴다고 해도, 그것이 미결정 상태로 지원하는 것보다는 훨씬 낫다.

일단은, 자신이 고등학교 전반에 걸쳐 추구해 온 활동들을 토대로 그것을 아우를 수 있는 가장 유사한 전공을 선택해서 그 사이의 유기적 연결고리를 입학 사정관에게 보여 주는 것이 중요하다.

한국과 전공 체계가 다른 분야 중 가장 관심 있어 하는 것이 '프리 메드(Pre Med)'이다. 아직도 학부모 중에는 메디컬 스쿨을 가기 위해 프리 메드라는 전공이 따로 있다고 생각하는 사람들이 많다. 프리 메드는 전공이 아니기 때문에 프리 메드로 지원할 수도 없고 그 전제 자체가 잘못된 말이다. 즉 커먼 앱에 어떤 전공을 적어 내든 아무 상관 없이 입학 후에 프리 메드 과정을 시작할 수 있다.

사실 프리 메드 과정이라는 말도 적절치 않다. 대학에는 프리 메드 과정이라는 것이 딱히 따로 개설돼 있지 않기 때문이다. 그냥 본인이 추후 의과 전문 대학원(Medical School) 지원 시 학부에서 반드시 수강해야 하는 필수 과목들, 예를 들어 생물, 화학, 생화학, 물리, 수학, 심리학 등을 수강하면 된다.

이런 Coursework를 편의상 프리 메드 과정이라고 부르는 것뿐이고, 메디컬 스쿨에 지원하기 위해 특정한 전공이 필요한 것은 아니다. 따라서 어떤 대학을 가든지 4년제라면 프리 메드를 할 수 있고, 음악이나 미술이 전공인 학생도 전공과 무관하게 메디컬 스쿨에 필요한 코스워크를 이수한다면 누구나 의대에 지원할 수 있다. 이는 법대 전문 대학원인 Law School 지원을 희망할 때도 마찬가지이다.

고등학생 때에 자신의 전공을 구체적으로 정하고 확신하기는 어려울 수 있기에 이렇게 대학 전반을 통해 자신의 결정에 대한 준비 기간을 갖고 그 뒤에도 수정, 보완해 나갈 수 있다는 사실은 큰 장점이 아닐 수 없다.

"아이비리그 학교들 대부분은
대학 지원 시에
전공을 나누지 않는다."

대학 학기제

미국 대학의 학기제(Term System)는 크게 2학기제(세미스터제, Semester System)와 4학기제(쿼터제, Quarter System)로 나뉜다.

2학기제는 봄과 가을 학기로 구성되며 8월 말에 시작해서 5월 초에 마친다. 한 학기는 약 15주이다. 통상 4~5과목을 수강하며 15학점을 이수하도록 돼 있다. 4학기제는 가을, 겨울, 봄, 여름 학기로 구성되며 9월 중순에 시작해서 6월 초에 마친다. 한 학기는 약 10주이다. 통상 3~4과목을 수강하며 9~12학점을 이수해야 한다. 2학기제는 대다수 고등학교에서 채택하는 학기 시스템이기 때문에 세미스터제 대학에 들어가면 자신이 공부하던 패턴과 호흡으로 공부할 수 있다는 이점이 있다.

한 학기에 들어야 하는 과목 수는 4학기제에 비해 많지만 각 과목에 대한 적응 기간이 길고 긴 호흡으로 또 깊이 있게 공부할 수 있다는 장점도 있다. 하지만 전공을 바꾸고자 할 때에도 학기가 길기 때문에 불리한 부분이 있고, 학점을 높이는 데도 4학기제보다는 다소 어려울 수 있다.

4학기제는 두 달 반 만에 학기가 끝나고, 2학기제는 긴 여름 방학과 겨울방학이 있지만 4학기제는 그에 비해 쿼터 간 브레이크가 짧기 때문에 바쁘다. 그래서 적응할 새 없이 어느새 학기를 마치는 느낌이 들 정도로 정신 없이 공부하는 느낌이 든다.

하지만 한 학기에 수강하는 과목 수가 상대적으로 적기 때문에 노력을 분산시킬 필요 없이 집중해서 공부할 수 있다는 이점이 있다. 선택 과목을 좀 더 다양하게 이수할 수 있고 본인이 부지런하면 복수 전공의 기회도 훨씬 많은 장점이 있다. 더군다나 여름 학기는 선택적으로 운용되고, 여름에 학점을 더 이수해서 조기 졸업을 할 수 있는 기회도 열려 있어서 4년간 학비가 부담스럽거나 취업을 일찍 하고자 하는 경우 등에 있어서 쿼터제는 좋은 선택이 될 수 있다.

보통은 쿼터마다 학기가 바뀌면 바빠서 쫓아가기 힘들다는 편견이 있어 4학기제를 선호하지만, 본인 성향과 공부 스타일에 따라 선호는 다를 수 있고, 성실한 학생이라면 어떤 학기제든 잘 적응해서 해 나갈 것이다.

대학을 지원할 때 그 대학이 어떤 학기제를 채택하고 있는지 확인하는 것도 하나의 선택 요소가 될 수 있다.

대다수 학교들이 4학기제이지만 시카고대, 놀스웨스턴, 스탠퍼드, 다트머스, 칼텍과 UC 계열의 LA, Davis, San Diego, Irvine, 오레곤 주립대, 워싱턴대(Seattle) 등이 대표적으로 쿼터제를 채택하고 있는 탑 스쿨들이다. 만약 대학 과정 중에 편입을 고려해야 하는 상황이 온다면 2학기제에서 4학기제로 혹은 그 반대로 바꾸는 것은 상당히 어려운 도전이 될 수 있기 때문에 학기제에 대해 충분히 검토한 뒤 신중하게 선택하는 것이 좋겠다.

> "미국 대학의 학기제는
> 크게 2학기제와 4학기제로 나뉜다."

숨은 진주 같은 대학, LAC(Liberal Arts College)

LAC(Liberal Arts College)는 학부 중심의 인문학을 중요시하는 대학으로서 소규모의 알차고 충실한 수업을 들을 수 있다는 것이 강점이다. 전체 학생 수가 대규모 LAC라도 해도 2,500명을 넘지 않는다.

그리고 특정 직업이나 기술보다는 예술, 인문학, 사회 및 경제학, 자연과학 등 순수 학문의 지식을 습득하는 데 중점을 둔다. 교양 과목을 중시하고 실질적인 증거를 통해 의미 있는 결론을 도출하거나 효과적으로 글 쓰고 토론하는 방법을 배움으로써 그 뒤 진학할 상향의 고등 학문이나 사회로 진출하기 위한 발판으로 삼는다.

학교가 작고 교수의 질이 훌륭해서 학교로부터 받는 교육의 질이나 혜택, 케어도 크다. 졸업 후의 진로와 기회도 굉장히 좋은 편이다. LAC의 또 하나의 매력적인 부분은 장학금 지원이 후하다는 점이다. 학교가 제공하는 재정 패키지를 받으면 막상 본인이 내야 할 실 등록금은, 거주하는 주내 주립 대학의 등록금보다 낮을 수도 있다. 그에 비해 LAC의 학생에 대한 교육 수준과 학업의 질, 환경은 굉장히 훌륭한 편이니 이 경우 주립대를 군이 가야 할 이유가 없어진다.

그러나 지원자의 성향과 관심도에 따라 고려할 부분이 있다. 만약 간호사가 되고 싶거나 비즈니스를 전공하려면 LAC는 맞지 않다.

실용 학문인 비즈니스가 아닌 기초 학문인 경제학(Economics)을 전공하고 싶다면 포모나(Pomona)와 클레어몬트 매케나(Claremont Makenna)가 좋은 선택지가 될 수 있다. 포모나의 대표 경제학 교수는 세계적으로 유명한 피터 드러커이다.

LAC에서는 대부분 경제학을 전공하고 그 뒤 하버드나 예일 등 대학원으로 진학하여 비즈니스를 전공하는 것이 수순이다. 그리고 컴퓨터와 IT, 공학이 발달하기 전에 세워진 학교들이 대부분이라서 스와츠모어(Swarthmore), 하비머드(Harvey Mudd) 등 몇몇 학교에 STEM 전공 학과들이 있긴 하지만 거의 대부분의 LAC에는 STEM 전공 학과들이 없거나 있더라도 부족한 편이다. STEM 중 수학, 과학, 컴퓨터사이언스를 전공하고자 하면 LAC가 좋은 선택지이지만, 엔지니어가 관심 있는 학생이라면 하비머드 외에는 어떤 LAC에도 맞지 않을 것이다. 하지만 아직 무엇을 전공하고 싶은지 확실하지 않은 경우라면 교양 과목들을 유연하게 들으면서 결정할 수 있는 LAC가 훌륭한 선택이 될 수 있다.

LAC들은 매년 11월 1일까지 마감인 ED1과 통상 1월 15일 마감인 ED2 전형으로 지원하면 합격률이 매우 높다. 거의 모든 LAC 대학들이 ED1 지원을 받고 있다. 물론 한 학교만 정해서 ED 지원을 하는 것은 매우 어려운 결정이고 큰 결단이 필요하다. 하지만 스와츠모어 경우만 보아도 입학률이 7%가 채 안 될 정도로 점점 탑 LAC 입학이 힘들어지고 있다. 하버드를 합격한 학생이 탑 LAC 중 하나인 포모나 대학에 떨어진 경우도 있다.

Top 30위권 LAC들은 GPA UW 3.8 이상, SAT 1,500점 이상을 받아도 합격을 장담할 수 없을 정도이다. 명문 LAC 대학들은 원래 Law

School과 Medical School의 입학률이 높기로 알려져 있지만, 특히 포모나는 로스쿨이나 의대를 희망하는 학생들을 위해 학교 전체가 총력을 기울이기로 유명하다.

아래는 US News 랭킹에서 가지고 온 탑 20위 LAC 순위이다. 이 랭킹은 매년 9월마다 바뀌기 때문에 현재와 꼭 맞지는 않지만 랭킹의 뒤바뀜이 크지도 않고 그에 상관없이 다 훌륭한 학교들이다.

1~4위는 부동의 WASP(Williams, Amherst, Swarthmore, Pomona)이다.

순위	대학교명
1	윌리엄스(Williams College)
2	앰허스트(Amherst College)
3	스와드모어(Swarthmore College)
4	포모나(Pomona College)
5	웰즐리(Wellesley College)
6	보든(Bowdoin College)
6	네이벌 아카데미(United States Naval Academy)
8	클레어몬트 맥케나(Claremont McKenna College)
9	칼턴(Carleton College)
9	미들버리(Middlebury College)
11	미국육군사관학교(United States Military Academy)
11	워싱턴 앤드 리(Washington and Lee University)
13	데이비슨(Davidson College)
13	그린넬(Grinnell College)
13	해밀턴(Hamilton College)
16	해버퍼드(Haverford College)
17	바너드(Barnard College)
17	콜비(Colby College)
17	콜게이트(Colgate University)
17	스미스(Smith College)

Amherst College는 Williams College에서 나뉜 분교이다. 4년 내내 전원 기숙사 생활을 하는 '레지덴셜 칼리지(Residential college)' 이다. Swarthmore College는 필라델피아 주 최고의 LAC이고 학생들 공부량이 어마어마하기로 유명하다. LAC 학교들 중에 STEM 전공이 있는 몇 안 되는 학교이다. Pomona College는 서부 최고의 LAC로서 UC 버클리보다 선호되기도 한다. 클레어몬트 매케나, 포모나, 하비머드, 스크립스, 피쳐 이렇게 다섯 학교와 컨소시엄을 이루고 있다. 보스턴에 있는 최상위 LAC Wellesley College는 힐러리가 나온 여자 대학으로 잘 알려져 있다. 메인 주 최상위 LAC Bowdoin College는 학교 식당이 유명해서 매년 학식 랭킹에서 최고를 기록한다. Claremont MaKenna College는 정치학과 경제학으로 특히 유명하다. 중부 미네소타 주의 Carleton College는 특히 재정 보조를 잘해 주는 것으로 선호된다. 동부 버몬트의 Middlebury College는 의대 합격률이 굉장히 높은 걸로 유명하다. 또한 버지니아 주 Washington and Lee University는 Law School 진학률이 높은 것으로 알려져 있다. 가까운 DC 내 조지타운 대학과 함께 국제학과 정치학도 최고 수준이다. 노스캐롤라이나 주 Davidson College는 인터내셔널 학생들에게까지 재정 보조가 좋기로 정평이 나 있다. Hamilton College는 Colgate와 함께 뉴욕 주의 최상위권 LAC로 꼽힌다. 필라델피아 주의 Haverford College는 스와츠모어와 컨소시엄이 체결되어 있는 학교로서 의대지망에 유리하다고 알려져 있다. 뉴욕의 Barnard College는 최상위권 여자 LAC로서 컬럼비아 대학과 자매 관계이다. 메인 주의 Colby College는 환경과학 전공이 유명하고 환경보호를 중요시하는 학교이다. 뉴욕 주의 Colgate University는 인근 코넬 대학과 운동 경기로 라이벌 관계이고 로스쿨, 의대 및 월가에 진출을 많이 하는 것으로 알려져

포모나 칼리지 메이슨 홀 ⓒWikipedia

있다. Smith College는 웰슬리, 버나드와 함께 명성 있는 여학교이다. 미국 여대 중에서 유일하게 엔지니어링 학위를 수여하고 있고, 평균 학점 3.5 이상을 받으면 다트머스, 존스 홉킨스, 터프츠, 미시건 대학들의 공학 대학원 프로그램에 자동적으로 합격이 된다.

20위권 밖이지만 버지니아의 University of Richmond는 재정 보조가 훌륭한 학교이다. 거의 모든 LAC들이 대학원 없이 학부만 운영되는데, 이 학교는 유명한 T.C. Williams School of Law를 포함해서 많은 대학원 프로그램이 있다. 한국의 삼성 기업 이재용 부회장의 딸이 입학해서 유명세를 탄 Colorado College와 MIT, 칼텍에 비교해도 전혀 떨어지지 않는, STEM LAC의 최강자 Harvey Mudd College도 눈여겨볼 만하다.

그 밖에 미국에서 가장 오래된 남녀 공학이라는 오하이오 주 Oberlin College and Conservatory, 대학 1학년부터 영국의 명문 대학과 교환학생 프로그램을 진행한다는 뉴욕 주의 명문 Skidmore College, UC 버클리와 함께 컴퓨터 공학, 데이터 분석 프로그램이 최고 수준이라고 평가받은 오하이오 주의 Denison University, 오바마 대통령이 나온 학교로 알려진 캘리포니아에 위치한 명문대 Occidental College, 스티브 잡스의 모교로 유명한 Reed College, 빌리 그래함 및 존 파이퍼 목사를 배출한 시카고 근처 기독교 명문 Wheaton College도 눈여겨볼 만하다. 평균 GPA가 B 정도이거나 SAT 1,300점 정도 학생들이라도 자신과 핏이 맞는다면 한번 도전해 볼 만한 학교들이다.

" 학교가 작고
교수의 질이 훌륭해서
학교로부터 받는
교육의 질이나 혜택, 케어가 크다."

학비 없는 최상 교육,
아너스 칼리지(Honors College)

2015년 아이비리그 대학 8군데에 합격한 한 학생이 아이비리그가 아닌 앨라배마 주립대의 아너스 칼리지에 입학해서 뉴욕 타임스에 크게 실리는 등 화제가 된 바 있다.

아이비리그 같은 명문 사립 대학의 입학까지 포기할 만큼 아너스 칼리지 혹은 프로그램이 어떤 큰 혜택이 있는 것일까?

아너스 칼리지는 성적 특기 학생들을 유치하여 그 지역 사회와 대학을 빛낼 우수한 인재를 키워 내려는 취지로 주립 대학에서 만든 특별한 프로그램이다. 성적이 우수한 학생들이 주립 대학에 들어 와 자신의 학습적 능력을 발휘하고 계발할 수 있게끔, 독립된 단과대를 구성해 운영하거나, 질 높고 다양한 커리큘럼을 담은 프로그램을 제공한다.

아너스 칼리지로 명성이 높은 대학은 애리조나 주립대(Arizona State University/ASU)의 바렛(Barrett), 캔사스 주립대(University of Kansas), 뉴욕 시립대 매컬리(CUNY Macaulay), 일리노이 주립대(University of Illinois at Urbana Champaign/UIUC), 미시간 주립대(University of Michigan), 펜실베이니아 주립대(Penn State University)의 수레이어(Schreyer), 버지니아 주립대(Virginia State

University 또는 Virginia Commonwealth University) 등이다. 아너스 칼리지가 그 주립대 합격자들 가운데 평균적으로 200~300명을 선발하는 데 비해 매릴랜드 주립대 칼리지 팍(University of Maryland/UMD College Park) 캠퍼스의 아너스 칼리지는 매년 2천 명 이상의 학생들에게 아너스 프로그램과 기숙사를 제공하고 있다.

뉴저지 주립대인 Rutgers는 성적으로 아너스 프로그램 학생들을 먼저 선발한 뒤, EC와 에세이 등 전체적인 평가(Holistic Review)를 해서 아너스 칼리지로 추린다. 뉴저지 특목고 학생들의 수준이 높은 편이어서 이 아너스 칼리지에 선발된 학생들 수준 역시 아이비리그 급이라고 평가된다.

아너스 프로그램 선발 학생들에게는 안타깝게 장학금은 없지만 대신 1학년 때부터 급여를 받는 인턴십에 연결되는 등 학교로부터 제공되는 혜택이 많아 설령 학생 론이나 부모 론을 받았더라도 아너스 프로그램 학생들은 금세 상환하고 경제적으로 자립할 수 있다. 아너스 칼리지 학생들에게는 전액 장학금이 제공된다.

△ Arizona State University, Barrett Honors College
△ University of Kansas Honors Program
△ University of Michigan LSA Honors Program
△ Pennsylvania State University, Schreyer Honors College
△ University of South Carolina Honors College
△ University of Texas Austin, Plan II Honors Program
△ University of Virginia, Echols Scholars Program
△ University of Arkansas Honors College
△ Clemson University, Calhoun Honors College
△ University of Georgia Honors Program
△ University of Minnesota Honors Program

△ University of Mississippi, Sally McDonnell Barksdale Honors College
△ University of North Carolina, Honors Carolina
△ Ohio University Honors Tutorial College
△ University of Oklahoma Honors College
△ University of Oregon, Clark Honors College
△ Oregon State Honors College
△ Purdue University Honors College
△ Temple University Honors Program
△ Texas Tech University Honors College
△ UC Irvine Campuswide Honors Program
△ University of Washington Honors Program

아너스 칼리지의 장점은 무엇일까? 무엇보다 가장 매력적인 것은, 질 좋은 대학 교육을 학비 없이 혹은 많은 장학금 혜택을 누리며 받을 수 있다는 점이다. 즉 명문 사립 대학 이상의 실속이 있다는 점이다.

아너스 칼리지는, 경쟁력 있는 수준 높은 교수진과 리버럴 아츠 칼리지 같은 고품격 사립 대학 분위기의 교육을 실시하고 있으며 아너스 칼리지 자체 기숙사로도 유명하다. 일부 대학의 기숙사는 컴퓨터 랩, 세미나실, 아트 갤러리까지 갖추어져 있으며 가까운 곳에 거주하는 학생이어도 전원이 4년 동안 기숙사를 이용할 수 있다.

각 학교의 어드바이저가 얼마나 세심한 지도와 가이던스 역할을 하는지 역시 학교를 평가하는 중요한 요소인데, 아너스 칼리지는 훌륭한 어드바이저들이 서비스를 제공하여 전문직이나 상위 학교 진학에 있어 큰 도움을 준다.

또한 리버럴 아츠 대학에서처럼 명망 높고 유명한 교수들과 함께 리서치를 진행하지만 동시에, 대형 연구 중심 종합 대학이 갖추고 있는 혜택도 제공된다. 이러한 리서치 업적은 의대 등 전문 대학원을 갈 때 유리한 동시에, 리서치로 개인적인 유대감이 더해진 교수에게 대학원 진학이나 취업 때 큰 장점으로 발휘될 강력한 추천서를 받는 일은 더 유리하다.

어떤 학생은 규모가 작은 대학이 안 맞을 수도 있다. 대형 주립 대학이 제공하는 갖가지 다양한 프로그램, 행사, 클럽 활동, 스포츠 등을 원하는 경우일 수 있다. 그런데 아너스 칼리지의 장점은, 작은 사립 대학 같은 개인적이고도 집중적인 교육과 소수 정예로 받는 수업 등 혜택을 받으면서도 동시에 풋볼 게임을 즐기는 등 종합 대학이 제공하는 장점을 함께 누릴 수 있다는 것이다.

게다가 아너스 프로그램에서는 교수나 동급생들과 함께 토론하며 공부하는, 자유롭고 독립적인 분위기가 조성돼 있다. 매년 미국·독일·영연방 국가의 젊은이 85여 명을 선발해 영국 옥스포드 대학교에서 무료로 공부할 기회를 주는, 세계에서 가장 영예로운 장학금 중 하나로 로즈 장학금(Rhodes Scholarship)이 있다. 여기에 선발된 학생들은 평생 '로즈 장학생'이었다는 수식어가 따라 다닐 정도로 학문적, 사회적 인지도가 높은 장학금인데, 여기 수혜자 가운데는 아너스 칼리지 학생들이 많다. 그만큼 아너스 칼리지에서 제공받는 학업과 연구 실적은 뛰어나다는 방증인 것이다.

주립대에는 이러한 아너스 칼리지 프로그램보다 더 경쟁적인 (Selective) 프레지덴셜 파운더스(Presidential Founders)라는 프로그램도 있고, 최고의 학생들에게 전액 학비를 면제해 주는 프레지덴셜 장학금도 있다. 이 대통령 장학금을 받은 학생이라면 실제로 아이비리그 중에서도 하버드, 예일, 프린스턴 그리고 스탠퍼드 정도 경쟁적인 학교도 합격할 수 있는 성적을 가진 경우이고, 이 학생들이 졸업하여 취업을 하거나 상위 학교로 진급할 때 아이비리그 이상의 대우와 가치를 인정받는다.

한국인 부모와 학생들은 대체로 학교의 실속보다는 명성을 좇아 지원하는 경향이 많다. 물론 경제적으로 문제가 되지 않는 가정이거나, 오랜 동안 특정한 탑 대학을 꿈꿔 왔는데 그 드림 스쿨에 합격했다면 굳이 아너스 칼리지를 선택할 이유는 없을지도 모른다. 하지만 요즘처럼 더욱 대학 입시가 어려워지고 있는 현실에서는 한 번쯤 아너스 칼리지에 대해 고려해 보는 것도 좋다.

대학 이름 + Honors College 라고 검색하면 상세 정보를 직접 찾아 볼 수 있다.

> "아너스 칼리지는,
> 성적 특기 학생들을 유치하여
> 그 지역 사회와 대학을 빛낼
> 우수한 인재를 키워 내려는 취지로
> 주립 대학에서 만든
> 특별한 프로그램이다."

유학생에게 장학금을
제공하는 대학들

유학생이 미국에서 다닐 대학교를 선정하는 데 있어 고려하는 중요한 요소 가운데 하나가 수업료일 것이다. 국제 학생에게는 수업료 기준이 다를뿐더러 생활비 등 제반 비용이 더 들기 때문이다.

이에 최고 수준의 유학생들이 교육 보조금을 받을 수 있도록 배려한 학교들을 알아보고 장학금을 신청한다면 큰 도움이 될 것이다.

1. **Harvard University:** 학부 장학금은 재정적 필요(Need Based)를 고려하지만 대학원부터는 성적에 따라 수여된다.
2. **Yale University:** 하버드와 명실공히 미국 최고 명문으로서, 장학금 조건 역시 같다.
3. **Princeton University:** 국외 학부생들에게 재정적 필요에 따라 등록금, 숙박 및 식비를 포함하는 전액 장학금을 수여한다.
4. **Stanford University:** 캘리포니아에 위치한 세계적 수준의 연구 대학으로 동문들과 기업들의 큰 기부금과 연구 지원금 등으로 학부생과 대학원생들 모두에게 큰 액수의 장학금을 제공한다.
5. **MIT(Massachusetts Institute of Technology):** STEM 분야 세계

최고 대학 중 하나로서, 국제 학생들에게 대규모 장학금을 제공한다.

6. **Duke Institute:** 노스캐롤라이나에 위치한 명문 사립 대학으로 학부생들에게 완전한 재정 지원을 제공하며 석사 및 박사 학위를 위한 유급 조교 및 펠로우십을 제공한다.

7. **Washington University in St. Louis:** 미주리 주의 St. Louis 에 위치한 워싱턴 대학교(줄여서 Washu라고 부름)는 미국의 최상 위권 교육 및 연구기관으로 평가받는 사학 명문대이다. Annika Rodriguez 장학생 프로그램을 통해서 장학금을 수여한다.

8. **Emory University:** 애틀랜타에 위치한 명문으로, 글로벌 커뮤니 티에 중요한 영향을 미치는 잠재력 있는 인재들을 선발하기 위해서 학부생에게 부분 또는 전체 장학금을 성적 기반으로 제공한다.

9. **Amherst College:** 재정적으로 불리한 국제 학생들을 돕기 위해 재정 필요를 기반으로 평가하는 재정 지원 프로그램을 제공한다.

10. **Agnes Scott College:** 등록금, 숙박 및 식비를 Marvin B. Perry 대통령 장학금을 통해 제공받으며 국내 · 외 모든 학생들에 게 열려 있다.

11. **Hendrix College:** Hays Memorial 장학금을 매년 입학생을 평가하여 제공한다.

12. **Barry University:** Stamp Scholarship과 연결된 학교로서, 등록금, 숙박, 식비, 교재비와 교통비까지 지원한다. 인턴십이나 해외 유학과 같은 교육비를 충당하는 데도 사용할 수 있다.

13. **Illinois Wesleyan University:** 학업 성취도가 뛰어나고 입학 시험에서 기준에 부합하는 성적을 받는 국제 지원자들은 대통령 장학금을 신청할 수 있다. 경우에 따라 학자금 대출 및 교내 일 자리를 통해 추가 지원금을 받을 수 있다.

14. **Clark University:** 지역 사회에서 탁월한 리더십을 보여 준 국외 학생들을 선발하기 위한 Global Scholars Initiative(GSP)을 통해 장학금을 수여한다. 글로벌 관점에서 엄격한 교육과 기회를 제공하려는 대학의 목표와 의지를 보여 주는 장학금 제도이다.

15. **North Dakota State University:** 우수한 학업 활동과 함께 미국 학생, 교수진, 교직원 등과 문화적 공유를 증진하기 위해 유학생에게 장학금을 제공한다.

16. **Iowa State University:** 다양하고 훌륭한 유학생들을 유치하고 숙련하기 위하여 국제 공로 장학금을 수여한다. 수학 및 과학, 예술, 과외 활동, 지역 사회 봉사, 리더십, 기업가 혁신 정신 등 하나 이상의 분야에서 뛰어난 성취도 또는 특별한 재능과 학업 등을 기반으로 수여자를 선정한다.

17. **Berea College:** 등록한 첫 해에 모든 국제 학생들에게 100% 장학금을 제공하는 미국 유일한 대학이다.

18. **East Tennessee State University:** ETSU는 학부 및 대학원 유학생들을 위해 Merit Scholarship(성적 기반 장학금)을 수여하며 총 학비의 50% 정도까지 제공한다.

19. **Institute Of Culinary Education:** ICE는 요리 연구 장학금을 신청하고자 하는 유학생들에게 프로그램 웹사이트에 동영상을 업로드하고 시청자들이 동영상을 투표하도록 하는 방식을 통해 공개 투표로 장학금 수상자를 선정한다.

> " 대학교를 선정하는 데 있어
> 고려하는 중요한 요소 가운데 하나가
> 수업료일 것이다. "

III
전액 장학금을 제공하는 대학들

풀라이드 장학금은 학비 전액에 더해 숙식비, 생활비, 교재비, 학용품 및 교통비 제반에 도움이 되는 총 비용을 제공한다. 대학들은 최고의 학생들을 유치하기 위해 이러한 장점을 어필한다.

상당한 경제적 도움을 받는 만큼 거의 완벽에 가까운 GPA, 우수한 입학 시험 점수, 수상 실적 및 리더십 경험이 요구된다.

GPA는 통상 4점 만점에 적어도 3.5 이상 또는 학교 상위 5% 미만, 입학 시험은 SAT 1,500점이나 ACT 33점 이상이 통상 기준이 된다.

AP Scholar, President's Award, Volunteer Award, International Mathematical Olympiad와 같은 전 세계적으로 인정받는 상 또는 학생회 회장 등의 리더십 경험이 좋은 영향을 미칠 수 있다.

또한 장학금 결정권자에게 특별한 인상을 주고 개인의 특성을 뒷받침할 수 있는 효과적이면서도 뛰어난 추천서와 개인 목표가 뚜렷하게 포함된 에세이 등도 평가 요소가 될 수 있다.

1. **University of Chicago:** 일리노이 주에 위치한 최고의 사립 연구 대학으로 1890년 설립되었다. Stamp Scholarship을 통해 인 턴십, 연구 프로젝트, 기업적 혁신 활동, 자원 봉사, 전문 회의 참석 등 경험적인 학습 기회를 제공하기 위해 20,000불 상당의 장학금 을 수여한다.

2. **Duke University:** 노스캐롤라이나 주의 Durham에 위치한 명 문 사립 대학으로 1892년 설립되었다. Robertson Scholars Leadership Program을 통해 선발한다.

3. **Emory University:** 조지아 주의 Atlanta에 위치한 사립 연구 대 학으로 감리교 성공회에서 1836년 설립했다. 에모리 대학 장학금 프로그램을 통해 매년 약 200명의 장학생에게 등록금 전액을 수 여하고 있으며, 교육 과정을 통해 평가된 우수 장학생에게는 심화 장학금도 지급하고 있다.

4. **Washington University in St. Louis:** 미주리 주의 St. Louis 에 위치한 워싱턴 대학교는 미국의 최상위권 교육 및 연구 기관으 로 평가받는 사학 명문대이다. John B. Ervin 장학생 프로그램과 Annika Rodriguez, Danforth, Stamps 장학생 프로그램 등을 통해서 전액 혹은 일부 장학금을 수여한다.

5. **University of Michigan:** 미시간 주 Ann Arber에 위치한 세계 최고의 공립 연구 대학으로 1817년 설립되었다. 학업 성취, 재능, 리더십 자질 및 지역 사회 기여 등을 기준으로 평가하여 선발된 총 18명의 장학생에게 학비 전액과 10,000불의 추가 장학금까지 지 급한다.

6. **Vanderbilt University:** 테네시 주의 Nashville에 위치한 명 문 사립 연구 대학으로 1973년 설립되었다. Ingram Scholar

Program을 통해 비즈니스 학문을 전공하는 학생들 중 학업 성적과 목표, 능력을 평가해서 전액 장학금을 수여한다. 이외에도 Cornelius Vanderbilt Scholars와 Chancellor's Scholar 등을 통해 장학금 기회를 얻을 수 있다.

7. **University of California:** 1868년 설립된 캘리포니아의 주립 대학이다. 입학생 상위 1.5%와 재학생의 상위 그룹에게 등록금 전액과 12,000불의 심화 장학금을 추가로 지급한다.

8. **University of Southern California:** 로스앤젤레스에 위치하고 1880년에 설립된, 캘리포니아에서 가장 오래된 사립 연구 대학이다. Mork 가족 장학생 프로그램과 Stamps Scholarship 등 USC Full Ride 장학금 프로그램을 통해서 장학생을 선발한다.

9. **University of Virginia:** 1819년 설립된, 버지니아 주에 위치한 공립 연구 대학으로서, Jefferson과 Walentas 장학생 프로그램들을 통해 버지니아 주 거주생과 비거주생 모두에게 장학금을 제공한다.

10. **Virginia Tech:** 블랙스버그에 위치한 공립 대학으로 1872년 설립되었다. Stamps Scholarship을 통해 장학생을 선발한다.

11. **Wake Forest University:** 노스캐롤라이나 주의 Winston Salem에 위치한 명문 사립 연구 대학으로 1834년 설립되었다. 1982년부터 시작된 Nancy Susan Reynolds 장학금 제도를 통해 총 5명의 우수 장학생을 선발하여 연간 학비, 숙식비 전액과 3,400불의 심화 장학금 그리고 5,000불의 연구비 또는 여름 여행 비용을 추가로 제공한다.

12. **University of Illinois at Urbana Champaign:** 1867년

에 설립된 공립 대학으로 경제 경영학과 공학이 특히 뛰어나다. Stamps Scholarship을 통해 장학생을 선발한다.

13. **Perdue University:** 인디애나 주의 West Lafayette에 위치한 공립 대학으로 1869년 설립되었다. Stamps Scholarship을 통해 장학생을 선발한다.

14. **University of North Carolina at Chapel Hill:** 1789년에 설립된 미국 최초의 공립 대학으로 로버트슨 학자 리더십 프로그램을 통해서 전액 장학금을 제공한다.

15. **University of North Carolina at Charlotte:** 노스캐롤라이나 주의 Charlotte에 위치한 주립 공립 연구 대학으로 1946년에 설립되었으며 다양한 분야의 다양한 학위를 제공한다. Levine 장학 프로그램을 통해 등록금 및 학습에 필요한 모든 자원을 지불하지 않고 마음껏 공부할 수 있는 장학금을 제공하고 학업과 본인의 강점 및 가치를 향상시키기 위해 매년 여름 보충 비용을 제공하기도 한다.

16. **University of Texas at Austin:** 1883년 설립된 공립 연구 대학으로, Fourty Acres 장학생 프로그램을 통해 장학생을 선발한다.

17. **University of Texas at Dallas:** 텍사스 주의 Richardson에 1962년 설립된 공립 연구 대학으로, Eugene McDermott 장학생 프로그램을 통해서 학비, 주거비, 생활비, 리더십 훈련, 유학 기금 등을 제공한다.

18. **University of Notre Dame:** 인디애나 주에 위치한 사립 가톨릭 연구 대학으로 1842년 설립되었다. 입학 시 상위 5% 그룹에게 Stamps Scholarship을 통해 장학금을 수여한다.

19. **Boston College:** 매사추세츠 주의 Chestnut에 위치한 보스턴에 설립된 최초의 고등 교육기관으로서, 1863년 설립되었다. 가벨리 대통령 장학생 프로그램을 통해서 조기 전형에 지원한 18명의 신입생에게 전액 장학금을 수여한다.

20. **Boston University:** 1839년 감리교에 의해 설립된 사립 연구 대학으로 매사추세츠 주의 보스턴에 위치해 있다. 고등학교 성적 상위 5%에 속한 학생들 중 리더십과 커뮤니티에 기여한 활동들을 평가해 장학금을 수여한다.

21. **Northeastern University:** 보스턴에 위치한, 1898년 설립된 사립 연구 대학이다. 토치 학자 프로그램을 통해 학비 전액과 여름 연구비 등을 추가로 지급한다.

22. **Georgia Institute of Technology:** 조지아 주의 Atlanta에 1885년 설립된 최고의 공립 연구 대학으로, Stamps Scholarship을 제공하는 대학이다.

23. **University of Richmond:** 버지니아 주에 위치한 대학으로 1830년에 설립된 명문 리버럴 아츠 칼리지(Liberal Arts College)로서, 리치몬드 장학생 프로그램을 통해서 선발한다.

24. **Fordham University:** 뉴욕 주의 NYC에 위치한 사립 대학으로 대통령 장학생 프로그램을 통해서 고등학교 성적 상위 1~2% 안에 드는 성적 우수자를 선정해 수여한다.

25. **Drake University:** 아이오와 주에 위치한 대학으로 전국 동문 장학금 프로그램을 통해서 제공한다. 고등학교 졸업 직후 입학한, 성적이 우수하고 리더십 위치에서 봉사한 적이 있는, 리더십 자질이 훌륭한 학생들에게 수여하며 최대 3년까지 보장한다.

26. **Rollins College:** 플로리다 주에 위치한 대학으로 1885년에

설립, 거의 140년에 달하는 역사를 지닌 명문 사립이다. 알폰드 학자 프로그램을 통해 최대 3년까지 보장되는 전액 장학금을 10명의 학생에게 수여한다. 장학금을 받는 학기 중에는 최소 3.33의 GPA를 유지해야 한다.

27. **Elizabethtown College:** 펜실베이니아 주에 위치한 대학으로, 1899년에 설립된 훌륭한 리버럴 아츠 칼리지(LAC)이다. Stamps Scholarship 프로그램을 통해 장학금 수혜자를 선정한다.

28. **Southern Methodist University:** 텍사스 주의 Dallas에 위치한, 1911년에 설립된 높은 순위의 사립 대학교이다. 회장 장학 재단을 통해 해외 여름 유학까지도 포함하는 장학금을 제공한다.

29. **University of Louisville:** 켄터키 주의 Louisville에 위치한 미국 최초의 시 소유 대학으로, 1798년에 설립되었다. 브라운 펠로우 프로그램을 통해 학업 성취도와 리더십 자질에 따라 결정되는 전액 장학금을 받을 수 있다.

30. **University of Kentucky:** 켄터키 주의 Lexington에 위치한 공립 연구 대학으로 1865년에 설립되었으며, 200개 이상의 학위 프로그램을 운영하고 있다. 여섯 가지 장학금 유형 가운데 Otis A. Singletary 장학금은 10,000불의 주거비를 지원하는 유일한 전액 장학금이다.

31. **University of Rochester:** 뉴욕 주의 Rochester에 위치해 있으며 1850년에 설립된 명문 사립 연구 대학이다. Alan and Jane Handler 장학생 프로그램을 통해서 학업 성과, 리더십 자질 그리고 재정적 필요에 따라 전액 장학금을 수여한다.

32. **American University:** 1893년 설립된 워싱턴 DC에 위치한

사립 대학이다. Frederick Douglass 우수 학자 프로그램을 통해 등록금 전액 및 학업 필수 비용, 교재비, 숙박 및 식비를 제공한다.

33. **Indiana University Bloomington:** 1820년 설립된 공립 연구 대학으로 웰스 장학생 프로그램을 통해서 총 18명의 신입생에게 우수 장학금을 수여한다.

34. **University of Alabama:** 1820년 앨라배마 주의 Tuscaloosa에 설립된 앨라배마 주 가장 오래된 공립 연구 대학이다. 아카데믹 앨리트 장학생 프로그램을 통해서 전액 장학금을 수여한다.

35. **Mercer University:** 1833년에 설립된 조지아 주의 최고 사립 연구 대학이다. 학업 성취도와 함께 리더십 자질, 인내, 인류에 대한 봉사 및 혁신 정신이 높은 신입생들에게 Stamps Scholarship을 통해서 장학금을 제공한다.

36. **Oberlin College:** 오하이오 주에 1833년 설립된 최고의 사립 리버럴 아츠 칼리지이자 음악원이다. 베를린 칼리지 폴라이드 장학금 프로그램을 통해 장학금을 지원한다.

37. **Illinois Institute of Technology:** 1890년 설립된 최고의 사립 대학교로서, 시카고에 위치해 있다. Duchossois 리더십 장학생 프로그램을 통해서 등록금 전액과 숙식비, 특별 멘토십, 여름 교육 경험비, 가을 수련회 등의 특별 활동비 등을 지원한다.

38. **Texas Christian University:** 1873년 설립된 사립 연구 대학으로 기독교 신앙과 밀접한 관련을 가지며 텍사스 기독교 대학의 총장 장학생 프로그램을 통해서 장학금을 수여한다.

39. **Providence College:** 로드 아일랜드의 Providence 지역에 1918년 설립된 사립 가톨릭 대학이다. Roddy 장학금 프

로그램을 통해 의대를 지망하는 학생에게 장학금을 수여하며 Feinstein 장학 제도를 통해 성적 우수자에게 5,000불씩 지급 하기도 한다.

40. **University of Buffalo:** 미국 뉴욕 주에 1846년 설립된 사 립 대학이다. 미술과 예술 전공 신입생들을 대상으로 Millonzi Distinguished Honors Scholarship을 통해서 15,000불 상당의 장학금을 제공한다.

41. **Clemson University:** 사우스캐롤라이나 주에 1889년 설 립된 공립 대학으로 국립 장학생 프로그램을 통해 장학금을 지 급한다.

42. **Ohio State University:** 오하이오 주 Columbus에 위 치한 대학으로 Morrill 장학금 프로그램에서 최상위 등급인 Distinction에 선정되면 전액 장학금을 받을 수 있다.

43. **George Washington University:** 워싱턴 DC에 1821 년 설립된 사립 연방 공인 연구 대학이다. Stephen Joel Trachtenberg 장학생 프로그램을 통해 등록금, 학비, 숙식비, 도서비 등 전액을 지급하며 선발 기준은 지도력, 학업 능력 및 지역 사회 봉사가 포함돼 있다.

44. **Stevens Institute of Technology:** 뉴저지 주의 Hoboken에 위치한 사립 공과 대학으로 The Ann P. Neupauer 장학금 제 도를 통해 전액 장학금을 수여한다.

45. **Stevenson University:** 매릴랜드 주의 Owings Mills에 위치 하고 1947년 설립된 사립 대학으로 대통령 펠로우 프로그램을 통해 Stevenson 커뮤니티에 지속적인 영향을 미칠 잠재력을 기반한 학생에게 장학금 전액과 추가 비용 등을 제공한다.

46. **St. Lawrence University:** 뉴욕 주의 Canton에 위치한 사립 리버럴 아츠 칼리지로서, 1856년 설립되었다. Momentum 장학금 제도를 통해 미국 시민권을 가진 학생에게 장학금을 수여한다.

47. **College of William and Mary:** 버지니아 주의 Williamsburg에 위치하고 1639년에 설립된 공립 연구 대학으로 Stamps Scholarship을 통해 총 12명의 학생에게 전액 장학금을 수여한다.

48. **University of Wisconsin:** 위스콘신 주의 Madison에 위치한 공공 연구 대학으로 1848년 설립되었다. Mercile J. Lee 장학생 프로그램을 통해 등록금 전액과 급여를 제공한다.

이외에 University of Maryland-College Park, University of Miami, University of Huston, The Catholic University of America(Washington DC), Barry University(플로리다 주의 Miami Shore) 등도 성적 우수자를 선발하여 전액 장학금을 수여한다.

> " 대학들은
> 최고의 학생들을
> 유치하기 위해
> 다양한 장점을 어필한다."

- https://www.scholarships.com
- https://www.stampsscholars.org
- https://www.cappex.com
- https://prod.idp.collegeboard.org
- https://www.niche.com/colleges/scholarships
- https://www.fastweb.com
- https://scholarshipamerica.org
- https://www.scholarshippoints.com
- https://studentaid.gov

또 한 번의 기회, 편입

미국의 대학 편입 제도는 한국에 비해 굉장히 유연한 편이다.

'기회의 나라'답게 초·중·고 교육뿐 아니라 대학 교육에 대해서도 선택의 기회와 가능성을 얼마든지 주고 있다. 한국도 옛날에 비하면 편입의 기회가 많아지고 다양해졌지만, 미국의 편입 시스템은 보다 견고하고 체계적이라고 할 수 있다.

편입은 어떨 때 고려할까? 일차적으로는 자신이 원하는 대학은 떨어지고 차선책으로 들어간 경우일 것이다. 미국은 한국처럼 대학 등록을 포기하고 입시를 1~2년 다시 치르는 재수나 삼수의 개념이 없다. 일단은 어느 대학이든 등록을 하고 다녀야 한다.

Gap Year라는 제도가 있어 1년을 어떤 목적에 의해 휴학할 수는 있지만 어느 대학이나 갭 이어를 허용하고 있는 것은 아니다. 그러니 대입을 다시 치르기 위해 대학을 아무 데도 등록하지 않을 수는 없고, 일단은 등록한 뒤 다녀 보고 그 다음 행보를 결정해야 한다.

이렇게 처음부터 등록한 대학이 마음에 들지 않는 경우도 있겠지만, 신중하게 선택하고 들어간 대학을 막상 다니다 보면 변수가 생길 수도 있다. 생각보다 대학의 규모가 너무 커서 본인이 과목을 선택하고 수강하고 관리하는 데 어려움이 있어 차라리 규모는 작지만 특성화된 대학으로 옮겨 카운슬러의 도움을 적극적으로 받고 싶다든지, 향후 대학원 진학 등 전문적인 교육을 더 받을 때 유리한 요소가 있는 연계 대학으로 옮기고 싶다든지, 대학에서의 학비 지원이 생각보다 안 나와서 경제적인 어려움으로 다른 좋은 조건의 대학을 찾아야 한다든지, 대학의 환경이나 지역적 요소가 생각보다 본인과 안 맞거나 부모님 집에서 너무 멀어 힘들다든지 등일 것이다.

이렇게 편입을 원하는 상황들이 생길 때 미국에서는 얼마든지 해결책이 있지만, 그 관문을 뚫고 나아가기 위해서는 편입의 전반적인 실정과 각 대학들의 편입생에 대한 조건 등에 대한 이해가 선제돼야 할 것이며 개인적인 역량을 그 대학 조건에 맞추어 준비하고 있어야 할 것이다.

많은 학생들이 간과하는 것이 다른 대학들에 편입 지원할 예정이라고 해서 현재 재학 중인 대학에서의 학업을 등한시한다는 점이다. 편입에 필요한 서류 가운데 물론 고등학교 성적이 가장 중요하지만 학교에 따라서는 현재 재학 중인 대학의 트랜스크립트를 요구할 수도 있고, 편입 계획이 불발되는 경우에는 현재의 대학에 계속 다녀야 하기 때문에 현재 학업에 성실히 임하면서 편입을 준비하는 것이 중요하다.

재학 중인 대학에 대한 만족도가 높을수록 다른 대학으로 옮기거나 중간에 그만 두는 학생은 많지 않을 것이고 그러면 편입생을 받아들일 빈 자리도 상대적으로 적을 것이다. 반대로, 재학 중인 대학에 대한 만족도가 낮거나 생각지 못한 변수들에 의해 다른 대학으로 옮기거나 중간에 그만 두는 학생이 많으면 편입생을 받아들일 수 있는 빈 자리들이 많이 생겨날 것이다.

여기 〈US News〉에서 2017년에 발표한 종합 대학 랭킹 50위 안에 드는 대학들의 편입생 수를 바탕으로 편입생 비율을 통계 낸 자료가 있다.

총 학부 학생 수에서 편입생 수를 나누어 편입생 비율이 산정되며, 사립대 가운데 LAC는 제외돼 있다.

구분	대학교	총 학부 학생 수	편입생 수	편입생 비율
1	University of California, Santa Barbara (Public)	22,190	9,261	41.7%
2	University of California, Irvine (Public)	29,310	10,309	35.2%
3	University of California, Davis (Public)	30,150	10,317	34.2%
4	University of California, San Diego (Public)	28,590	9,682	33.9%
5	University of California, Los Angeles (Public)	31,000	5,720	18.5%
6	University of California, Berkeley (Public)	30,570	4,316	14.1%
7	Boston University (Private)	18,080	2,044	11.3%
8	University of Southern California (Private)	20,000	2,143	10.7%
9	University of Florida (Public)	35,250	2,954	8.4%
10	New York University (Private)	26,420	2,014	7.6%
11	University of Texas, Austin (Public)	40,490	3,012	7.4%
12	University of Illinois, Urbana-Champaign (Public)	33,960	2,263	6.664%
13	Northeastern University (Private)	13,830	920	6.652%
14	University of North Carolina, Chapel Hill (Public)	18,860	1,218	6.5%

15	University of Georgia (Public)	28,850	28,850	6.4%
16	University of Wisconsin, Madison (Public)	32,200	1,996	6.199%
17	University of Virginia (Public)	16,660	1,996	6.199%
18	College of William and Mary (Public)	6,290	385	6.121%
19	Pepperdine University (Private)	3,600	214	5.944%
20	Vanderbilt University (Private)	6,890	404	5.864%
21	Cornell University (Private)	14,900	852	5.7%
22	University of Michigan, Ann Arbor (Public)	29,820	1,571	5.3%
23	Brandeis University (Private)	3,600	188	5.2%
24	University of Rochester (Private)	6,550	308	4.7%
25	Tulane University (Private)	6,570	305	4.6423%
26	Georgetown University (Private)	7,460	346	4.6381%
27	Georgia Institute of Technology (Public)	15,570	721	4.6307%
28	Villanova University (Private)	6,970	278	4.0%
29	Emory University (Private)	6,970	256	3.7%
30	Rensselaer Polytechnic Institute (Private)	6,360	223	3.5%
31	Northwestern University (Private)	8,280	282	3.0%
32	Washington University in St. Louis (Private)	7,710	228	3.0%
33	Columbia University (Private)	6,162	170	2.759%

34	University of Notre Dame (Private)	8,580	235	2.739%
35	Boston College (Private)	9,360	230	2.5%
36	Case Western Reserve University (Private)	5,150	114	2.214%
37	University of Pennsylvania (Private)	10,000	221	2.210%
38	Tufts University (Private)	5,540	109	1.97%
39	Johns Hopkins University (Private)	6,100	113	1.85%
40	Wake Forest University (Private)	5,100	92	1.80%
41	Brown University (Private)	7,000	95	1.36%
42	Rice University (Private)	4,000	54	1.35%
43	Duke University (Private)	6,700	80	1.19%
44	Carnegie Mellon University (Private)	6,900	57	0.826%
45	University of Chicago (Private)	6,264	48	0.766%
46	Yale University (Private)	5,746	31	0.540%
47	MIT (Private)	4,547	24	0.528%
48	Stanford University (Private)	7,062	31	0.439%
49	Caltech (Private)	961	3	0.312%
50	Harvard University (Private)	6,766	16	0.237%
51	Dartmouth College (Private)	4,410	4	0.0907%

* Princeton University: 총 학부 학생 수 5,394명이고, 편입생 수 통계 없음

탑 종합 대학들 중 편입생 비율이 가장 적은 대학들, 다트머스, 하버드, 칼텍, 스탠퍼드, MIT, 예일, 시카고, 카네기 멜론 대학은 총 학생 수에 비해 1%도 채 되지 않는 편입생을 받아들이고 있음을 확인할 수 있다.

프린스턴 대학은 2018년부터 정책을 바꾸어 편입생을 받기 시작했기 때문에 2017년 자료에는 통계가 없다. 2018년 자료를 보면 프린스턴의 편입 지원자 수는 1,429명이었고 그중 13명이 합격했으며 9명이 등록했다. 2019년에는 총 1,003명이 편입을 희망하여 지원해서 그중 13명이 합격했으며 매해 합격률은 1% 미만이다.

그런데 총 학생 수 대비 편입생 비율을 말해 주는 위 표에서 상위에 랭크된 UC 계열들 포함 주립대들은, 신입생들의 만족도가 낮아 중도 포기나 다른 곳으로 전학 가는 학생들이 많아서 편입생 비율이 높아진 것만은 아니다. 주립대들은 1학년으로 받아들이는 신입생 수에 비례해서 매년 정해진 비율의 편입생을 같은 주 내의 커뮤니티 칼리지들로부터 의무적으로 받아들여야 하는 법적인 제도가 있다. 그렇기 때문에 편입생의 숫자가 상대적으로 다른 사립대들보다 많다.

그러니 자신이 원하는 대학에 합격하지 못해 차선책을 간구해야 하는 상황이라면, 그리고 그 원했던 대학이 사는 곳의 주립대라면 과감하게 커뮤니티 칼리지로 입학해서 편입을 노려 보는 것도 좋은 전략이 될 것이다. 자신이 사는 주립대의 신입생으로 합격하는 것보다 커뮤니티 칼리지에 우선 들어가서, 받아들여야 하는 편입생 수가 일정 비율 반드시 정해져 있는 주립대로 편입하는 것이 상대적으로 용이할 수 있기 때문이다. 조금은 우회하는 방법이어도 말이다.

아이비나 탑 스쿨들은 편입이라고 해도 커뮤니티 칼리지에서의 편입은 거의 없다고 보면 된다. 그리고 같은 UC 계열 대학끼리 중복 지원은 많을 수 있지만, 일반적으로 편입 지원은 신입 지원과 달리 대학마다 절차와 요구하는 서류 등이 다르기 때문에 주립대에서 사립대들로 지원하는 경우나 중복 지원은 그리 많지 않다는 점도 염두에 둬야 한다.

대형 주립 대학들의 편입생 비율이 많고 학교 규모가 작은 LAC에 정

코넬 대학교 유리스 도서관 ⓒShutterstock

말 소수의 편입생들이 들어가는 것은 어쩌면 당연하다. 사립대 중에서는 USC가 최고로 많은 편입생을 받고 있으며 Boston University, NYU, Northeastern은 천 명이 넘거나 가까운 편입생을 받고 있는데 이는 학교의 규모에 대비되는 면도 있을 것이다.

학교가 크면 다양한 학생들이 모이기 마련이다. 그렇기에 공부를 열심히 하는 아이들이 있는 반면 놀기 좋아하고 부모 등쌀에 떠밀려 온 아이들도 있을 것이기에 학교 전체적으로 학업에 집중하는 분위기가 어려운 면이 있을 수도 있다.

아이비 중에는 코넬이 852명으로 상대적으로 많은 수의 편입생을 받았다. 그런데 코넬은 Transfer Option이라는 제도를 두고 있어서 1년 동안 다른 학교에서 3.0~3.5 학점을 유지하면 편입을 보장(Transfer Guarantee)해 주고 있다. 일종의 조건부 입학으로서 편입 제도를 활용하고 있는 경우이다. 이러한 합법적 제도로 타 학교의 훌륭한 학생들을 미리 점지해 두고 편입시키고 있기 때문에, 일반 편입으로 들어오는 학생의 숫자는 훨씬 적을 것이다.

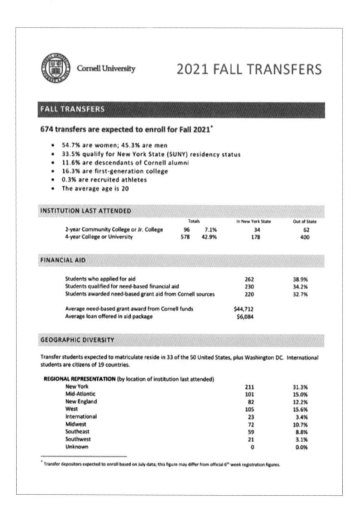

코넬의 편입에 대해 좀 더 살펴보면, 2021년에는 674명의 편입생을 받았다. 앞서 설명한 조건부 편입생을 빼고도 코넬은 뉴욕 주 커뮤니티 칼리지에서 일정 수를 꼭 받아야 하는 지역 특례 편입 제도가 있다. 그러니 일반 편입생 수는 대략 2년제에서 편입한 학생 수와 4년제를 합해 5~10% 정도라고 보여진다.

뉴욕 주 출신 편입이 33.5%로 같은 주 내 대학에서 옮기는 것이 확실히 유리하며 퍼스트 제네레이션 16.3%, 레거시 11.6% 등이다. 약 39% 학생이 저소득에 기반한 재정 보조를 신청했고 그중 88%가 재정 보조를 받은 것으로 나온다. 평균 보조 금액은 44,000불이 넘는데 거기에 학자금 대출을 6,000불 정도 신청할 수 있으니 약 50,000불의 재정 보조를 평균적으로 받을 수 있다.

Northwestern은 아예 매년 편입생을 150명씩 정해진 수대로 받아들이고 있다. 그래서 입학생 수보다 졸업생 수가 150명이 더 많다. 따라서 편입을 원하는 학생들이 이런 학교들을 공략한다면 기회가 좀 더 많을 것이다.

편입생의 합격률(Annual Transfer Acceptance Rate)은 총 편입 지원자 수에서 합격자 수를 나누면 산정되는데, 2019년 아이비리그 학교들의 편입생 합격률을 살펴보면 (ABC순) 브라운 7.7%, 코넬 17%, 컬럼비아 6%, 다트머스 1.6%, 하버드 1%, 프린스턴 0.9%, 유펜 7.6%, 예일 1.8%이다. 학교의 규모나 지역이 영향을 미치는 면도 있겠지만 역시 입시에서도 가장 경쟁률이 센 하버드, 프린스턴, 예일대의 편입 합격률도 낮다는 것을 볼 수 있다. 아이비리그에 편입을 희망한다면 상대적으로 편입 합격률이 높고 편입생을 많이 뽑는 코넬, 유펜, 컬럼비아, 브라운에는 반드시 지원해 보는 것이 좋겠다.

매년 편입 합격률이 2% 이하 대학들은 사실상 편입이 거의 불가능하다고 생각하라고 여러 매체들은 언급하고 있다. 대학 포럼이라는 매체의 자료를 보면 작은 사립대인 LAC까지 포함한 탑 50개 대학들 가운데 편입 합격률이 2% 미만인 학교는 (ABC순) Bowdoin, Caltech, Dartmouth, Harvard, Princeton, Stanford, Yale 대학이다. 합격률이 2.1%~5.0%인 학교는 편입 확률이 있긴 하지만 극도로 어렵다고 하며 Amherst, MIT, Williams가 랭크돼 있다. 합격률이 5.1%~7.0%인 학교는 편입이 아주 많이 어려운 정도로 고려되며 Claremont McKenna, Columbia, Duke, Georgetown, Harvey Mudd, UChicago, Wake Forest, Washington and Lee를 꼽을 수 있다. 합격률이 7.1%~10.0%인 학교는 Brown, Carleton, Carnegie Mellon, Johns Hopkins, Middlebury, UPenn, Pomona로서 편입을 도전해 보면 가능성은 어느 정도 있을 것이며 합격률이 10.1%~15.0%인 Rice, Tufts, Vassar와 15.1%~20.0%인 Cornell, Davidson, Haverford, Northwestern, Swarthmore, Wellesley는 편입을 도전해 볼 만한 긍정적인 확률을 가지고 있다.

20.1%~25.0%의 합격 확률이 있는 Barnard, Brandeis, Case Western Reserve, Colgate, Emory, Hamilton, NYU, Notre Dame, USC, Washu와 25.1%~30.0%의 확률이 있는 Pepperdine, Vanderbilt, Villanova, 30.1%~35.0% 확률인 Boston College, Northeastern, Smith 그리고 35.1% 이상인 Tulane, Boston University, RPI는 편입을 도전해 볼 만한 충분한 학교들이라고 긍정적으로 고려해 보아도 좋을 것이다. 아이비리그 외 다른 탑 사립 대학들에도 편입의 생각이 열려 있다면 이러한 편입 합격률이 비교적 높고 편입생 숫자도 상대적으로 많이 뽑는 Northwestern, Notre Dame, Rice, Vanderbilt, Washu 등에는 꼭 지원해 보는 것이 좋겠다.

참고로 편입 현황은 각 대학의 'Common Data Set(CDS)' 섹션 D에 공개돼 있다. 이렇게 검색을 통해 최대한 많은 편입 자료들을 공부해 보고, 편입이 상대적으로 용이한 대학들을 추린 뒤, 그 가운데 본인의 환경과 조건과 적성에 맞는 대학에 전략적으로 편입 원서를 내 본다면 훨씬 좋은 결과를 가져올 수 있을 것이다.

"미국의 편입 시스템은
보다 견고하고
체계적이라고
할 수 있다."

부록

아이비리그 및
탑 대학 지원+합격 노하우

한국의 자사고에서
유펜 대학 와튼 스쿨 합격

A 학생은 한국의 한 자율형 사립 고등학교 국제 과정을 졸업했고, 조기 전형으로 미국 아이비리그 가운데 하나인 유펜 대학(University of Pennsylvania)의 와튼 스쿨(Wharton School)에 합격했다. A 학생만의 특별한 아이비리그 합격 노하우를 알아보자.

유펜 대학의 와튼 스쿨은 미국 비즈니스 스쿨 가운데 1위를 선점하고 있다. 현재 미국 학부 과정을 보면 비즈니스를 특정해서 전공으로 제공하는 대학들이 많지 않기 때문에 비즈니스 전공이 있는 대학의 인기는 그 희소성으로 인해 굉장히 높은 편이고, 그래서 와튼 스쿨의 위상은 더욱 클 수밖에 없다.

A 학생은 이 특별한 전공 과정에 진학하고자 4년간의 고등학교 생활에서 관심 영역과 활동을 좁혀 나가되 심도 있게 발전시켜 나갔다. 합격을 위한 테마를 '전 세계 어린이들의 더 나은 삶을 보장하기 위해 비즈니스와 사회적 가치를 통합'하는 것으로 잡고, 그에 따른 관심과 활동의 포커스를 키워 나가며 선택과 집중을 극대화시켰다.

우선, 아카데믹한 주제를 인권과 노동학, 발달심리학, 시장 경제와 경영학 등으로 세분화시켰다. 그리고 대중 연설(Public Speech)과 본인의 강점인 수학에서의 스펙을 키워 나갔다.

세계 어린이들의 권익을 보장하고 보호하는 일을 전공의 테마로 잡은 만큼 퍼블릭 스피킹에서의 교내외 활동 및 수상은 그 특별한 테마를 설파하는 데 중요한 역할을 했고, 와튼 스쿨이 경제·경영 단과대인만큼 수학을 기반한 활동 및 수상 내역들은 큰 장점(Hook)으로 작용했다.

그에 따른 교내외 액티비티들은, 9학년에 어린이 노동을 다루는 Social Awareness Club 활동을 시작으로 National Social Campaign으로 확장시켰다. 또한 MUN Club에서 회장과 편집장, Mock Trial Team 리더로 리더십을 발휘했다.

MUN(Model United Nation의 준말)은 모의 유엔 활동으로 문과 쪽 전공을 희망하는 학생들의 대표적인 과외 활동이다. 국가, 조직, 외교, 국제 관계 등을 배우고 토론과 모의 회의를 통해 비판적 사고와 팀워크, 문제 해결 능력 등을 키울 수 있는데, 고등학교 수업으로도 활용되고 나아가 대학에서 모델 UN 클럽까지 확장되는 대표적이고 영향력 있는 EC이다.

Mock Trial Club은 모의 재판 활동을 하는 대표적인 Debate 클럽으로서, 대중 연설 능력을 키우는 동시에 연설문 쓰기의 전문성을 훈련할 수 있기 때문에 많은 고등학교에서 채택하고 있는 클럽이고 이 모의 재판 대회에서의 수상은 큰 EC로 작용할 수 있다.

수학 분야에서는 AMC 10과 12에서 차례로 AMIE에 퀄리파이되었다. 그리고 인권, 노동학, 시장 경제, 근현대 역사 등의 다양한 주제에 관한 소논문들도 다수 작성하였다.

수상 활동 내역은 다음과 같다.

AWARDS AND HONORS

- Grand Prize, FedEx-JA International Trade Challenge Asia Pacific — *Aug.2021*
- Gold Medal, Business Division, GENIUS Olympiad — *Jun. 2021*
- 2nd place, PSA Pair Division, World Individual Debating and Public Speaking Comp. — *Apr.2021*
- 1st Place in Debate Division, 3rd place in Original Oratory, National Representative, 15th Korea Public Speaking Championship — *Nov.2020*
- Certificate of Commitment by Ministry of Youth and Sports, The Republic of South Sudan — *Sep.2020*
- Bodley Silver Award, 8th Oxford Youth Writing Challenge — *Aug.2020*
- Sri Lanka Embassy Award, HOBY Global Youth Diplomatic Forum — *Jan.2020*
- Best Delegate, Yonsei University Model United Nations — *Jan.2020*
- 2nd Best Speaker, Cornell-Yonsei Debate Invitational — *Jul.2019*
- School Academic Excellence Award — *2020,2021*
- Gold Prize, School Mathematics Competition — *Jul.2021*
- AIME Qualifier, American Mathematics Competition 12 — *2021*
- Honor Roll & AIME Qualifier, American Mathematics Competition 10 — *2020*

이렇게 확고하고 특별한 주제와 그에 포커스한 풍부하고도 심도 있는 과외 활동과 리서치, 수상 등이 전체적으로 어우러져 아이비리그에서 원하는 인재상에 도달할 수 있었다.

그런데 이보다 더 전제되는 것은 정량적인 수치로 평가받은 GPA와 AP 그리고 SAT 점수이다.

A 학생의 경우 총 7과목(핵심 과목인 영어, 수학, 과학에서 English Literature, Language, Calculus BC, Statistics, Chemistry 그리고 선택 과목에서 본인 전공을 고려해 Macro · Micro Economics(거시 · 미시 경제학))의 난이도 높은 AP 과목들을 수강하며 높은 Weighted GPA를 성취했고 SAT는 1,570점을 받았다.

SAT는 1,500점만 넘어도 아이비리그 지원에는 손색이 없는 고득점이라고 할 수 있다. 칼리지보드에서 주관하는 AP 시험에서는 거의 대부분 5점 만점을 받았는데, 이는 입학 지원서에서 절대적인 평가 요소는 아니지만 대학 과목을 고등학교 과정에서 완벽하게 수학하고 끝냈다는 증명이 될 수 있기 때문에 아이비리그 지원자라면 결코 소홀히 할 수 없는 항목이라고 할 수 있다.

A 학생의 유펜 대학 합격은 우연히 혹은 운이 좋아서라는 수식을 조금이라도 붙일 수 없는, 철저히 계산되고 계획된 그림하에 전개된 시나리오의 성공이라고 볼 수 있다. 학과 공부와 표준 테스트를 완벽하게 해 나가면서 전공에 대한 흥미로운 주제를 잡아 클럽 활동, 리서치, 대회 수상 등을 통해 본인의 스펙을 그 주제에 맞게 풍부하고 전문적으로 쌓아 갔다.

문과를 희망하는 많은 학생들이 비즈니스 스쿨을 지원하고자 목표로 한다. 학문의 실용성과 다양성 측면에서 보면 굉장히 매력적이고 생산적인 전공인 반면, 학문의 범위가 넓다 보니 일반적이고 막연할 수도 있다. 꼭 비즈니스 전공을 염두에 두고 있지 않더라도, 문과 지망생이라면 A 학생의 매력적이고도 전문적인 아젠다들을 참고해 보기 바란다.

학과 공부를 성실하게 해 나가면서 본인만의 특정한 주제를 잡아 목표를 세우고 활동을 짜임새 있게 해 나간다면 분명 좋은 결과를 만들 수 있을 것이다.

한국의 국제고에서
영국 캠브리지 대학 자연과학부 합격

우선 이 책에서는 미국 입시를 주제로 다루고 있지만 미국에서 학교를 다니는 현지 학생이든지 제 3국가의 다양한 형태의 학교를 다니는 국외 학생이든지, 미국 입시를 준비한다면 한국의 특례 입시도 고려해 보는 것이 하나의 대안일 수 있다. 또 이들과 더불어 한국 내에서 미국 입시를 준비하는 수험생이라면 영미권 다른 국가들의 대학들도 고려해 볼 수 있다.

물론 한국 대학을 염두에 둔다면 이중 언어 구사가 거의 완벽해야 한다는 전제가 있어야 하고, 영미권 다른 국가들 경우라면 미국의 학제에서 보편적으로 다루지 않는 교과 과정이라든지 표준 테스트 등을 따로 준비해야 하는 어려움이 있다.

무엇보다 나라마다 대학에서 요구하는 인재상이나 중점을 두고 평가하는 요소들이 다르기 때문에, 단지 영어를 사용하는 영미권 국가라고 해서 입시 내용과 절차가 같다고 볼 수는 없다. 하지만 미국 입시를 준비하며 확장해서 목표를 세우고 조금 부지런하게 자료를 모으고 준비한다면 일석이조의 결과를 낳을 가능성을 기대할 수 있다. 그리고 아예 특정 영미권 국가의 명문대만을 목표로 삼아 집중적으로 그에 걸맞은 지원 내용을 쌓아 가는 것도 의외의 성과를 기대할 수도 있을 것이다.

B 학생은 한국의 한 국제학교를 졸업했고, 일반 전형으로 세계적인 명문이자 영국의 탑 대학인 캠브리지 대학(University of Cambridge)의 BA(Cantab), 전공은 자연과학(Natural Science)에 합격했다. 이제 여기 B 학생만의 내신 관리와 공부법, 스토리 디자인 노하우를 통해 특별한 영국 대학 합격 노하우를 소개해 보려고 한다.

B 학생의 캠브리지 대학의 합격 비법을 살펴보기 전, 영국 대학을 지원함에 있어 미국 대학 입시와는 크게 다른 차별점을 인지해야 한다.

제일 중요한 점은, 미국 대학들은 학력과 학과 외 활동을 통해 전반적이고 전인적인 평가(Holistic Review)를 하는 반면 영국 대학들은 학교 성적, 입학 시험 그리고 인터뷰를 통한 학력 평가(Merit Base)를 중점으로 평가한다는 사실이다.

특히 소위 '옥스브리지(Oxbridge)'라고 통칭되는 옥스퍼드와 캠브리지 대학의 경우라면 더욱 그렇다. AP 과목들은 난이도 높은 것들 중심으로 많을수록 유리하고, AP 공인 점수는 각 과목 모두 5점을 맞는 것을 목표로 해야 한다. 11월에 치러지는 대학교 자체 시험 성적 역시 중요하다.

하지만 이 시험보다 훨씬 중요한 것은 Admissions Test라고 불리는 면접이다. 이 면접은 과목마다 세부 명칭이 따로 있는데, 예를 들어 캠브리지 대학의 자연과학부는 NSAA, 수학은 STEP 등이다. 만약 물리학과에 지원했다면 Physics Aptitude Test를 보아야 하는데, 만약 고등학교에서 A Level 과정을 수강하고 있다면 A Level Physics와 Math 과정에서 70점 이상을 맞은 학생들에게만 인터뷰 자격이 주어진다.

IB나 AP 과정을 채택하고 있는 학교에 다니고 있다면, 지원하는 대학이 이 교육 과정의 과목들에 부여한 커트 라인 점수를 넘어야 면접을 볼 수 있다.

캠브리지와 옥스퍼드는 이 인터뷰가 모든 전공에 있어서 필수이고 임페리얼 칼리지는 특정 과들만 보도록 되어 있다. 입학 사정관과 함께 진행되면서 대학과 전공에 대한 지원 동기를 묻는 일반 인터뷰 경우 생략되기도 하지만, 교수와 진행되는 아카데믹 인터뷰는 필수적이다.

여기서 교수는 학업에 대한 깊고 근본적인 질문을 던지는데 점점 그 강도가 높아져 궁극에는 대학 전공 수준의 내용으로까지 나아간다. 인터뷰어는 답이 아닌 얼마나 논리적이고 비판적 사고를 하는지 그 사고 방식에 초점을 두고 평가한다.

지원하는 대학에 자신이 얼마나 잘 맞는지(Good Match/Fit)에 대해서 어필하는 주제로 쓰는, 4,000자 분량의 자기소개서도 옥스브리지 입시에서 중요도가 매우 높다. 캠브리지와 옥스퍼드 대학의 웹사이트에 따르면, 자신이 그 대학과 그 전공을 왜 선택하고 공부하고 싶은지 서술하며 자신의 열정을 잘 드러내야 한다고 말하고 있다. 또한 전공하려는 과목들과 관련한 그간 활동들을 구체적으로 진술하면서 자신의 기술적인 능력을 어필하는 것이 좋다고 한다.

이외에 아카데믹한 리서치 활동이나 지원하는 전공과 연관된 수상 실적이 있다면 도움이 되지만, 미국 탑 대학들에서 원하는 소위 EC라 불리는 음악, 미술 등 예술 활동과 스포츠 및 봉사 활동 등은 그렇게 중요한 평가 요소는 아니다. 이렇게 영국 입시에서의 관건은, 정량적 평가인 성적들과 인터뷰, 자기소개서 그리고 교사 추천서라고 볼 수 있다.

B 학생은 영국식 학제를 채택한 학교에 다녔기 때문에 IB 과정을 이수했다. IB는 International Baccalaureate의 약자로서 유럽식 커리큘럼인데, 일반 고등학교에서 배우는 내용을 넘어선 대학 수준의 교육 과정이라는 점에서 AP 과정들과 비견될 만하다. 하지만 대학 입학 후 전

문성을 탐구하고 그 능력을 발휘할 역량을 성장시켜 주는 것을 목표로 삼기 때문에 AP에 비해서 철학적이고 아카데믹한 개념을 바탕으로 연구, 논의, 에세이, 발표 등 다양하고 깊이 있는 활동들을 요구하고 평가한다. 그래서 학생들의 할 일은 그만큼 훨씬 많은 영역들을 포함한다고 볼 수 있다.

IB에서 고등학교 커리큘럼은 DP(Diploma Programme)이라고 불리는데, 이 DP 커리큘럼의 여섯 가지 교과 그룹 가운데 한 과목씩을 각각 선택해서 총 여섯 과목을 2년간 이수해야 한다. 이 여섯 과목은 총 7점 만점이고, 이 과목들 외에 지식론(TOK), 과제 논문(EE) 그리고 창조성과 봉사 등을 평가(CAS)해서 총 3점을 가산하여 전체 45점이 만점이다. 여기서 24점 이상을 받아야 IBDP 자격을 취득할 수 있다.

제공되는 정규 과정은 SL(Standard Level)과 HL(Higher Level)로 나뉘는데, SL은 150시간 이상, HL은 240시간 이상을 이수해야 한다.

HL은 SL보다 난이도가 높으며 좀 더 깊이 있고 응용적인 내용들을 포함한다. 학생들은 이 두 과정 가운데 하나를 택해서 교육받고 시험을 치르게 되는데, 희망하는 전공 분야의 과목은 HL을 선택해 그 관심도를 보여 주면서 좋은 결과를 얻기 위해 노력했다는 점을 어필하는 것이 좋다.

B 학생은 자연과학 전공을 희망했기 때문에 수학, 화학, 생물학은 HL 과정을, 영어, 한국어, 사회 과목은 SL 과정을 선택했다. 각 과목 모두 7점을 받아서 합 42점, 거기에 TOK, EE, CAS는 각 A를 받아 각 1점씩 주요 교과목 42점에 총 3점이 더해져 총합 45점 만점에 45점을 받았다.

많은 학과목들의 클럽을 만들고 회장(Founder and Chair)을 역임했으며, Baseball Squad에서는 주장으로 활약했다. 이러한 완벽한 학교 성적과 교과와 연계된 클럽 활동 그리고 스포츠 활동을 바탕으로 B 학생은 캠브리지 대학 외에 복수의 의과 대학들에도 합격했다.

그러면 B 학생만의 특별한 내신 관리와 공부법은 무엇이었을까?

우선 공부의 가장 기본 과정에 충실했다. 예습을 한 뒤 학습(개념 정리), 학습 뒤에 복습, 이 공부의 3요소 과정을 충실히 지킨 것이 핵심이다. 이는 메타인지 학습법과도 닿아 있는데, 자신이 모르는 것을 인지하고 스스로 학습 상태를 점검하면서 부족한 부분을 채워 나가는, 소위 자기 주도 학습 능력과도 맥락이 상통한다. 아이가 공부하면서 학습 효과가 가장 높은 때는, 친구가 질문을 해서 친구에게 그 답을 이해시키기 위해 설명할 때라고 한다.

이렇게 메타인지 능력은 자신이 아는 것과 모르는 것을 확실히 인지하고, 모르는 것을 피드백 학습을 통해 재인지하며, 아는 것은 말로 설명할 수 있을 때까지 각인 효과와 재구조화를 시키는 것이다. 즉, 예습을 하며 모르는 것을 인지하고 학습 뒤 복습을 통해 이 메타인지를 극대화시켜 나간 것이다.

Topic		예습	학습	복습
7. Nucleic Acids	1. DNA Structure	Bioninja, Oxf. RG ③	Oxford 4/7 ⑧	5/12 ⑨ 7/11 ⑦ 9/2 ⑨
	2. Transcription	Bioninja, Oxf. RG ②	Oxford 4/11 ⑦	5/12 ⑥ 7/11 ⑦ 9/2 ⑧
	3. Translation	Bioninja, Pears RG ③	Pearson 4/13 ⑦	5/14 ⑦ 7/15 ⑦ 9/2 ⑦
8. Metabolism	1. metabolism	Bioninja ⑤	Oxford 6/10 ②	8/11 ⑥ 9/15 ⑦ 11/10 ⑦
	2. Cell resp.	Bioninja, Oxf RG ②	Oxf, Cam 6/12 ⑧	8/13 ④ 9/10 ⑦ 12/10 ⑦
	3. Photos.	Bioninja, oxf RG ②	oxf, cam 6/21 ⑧	8/20 ⑤ 10/5 ⑦ 12/5 ⑥
9. Plant Bio	1. Xylem	Pears RG ④	Pearson 8/5 ⑨	10/1 ⑥ 11/15 ⑦ 1/4 ⑨
	2. phloem	Pears RG ⑤	Pearson 8/5 ⑧	10/1 ⑥ 11/15 ⑦ 1/4 ⑧
	3. growth	Pears RG ⑤	Pearson 8/11 ⑨	10/5 ⑦ 11/21 ⑥ 1/3 ⑨
	4. Reproduction	Pears RG ④	Pearson 8/11 ⑨	10/5 ⑦ 11/21 ⑦ 1/5 ⑧

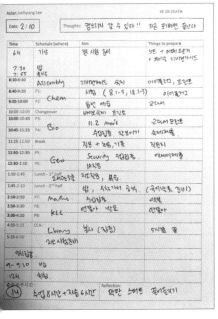

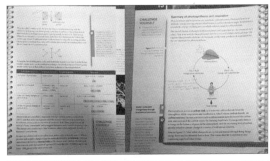

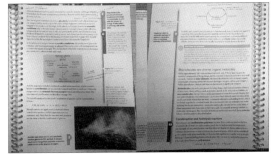

B 학생은 계획표를 아주 디테일하게 세우는 것으로 공부 과정을 시작했다. 학과목당 공부해야 하는 토픽을 세분화하고 예습, 학습, 복습 항목을 만들어 그에 따른 교재와 일정 역시 세밀하게 계획했다.

그리고 이 공부 과정을 진행해 가면서 거의 책을 만들 듯 노트 필기를 해 나갔다. 필요하면 그림과 도표를 그리고 통계를 활용하면서 자기만의 완벽한 노트를 만들어 간 것이다. 이런 철저한 계획과 노트 필기를 통한 학습, 그리고 꼼꼼한 복습으로 마무리하면서 B 학생은 내신 관리의 끝판왕이 되었다.

B 학생은 교사를 내 편으로 만드는 것이 내신 관리의 노하우라고도 귀띔한다. 부족하거나 의문 나는 점들은 수시로 찾아가 질문하고 서포트를 부탁했다. 그리고 좀 더 깊은 토론을 위해 미팅을 제안하기도 했다. 교

사를 자주 찾아가는 학생을 교사는 귀찮아할 수도 있다고 생각하지만 실제로는 그 반대이다. 교사에게 그런 학생은 공부에 진심, 대학 준비에 진심인 특별한 학생으로 기억되고 아낌 없는 지원을 해주고 싶은 마음이 들게 한다. 그것이 교사의 본분이고 보람이기 때문이 아닐까?

B 학생의 합격 성공 열쇠는 철저한 '내신 관리'와 정도를 잘 지킨 '공부법'에 바탕을 둔다. 그런데 세계의 내로라하는 학생들이 모여드는 아이비리그라든지 영미권 명문 대학들의 합격률을 보면 적게는 3%에서 많아야 8%이다. 얼마나 많은 학생들이 거의 완벽에 가까운 성적을 가지고 있겠는가 말이다. 그 적은 합격률 안에 내가 주인공이 되려면, 다른 학생이 아닌 나를 뽑게 만드는 무엇인가가 필요하다. 그것은 '나만의 특별한 스토리'를 만들어 내는 것이다.

내신이나 입학 시험 등 표준 테스트로 매겨지는 정량적인 점수에 더해, 나를 돋보이게 하는 지적이고도 인간적인 수준 높은 활동에 대한 스토리가 필요한데, B 학생은 그 스토리를 멋지게 디자인해서 이루어 냈고, 이것이 그의 합격의 비결이자 화룡점정이었다고 생각한다.

- Korea Science Olympics, Bronze (Physics)
- International Biology Olympiad, Gold
- British Biology Olympiad, Gold
- ABRSM, Grade 8 violin
- Many other awards
- Many Internships, lab experience
- Bioscience, Philosophy, Ethics Society (Founder, Chair)
- Korean Politics & Modern History Society (Founder, Chair)
- "Save the Blind" Community service team (Founder, Chair)
- Baseball squad, Baseball Committee (Founder, Captain)
- Orchestra (First violinist)
- Library service (Volunteer)
- Nursing home (Volunteer)
- Violin / Viola / String quartets / Composition, etc. music related groups
- Many other societies / activities
- 20+ Lectures in school library

위는 B 학생의 비교과 활동(EC) 내역이다. 의학 혹은 과학 전공을 희망하는 데 초점을 맞추어 생물학을 위시한 각종 과학 분야 경시대회들 수상, 클럽 활동들 그리고 그 주제를 심화시키는 연구실 인턴십과 봉사 활동들이 주축을 이루고 있고, 악기와 스포츠 활동도 놓치지 않고 있다.

어떻게 고등학교 4년 동안 이 많은 것들을 소화해 냈을까? 궁금증을 자아낼 정도로 입이 떡 벌어지는 활동들이지만, 어찌 보면 탑 대학 합격생들 특히 프리 메드(의과 대학원에 진학하기 위해 들어야 하는 필수 의·과학 과목들) 과정을 희망하는 학생들이 가지고 있는 정형화된 스펙들의 총집합이라고 보일 수도 있다.

그런데 "Save the Blind" 즉 시각 장애인들을 위한 사회 봉사 단체를 설립하고 이끌었다는 항목을 주의 깊게 보자. 이것이 B 학생의 합격 스토리를 빛나게 해 준 디자인의 첫 단추이다.

B 학생은 지역 양로원에서 봉사 활동을 꾸준히 해 왔는데, 그때 시각 장애인을 돌보는 경험을 하게 된다. 시각 장애인들이 일상생활에서 어떤 불편함을 겪는지 느끼는 계기가 되었고, B 학생은 지역 양로원들과 병원들을 방문하여 시각 장애인들을 인터뷰하기 시작한다. "무엇이 힘들고 어떤 게 필요하세요?" 그들에게 필요하지만 학생으로서 실질적으로 도울 수 있는 일을 찾아 보고자 했던 여정에서 그 답들을 모으고 내린 결과는, '그들에게 오디오북을 만들어 주는 일'이었다.

B 학생은 책을 타이핑해서 오디오 파일로 변환하여 전자 도서관에 배치하는 일을 전담하는 서비스팀을 발족하고 한국 정부 기관 가운데 한 곳에 프로젝트를 제안했다. 이렇게 3년을 봉사하면서 그는 그들의 생활적 편의를 돕는 육체적이고 물리적인 봉사 외에 그들의 인생에 근본적으로 필요한 '시각 회복'을 도우려면 연구가 필요하다는 사실을 절감했다.

그래서 여러 리서치를 시작했고 옥스퍼드 대학에서 개발한 '스마트 안경'을 접하게 된다. 그 발명품이 시각 장애인들에게 미치는 긍정적인 영향과 함께 부족한 점을 깨닫고 환자들의 면역력, 바이러스 문제, 유전자 치료 들을 연구해 나가며 이 분야 연구 권위자이자 망막신경과 전문의를 찾아 시각 회복에 필요한 망막 이식 기술과 스마트 안경 개발, 줄기 세포 치료 등에 대한 자문을 얻기도 하였다.

이렇게 B 학생은 본인의 영역에서 가능한 일들을 찾아서 실행했고 발전시켜서 고등학생으로서는 접근하기 어려운 수준의 연구 방향과 리서치로까지 이끌어 냈다. 이는 시각 장애인을 돕고 그들의 삶을 변화시킬 수 있는 근본적인 방법을 찾는 일이었고, B 학생의 비전을 이루기 위해 해온 노력들이었다. 교과 과정에서의 성실한 공부를 기본으로 연계 클럽 활동, 봉사 활동, 리서치까지 아우르는 스토리를 멋지게 디자인한 결과물은 탑 대학들의 합격이라는 선물이었다.

한국의 자사고에서 미국 에모리 대학과 일본 와세다 및 동경 대학 합격

앞서 B 학생은 미국 대학은 아예 고려하지 않고 영어권 유럽과 호주 대학들을 공략했다. 호주는 과거 영국 식민지였던 관계로 영국식 영어와 학제, 입시 제도 등을 지금까지 계승하고 있다. 그래서 대학 지원을 준비하는 입장에서는 미국과 영국을 묶는 것보다 영국, 아일랜드, 호주, 뉴질랜드 대학들을 후보에 놓고 도전하는 것이 좀 더 수월할 수 있다.

C 학생은 한국의 한 자율형 사립고등학교 국제 과정을 졸업했고, 미국의 탑 명문 대학 가운데 하나인 에모리 대학(Emory University) 애틀랜타 캠퍼스의 Art and Science 단과대 소속인 영화와 미디어(Film and Media) 전공에 합격했다. 그와 동시에 일본 와세다 대학 국제학부와 정치경제학부 그리고 동경 대학의 국제학부의 Peak Program에 합격했다. 특히 와세다 대학에서는 전액 장학금을 제공받는 조건으로 합격하는 쾌거를 이루었다.

C 학생은 미국에 지원할 대학 후보들 가운데 최종적으로 에모리 대학을 특정했다. 무엇보다 "Cor Prudentis Possidebit Scientiam: 총명한 마음이 지식을 추구할 것이다"라는 대학의 학훈이 와 닿았고, 대학에 대해 깊이 있는 리서치를 해 보면서 실존적인 연구 분위기와 학풍이

본인과 잘 맞을 것 같다는 결론을 내리게 되었다. 이에 대해서는 에세이를 쓰면서 에모리 대학에 본인이 얼마나 잘 맞는지를 충분히 어필했다.

C 학생 역시 대학을 지원함에 있어 중심 테마(Core Theme)를 잡고 그를 뒷받침하는 스토리텔링을 액티비티와 에세이 작성을 통해 만들어 나갔다. 중심 테마를 잡되 교과, 비교과 활동 속에서 그 테마와의 일관성과 연관성을 가장 큰 염두에 두고 작업을 해 나갔다. 중요한 점은 '하나의 테마에 기반을 두어야 한다'는 것이고, 여러 방면에서 '진정한 나'를 보여주되 중심 테마와의 일관성과 연관성을 잃지 않는 것, 이 기조가 가장 기본 바탕이었다.

C 학생이 고등학교에 입학해서 가장 처음 한 일은 학년별 로드맵을 세우는 것이었다.

▶ 9학년 – 본인이 무엇을 좋아하고 잘하는지 탐색하기
▶ 10학년 – 관심 있는 분야에 대해 집중적으로 공부하고 다양한 경험 쌓기
  예) 리서치 프로그램 참여하기, 여름 캠프
▶ 11학년 – 특정한 방향성을 정하고 나만의 EC 쌓기
▶ 12학년 – 에세이를 구상하며 부족한 EC 채우기

C 학생은 이 로드맵대로 9학년에 본인이 좋아하는 것들을 탐색하고 그것들을 탐구해 나갔다. 10학년까지 많은 공부를 해 본 뒤에 비로소 특정한 방향성을 잡을 수 있었다. 중심 테마는 '미디어의 사회적 영향'으로 구상했다. '나는 미디어를 공부해서 어떻게 사회에 기여할 것인가?'가 자신에게 던진 처음 질문이었고 미디어의 영향이 한 사회 집단에 어떠한 정치적, 심리적 결과를 초래하는지, 미디어가 어떻게 사회 소외 계층의 목소리를 대변하고 그 목소리를 높일 수 있게 만들지 고민하는 것을 세

부 주제로 잡았다.

중심 테마의 화두를 발전시키고 채워 나가기 위해서 11학년부터 차근차근 성과들을 맺어 나갔다. 우선 아카데믹한 활동으로는 저널리즘 클럽 회장을 10학년~12학년 3년 동안 맡으면서 학술적인 연구와 토론, 논문 들을 해 나갔다. 대표 논문으로는 12학년에 발표한 〈심리적, 정치적 관점을 바탕으로 유튜브와 다양한 뉴스 웹사이트의 알고리즘 시스템에 의해 계발된 에코 챔버의 분석〉이 있다.

에코 챔버란, 본인의 의견을 반영하고 강화시킬 수 있는 정보나 의견만을 접하는 환경을 말한다. 비교과 활동 즉 EC는 10학년 때부터 본격적으로 해 나갔는데, 학교 방송부 회장을 3년간 맡아서 학교 행사들을 주관했고 학생들과 선생님들을 인터뷰하고 사진을 찍어 교내 잡지에 실었다.

또한 코로나 시기 '사회적 거리 두기' 캠페인과 코로나로부터의 정신적 릴렉스와 극복을 위해 인스타그램 해시태그 챌린지를 구상하고 실행했다. 11학년 때는 유엔 전문가 훈련 프로그램에 참여해서 강의, 포럼 등을 듣고 독일 상임대표를 인터뷰하고 보고서를 작성했다. 3년 동안 양로원 봉사를 했고, 옥스퍼드 청소년 작문 대회, 에세이 대회, 스피치 대회 등에서 수상했고, MUN(Model 최고 대표자로 선정되었다.

C 학생이 공을 들인 부분은 에세이였다. 보통 12학년 새 학기가 시작되고 조기 전형 원서를 지원할 때쯤 부랴부랴 에세이 주제를 정하고 쓰는 학생들이 태반인데, C 학생은 본인이 주제로 잡은 '미디어의 사회적 영향' 테마를 여러 교내외 활동과 봉사, 대회 수상 등을 통해 실현화시켜 가면서 동시에 그것을 에세이에 어떻게 잘 녹여낼지 미리미리 구상했다.

개인적으로 성장의 시기가 됐던 터닝 포인트, 자신과 타인에 대한 새로운 이해를 하게 된 계기와 사건, 성취와 깨달음 등을 자신의 성격과 개성이 드러나게 진술하게 기록했다. 에세이의 가장 전형적인 내용인 '역경을 극복'하는 등의 주제는 피했고 추상적인 관념 대신 명시적인 내용들을 담아 냈다. 에세이를 어렵거나 거창하게 생각하지 않고 자신이 단계별로 성취한 모든 액티비티들의 근본과 의도와 진행 내용들을 스토리텔링하는 마음으로 써 나간 것이 입시에 좋은 영향을 미쳤다고 생각한다.

일본 대학들은 미국 대학과 지원 과정이 다소 상이한데, 와세다 대학 경우는 인터뷰 과정 없이 서류 전형만으로, 동경 대학 경우는 통상 리크루트팀을 서울에서 만나 인터뷰를 진행한 뒤 합격 통보를 받게 된다. C 학생의 경우 코로나 상황으로 대면 인터뷰 대신 줌으로 온라인 인터뷰를 진행했다.

일본 대학의 입시 전략도 미국과는 다르다. SAT나 AP 등 표준 테스트의 성적이 완벽할 필요는 없다. 너무 높은 성적을 준비하려 시간을 쓰기보다는 적정 수준의 점수를 보유하는 정도에 만족하고, 나머지 시간은 자신이 선택할 전공과 관련한 대회들에 참여해서 수상 실적을 만드는 것이 유리하다. C 학생은 국제학부였기 때문에 MUN이나 말하기 콘테스트 등에 참여하여 입상하도록 노력했다.

일본 명문대들은 무엇보다 에세이를 중요한 평가 요소로 삼는다. 자신의 아카데믹한 관심 주제와 관련 지어 심도 있는 에세이를 전개시켜야 하는데, 동경 대학 경우는 에세이 주제가 매년 다르고 매우 추상적인 것이 특징이다.

C 학생은 동경 대학의 '미래가 이전의 것들과 어떻게 다른지 논의하라'는 에세이 주제에 대해서, 지금까지 과학과 기술의 발전을 통해 불가능하다고 생각했던 것들을 성취해 온 현재의 '과잉'에 대해서 지적하고 이 변화의 과잉으로 인해 역설적으로 우리의 미래는 새로운 것의 발명, 진보, 개발 대신 과거의 것들을 반추하고 반영하는 미래가 될 것으로 논

의를 이끌어 나갔다.

소셜 네트워크가 발달하여 인간관계가 신속하고 복잡해진 현실, 암도 완치시키는 찬란한 현대 의학의 현실, 온라인 미디어의 위대한 문화 혁명의 현실이 미래에 가속화되는 것이 아니라 사람들은 이런 과도한 발전의 반작용을 의식하여, 오히려 우리의 미래는 덜 생산적이고, 더 느리고, 조금 더 불편한 것으로 돌아가기 위해 과거를 되새김질할 것이라는 논지이다.

메타버스로 가상세계에서의 편리와 이점을 누리는 대신 전통적인 인간관계와 프라이버시가 위협을 당하는 미래는 그 가속화를 멈추고 반대로 과거로 되돌아가는 '새로운 진보'를 택하게 될 것이라는 것, 이렇게 철학적인 에세이 주제를 자신의 미디어 테마에 맞추어 인문학적인 역발상 견해를 내놓은 점에서 에세이 점수에 있어 우위를 선점했을 것이다.

일본 대학들의 인터뷰 주제 역시 에세이만큼 만만치 않게 추상적이다. 미국 대학들의 인터뷰는 입시 결과에 절대적으로 작용하지도 않고 전공과 관련된 실제 지식을 아는지 평가하는 요소가 아닌 데 반해, 일본 대학들의 인터뷰는 지원 학생의 특정 주제에 대한 견해를 심도 있게 질문한다. 예를 들어, 우리 사회에서 발생하는 쟁론들이 사회제도에 어떠한 결과를 가져오는지 혹은 그 쟁론들이 사회의 발전을 위해 꼭 필요한지, 기업들이 국가들 간의 정치적 사회적 관계에 어떠한 영향을 끼치는지 등이 그것이다.

C 학생의 미국 에모리대와 일본 와세다대, 동경대 합격은, 미국과 일본 대학들의 입시 차이를 철저히 분석하는 것에서 시작해서 학과 성적, 표준 테스트 성적, 교내외 활동, 봉사와 수상 그리고 에세이와 인터뷰까지 찬찬히 준비하고 실행하는 것으로 마무리했다.

4년 동안의 학교 생활이 한마디로 '조화로운 입시 준비의 여정'이었다고 할 수 있다. 다른 학생들의 합격 스토리에서 보여지는 것처럼 C 학생도 대학에서 전공할 학과를 선정한 뒤 그에 맞고 자신이 흥미 있는 주제를 잡아 일관성과 연관성을 가지고 각 활동들을 실행해 나갔다. 그 조화로운 결과물들이 원하는 대학에 합격하는 성공을 만들어낸 것이다.

미국의 공립 고등학교에서 프린스턴 대학 공대 합격

앞서 세 학생이 한국에서 고등학교를 다니며 해외 입시를 준비하고 합격한 사례들과 달리, 이번에는 미국 내의 공립 고등학교를 다니고 아이비리그에 합격한 사례를 소개하고자 한다.

D 학생은 미 동부 비교적 학군이 안정적인 지역의 공립 학교를 전교 1등(Valedictorian)으로 졸업하고 프린스턴 대학 공과대학에 합격했다. 전공은 Chemical and Biological Engineering이다. 통상 아이비리그들은 단과대를 지원하고 상세 전공은 정하지 않아도 괜찮지만 D 학생 경우 지원서에 전공을 특정해서 내고 합격했다.

프린스턴 외에도 듀크대(Duke), 에모리대(Emory), 웰즐리(Wellesley), 보스턴 칼리지(Boston College), 놀스이스턴(Northeastern)에도 합격했지만 최종 등록은 프린스턴 대학으로 결정했다. D 학생이 Commit을 하지는 않았지만 이 학교들 모두 탑 순위권 안에 드는 명문 대학들이고, 웰즐리(Wellesley)는 윌리엄스(Williams)와 더불어 탑 리버럴 아츠 칼리지(LAC)이다.

D 학생은 자신의 합격 비결을 한마디로 '학교 생활을 충실하게, 정말 성실하게 한 것'이라고 말한다. Unweighted GPA가 4.0 만점에 4.0이

고 Weighted GPA 또한 4.5 만점에 4.5이다.

참고로 학교마다 점수 체계라든지 GPA를 산정하는 기준이 저마다 다르고 각 지역 입학 사정관들은 이 학교마다의 기준을 속속들이 알고 있다. 그러니 평가 체계나 기준이 다르다고 해서 걱정할 필요는 전혀 없다.

D 학생의 학교는 특이하게 A+ 점수가 없다. 그래서 4.0 만점에 4.0은 4년 내내 각 과목 모두 A를 받았다는 뜻이다. Weighted GPA 또한 다소 특이하게 Honors와 AP 수업에 동일한 가산점을 주는 방식으로 계산을 한다. 그래서 D 학생은 4년 내내 Honors와 AP 수업만을 들었고 각 과목 모두 A를 받았기 때문에 Weighted 또한 4.50/4.50이다.

이 사실만 보더라도 얼마나 D 학생이 학교 생활에 충실했는지 알 수 있다. GPA와 정량 평가가 가능한 점수들(SAT나 ACT, AP 등)은 학업 성취도를 가장 정확하게 보여 주는 기본이자 중심이라는 생각으로 성적들을 대학 지원 준비의 기초로 삼았고, 그중에서도 학교 성적인 GPA는 다른 어떤 테스트 점수들보다 가장 중요하다고 생각했기 때문에 학교 수업과 시험 등에 시간을 집중적으로 썼다. GPA를 높이기 위해 학교에서 제공하는 가장 난이도 높은 단계의 수업들을 들었고, 그것이 학년 전체 석차 1등을 가능하게 했다.

D 학생의 학업 성취도를 보여 주는 점수들은 아래와 같다.

- GPA 4.0/4.0 (valedictorian)
- ACT 36 (Math 35, English 35, Reading 36, Science 36)
- AP 12개 a. AP Chemistry 5점 b. AP European History 5점 c. AP English Literature 3점 d. AP US History 5점 e. AP Physics 1 5점 f. AP Biology 5점 g. AP English Language 5점 h. AP Psychology 5점 i. AP Microeconomics 5점 j. AP Macroeconomics 5점 k. AP Spanish 5점 l. AP Calculus BC 5점

비교과 활동으로는 지역 청소년 오케스트라, 후배들을 멘토링하는 데 중점을 둔 다양한 봉사 활동, 수영 강사와 안전요원(Life Guard) 등을 했고, Decathlon 클럽·봉사 클럽·화학 클럽·음악 아너 소사이어티의 회장과 학교 수영 대표팀의 캡틴을 맡았다. Decathlon 클럽은 Math, Economics, Science, Social Science, Art, Music, Literature, Speech, Interview, Essay 이렇게 아카데믹한 종목 열 가지를 아우르는 클럽이다.

이외 내셔널 아너 소사이어티(National Honor Society)와 스페인어 내셔널 아너 소사이어티(Spanish National Honor Society)로 활동했다. NHS는 10~12학년에 참여할 수 있고 GPA가 4.0 만점에 3.5 이상이 되어야 자격이 되며 주로 리더십과 봉사 활동을 한다.

여름에는 MIT에서 주관하는 STEM Program에 참여했다. 수상 내역으로는, AP 시험을 다섯 과목 이상 치러서 각 과목 3점 이상, 과목들 평균 3.5점 이상을 받아야 수여되는 AP Scholar with Distinction, 아카데믹 디캐슬론(Academic Decathlon) 메달들, 지역 청소년 음악 콘테스트 상 그리고 영어와 스페인어에서 Seal of Biliteracy를 받았다. Seal of Biliteracy는 학생이 사는 주나 시에서 인정하고 발행하는 어워드로서, 이 증서를 받으면 고등학생이 이중 언어를 완벽하게 구사한다는 공증이 되어 대학 입학 사정관에게 좋은 어필이 될 수 있다.

추천서는 여러 명의 선생님들에게 요청해서 받아 두고 대학마다 특성을 고려해서 여러 다른 조합으로 제출했다. D 학생은 자신이 수업 시간에 긍정적으로 보여 준 부분과 성격 그리고 실제 구체적인 사례 중심으로 자신의 학문적인 강점들과 더불어 인성에 관한 내용도 선생님들이 강조해서 써 줄 것을 부탁했다.

에세이 경우, D 학생은 각각의 에세이를 통해 자신에 대해 보여 주고 싶은 한 가지 측면에 초점을 맞추어 쓰되 에세이마다 다른 소재들을 선택했다. 경험을 바탕으로 한 이야기로 풀어내되 자기의 가치관을 그 이야기에 통합시켰다. 보여지는 숫자와 객관적인 대외 활동들은 지원서에서 이미 기술이 되었기에, 에세이라는 공간에서는 자신이 생각하고 세상을 바라보는 방식, 자신이 왜 그 일을 하고 그 경험들로부터 무엇을 얻는지 등과 같은 통찰력을 보여 주어야 한다고 생각했다. 또한, 인터뷰에서는 내가 이룬 성과 중심보다는 성격, 열정, 비전 등 자기 본연의 모습을 보여 주기 위해 최선을 다했다.

D 학생은, 대학 입시를 준비하는 데 있어 가장 중요한 측면은 '진심'이 되는 것이라고 말한다. 편안한 영역에서 자신을 밀어내고 경쟁적인 상황으로 자신을 내어 놓기 위해 노력하는 것, 즉 안주하기보다 끊임없이 어렵고 새로운 것을 도전하는 것이 일차적으로는 중요하다.

하지만 대학 입시를 준비하는 그 긴 여정의 근본적인 목적은 자신의 즐거움이어야 한다. 그리고 그 활동들이 자신이 선택한 주제 그리고 콘셉트와 어떻게 들어맞는지 고려하면 좀 더 쉽게 이 과정을 즐길 수 있다. 실제 생활에서 자신이 흥미로운 일들을 추구할 때 자신을 빛나게 하는 가치와 장점들을 발견할 수 있을 것이다. 이렇게 대학 입시를 준비해 나간다면 진부하고 고정관념에 갇힌 지원자들의 전형적인 활동들보다 훨씬 독특한 자신의 무언가를 만들어 낼 수 있을 것이다.

그러나 동시에 기본의 중요성을 간과하면 안 된다. 경시대회와 인턴십은 훌륭한 교과외 활동일 수 있다. 하지만 자신이 다니는 학교에서의 활동과 헌신이 항상 그 중심에 놓여 있어야 한다. 소위 아이비리그 합격은 학교 성적과 활동만으로는 어렵다고들 한다. 무언가 사람들의 눈을 확 사로잡는 특이한 활동이라든지 음악이나 스포츠에서 내로라할 만한 재능 혹은 경시대회나 리서치 등 내셔널급 수상 실적이 뒷받침돼야 가능하다고들 한다. 하지만 D 학생의 프로필은 그런 편견을 깨기에 충분히, 학교생활을 온전히 자신의 중심에 두고 하나씩 벽돌을 쌓아 올리며 깊이 있는 확장을 해 나간 표본이 될 만하다. 프린스턴 대학은 여느 아이비리 그에 비해 다른 무엇보다 성적이 탑인 학생을 더 우선시한다는 말이 있 다. 각 학교 전교 1등만 다 뽑아간다는 우스갯소리가 있을 정도이다.

D 학생의 입시 전략이 프린스턴 대학이 생각하는 매력 요소(Fit)와 들어 맞은 부분도 간과할 수는 없다. 하지만 어느 아이비리그이든, 학생 이 몸 담은 학교 성적과 활동을 가장 중요하게 본다는 데는 이의가 없을 것이다. 학교 활동과 헌신을 그 중심에 놓고 거기서 깊이를 다져가며 승 부를 볼 것이냐 아니면 학교 밖으로 나아가 더 넓고 다양한 활동들을 자 신의 프레임 안에 구축할 것이냐는 선택의 문제이고 결국 어떻게 스토리 를 멋지게 만들어 완성해 내느냐가 관건일 것이다.

대학들은 하룻밤 사이에 지어낼 수 없는 측면들을 중요시한다. 학점, 클럽 리더십, 스포츠와 예술 활동 같은 요소들의 중요성이 과소평가되지 않는 이유이다. 결과적으로 입시는 운이 작용한다는 점도 부인할 수는 없다. 하지만 그 운이라는 것도, 열심히 공부했고 활동했고, 받을 자격이 되는 학생들에게만 적용되는 이야기다.

D 학생은, 후배들에게 너무 많은 스트레스를 받는 대신에, 자신의 시 간을 극대화시켜 효율적으로 쓸 방법을 찾아보라고 말한다. 12학년이라 면 에세이 작성에 좀 더 많은 시간을 들이는 건 어떨지? 10학년이나 11 학년이라면 여분의 클럽 활동을 더 해 보거나 AP 수업을 더 듣는 건 어 떨지? 결국 우리는 우리가 가야 할 곳으로 어쨌거나 가게 될 것이기 때문 이다.

미국의 공립 고등학교에서 컬럼비아 대학 공대 합격

미국 내의 공립 학교를 다니고 아이비리그에 합격한 또 하나의 사례를 소개해 보고자 한다.

E 학생은 초등학교를 졸업하고 13살에 미국으로 이주해서 미국의 공립 중·고등학교를 다녔고 컬럼비아 대학 공과대학에 합격했다. E 학생의 학업 성취도를 보여 주는 GPA 및 시험 점수들은 아래와 같다.

- Unweighted GPA: 4.0/4.0 (Weighted GPA 4.3)
- Act 33
- AP 10개 a. AP World History 5점 b. AP Environmental Science 5점 c. AP Comparative Government 5점 d. AP US History 5점 e. AP Chemistry 5점 f. AP Calculus BC 5점(Calculus AB 5점) g. AP English Literature 5점 h. AP Spanish 4점 i. AP Physics C 4점

E 학생은 지망하는 학과에 맞추어 이과생이 도전할 수 있는 다양한 대회들을 참가했고, 그 수상 내역들이 돋보인다. 특히 환경공학 분야에서 ISEF의 최종 진출자가 되었는데, ISEF는 고등학생이 참여할 수 있는 STEM 쪽 리서치 분야에서는 미국 내 가장 권위 있는 대회라고 할 수 있다.

Awards & Honors는 다음과 같다.

- Finalist in International Science and Engineering Fair(ISEF)
- 2nd Place in Poster Competition at International Physics Conference   National Spanish Competition Gold Medal
- Genius Olympiad Finalist & Honorable Mention
- National Spanish Exam Recipient of the RAGS (Radio Amateurs for Greater Syracuse) $500 Scholarship
- First place winner of the National Spanish Exam Senior Scholarship Award ($2,000)
- American Amateur Ham Radio Extra License Operator
- American Red Cross Certified Lifeguard

공대 지망생인데도 외국어 선택 과목이었던 스페인어의 강점을 살려 여러 대회에서 수상한 점도 돋보인다. 이는 앞서 프린스턴 공대를 합격한 D 학생이 스페인어로 Seal of Biliteracy를 받은 것과도 일맥상통한다.

아이비리그는 이과 쪽 단과대를 지망하더라도 영어를 비롯하여 주요 과목 모두 완벽해야 하며 외국어 역시 주요 과목 범주에 들어가기 때문에 외국어에 탁월한 능력을 보여 준다면 그만큼 평가의 우위를 점할 수 있다.

교과외 활동도 깊이 있고 다양하다. 지역 대학에서 엔지니어링 리서치 활동을 했고, 지역 과학기술 박물관에서 총 900시간 넘게 봉사 활동을 했다. 이 어마어마한 봉사 시간만 보더라도, 고등학교 내내 얼마나 꾸준하고 오랫동안 봉사했는지 그 양적인 성실도는 입학 사정관의 눈에 충분히 들었을 것이다.

Fayetteville Manlius Food Pantry(https://www.fmfoodpantry. org) 웹사이트를 개발했고, Chipotle라는 멕시컨 음식 프랜차이즈 점에서 페이드 잡도 했다. 학교에서는 학생회 부회장, 환경 클럽 회장, 엔지니어링 클럽 공동 회장 리더십을 가지며 활동했고 크로스컨트리 학교 대표팀으로 활약했다.

아이비리그일수록 교과 · 비교과 활동, 추천서, 에세이, 인터뷰 등 종합적인 평가(Holistic Review)가 이루어진다는 것이 정설이다. 실제로 아이비리그를 지원하는 학생들은 학과목 점수는 완벽하고 그 외 괄목할 만한 수상 실적이나 악기, 스포츠, 작품 활동 등 눈에 띄는 성과가 있는 경우가 대다수이다.

E 학생의 경우도 난이도 높은 AP 과목들을 수강하며 완벽한 정량 평가 점수를 가지고 있고, 그 외 희망 전공과 연관되고 리더십을 갖춘 교내외 활동, 큰 장점(Hook)이 될 만한, 이를테면 완벽한 스페인어 능력을 보여 주는 활동, 자신의 관심 영역과 희망 전공을 연계하고 확장한 봉사 활동, 거기다가 돈 버는 활동까지. 아이비리그가 좋아할 만한 활동 요소들을 모두 갖추었다고 보여진다. 고등학생이 노동의 가치와 사회생활을 미리 경험한다는 의미에서 페이드 잡 활동도 아이비리그에게 매력 요소일 수 있다.

물론 E 학생에게는 아이비리그가 좋아하는 음악 스펙이나 화려한 스포츠 수상은 없다. 하지만 아시안 학생들의 전형적인 음악 활동이나 유명 서머 캠프 참여보다도 E 학생의 900시간 이상 봉사 활동과 저소득층에게 무료로 음식을 나누어 주는 봉사 단체의 웹사이트를 개발해 준 일, 패스트푸드 가게에서의 노동 활동이 어쩌면 더 어필했을 수도 있다.

E 학생의 입시 전략은 "내가 누구인가?"를 드러내는 일련의 과정이었다고 할 수 있다. 환경공학에 관심이 많았기에 학교 내에서 학과목도 자신의 관심에 맞추어 선별하고 편성해서 Chemistry, Environmental Science, Biology 등 대학에서 하고 싶은 공부와 관련된 수업들을 많이 들으려고 노력했다.

환경 관련 클럽도 이끌었고 여러 프로젝트들을 많이 기획하였다. 학교 밖으로 나가서는 관련 봉사 활동도 많이 하고, 동네 대학에서 환경공학 관련 리서치 활동도 해 보고, 관련 대회도 찾아 보고 최대한 참여해 보려고 했다. 관심 있는 분야에 열정을 보이는 것이 첫 단추라고 생각했다. 여기서 키워 나가다 보면 수상 실적도 따라오게 마련이고, 실제로 E 학생은 자신의 열정을 훅(Hook)이 될 만한 수상 실적으로 만들어 냈다.

미국 대학들은 각 분야에서 뛰어난 학생들을 받아들여 자기 대학을 더 다양(Diverse)하게 형성해 나가는 것에 기본 목적을 두고 있다. 이것도 잘하고 저것도 잘하면 좋겠지만, 자신이 누구인가라는 근원적 고민을 시작으로 자신의 열정과 장점을 이끌어 내어 가지치기하듯 다듬어 가며 하나의 작품을 만들어 내는 과정이 입시라고 생각한다. 그렇게 각 분야 뛰어난 학생들을 뽑아 큰 화합을 이루어 나가는 장이 대학이고, 그 정점에 아이비리그가 존재하는 것이리라.

E 학생은 후배들에게 SAT는 미리 끝내는 것이 더 편하고, 방학 때 그 다음 가을학기 때 들을 수업들을 미리 해 놓으면 학업 부담을 좀 줄일 수 있다고 귀띔한다. 그러면 학교 다니면서 동아리 활동이나 운동 등에 더 신경을 기울일 수 있으니까 말이다.

E 학생은 SAT를 11학년 마치기 전에 끝내 놓았고 그 덕분에 12학년 올라가기 전 여름 방학 때 교과외 활동도 더 적극적으로 하고 곧 지원할 대학들도 미리 둘러볼 수 있었다. 그리고 이 시간 덕분에 중요한 대학 지원 에세이들을 여유 있게 작성하고 마무리할 수 있었다. 12학년 학기가 시작되면 정신이 없다. 대학 입시 준비까지 하면서 학교 수업들도 들으려면 많이 바빠질 수 있기 때문에 E 학생은 학기가 시작되기 전 여름 방학의 시간을 알차게 보내는 것이 정말 중요하다고 강조한다.

한국의 국제고(특목고)에서
UC 버클리 대학 컴퓨터사이언스 전공 합격

G 학생은 한국의 한 자율형 사립고등학교(특목고)를 졸업했고, 미국 캘리포니아 주립대 가운데 하나인 UC 버클리(UC Berkeley) 대학에 합격했다. 버클리 대학은 로스엔젤레스의 UCLA 대학과 더불어 캘리포니아 주립 대학들 중 한국 사람들에게 가장 인기가 많으면서도 미국 내에서도 공립계의 아이비리그로 통한다.

퍼블릭 아이비리그라는 용어는, 예일 대학교 등 여러 대학에서 입시 행정을 담당한 리처드 몰(Richard Moll)의 책에서 처음으로 정의되었는데 '공립 대학의 학비로 아이비리그 수준의 경험을 제공하는 대학'이라는 개념으로 사용되었다.

리처드 몰은 8개 아이비리그처럼 8개의 공립 아이비리그들을 선정했는데, 대표적으로 노스캐롤라이나 주립대(University of North Carolina at Chaple Hill), 미시간 주립대(University of Michigan), 버지니아 주립대(University of Virginia) 그리고 버클리나 UCLA 같은 캘리포니아 주립대들이다.

G 학생은 학비가 사립대들에 비해 상대적으로 낮으면서도 공립의 아이비라는 별칭이 붙은, 게다가 한국 부모와 학생들이 특히 선호하는

버클리 대학, 거기서도 제일 인기가 많고 경쟁률이 폭발적인 컴퓨터사이언스 전공에 합격했다. 컴퓨터사이언스 전공은 공대 단과대 소속인 EECS와 College of Letters and Science 단과대 이렇게 두 군데로 나뉘는데, G 학생은 L&S의 컴사에 지원하고 합격했다. EECS경우 DA(Direct Admission)으로 지원하는데 L&S 역시 2022년 입시부터 DA로 전환되었다.

버클리 대학은 미국 첨단산업 특히 IT 산업과 벤처기업들의 요람인 실리콘밸리(Silicon Valley)라고 불리는 북 캘리포니아에 위치해 있다.

샌프란시스코를 중심으로 AMD, Intel, Nvidia 등 반도체산업 중심의 산타클라라, 애플(Apple) 본사가 자리한 쿠퍼티노, 구글(Google)의 마운틴뷰 등 IT 및 각종 첨단기술을 다루는 수많은 기업들과 연구소가 이곳에 터를 잡고 있기 때문에 지리적 이점 때문에라도 스탠퍼드 대학과 더불어 버클리 대학의 인기는 점점 더 높아지고 있다. 그리고 취업 시장의 넓은 문과 고소득 보장을 고려하면 이 대학들의 컴퓨터사이언스나 과학 전공은 어느 곳보다 치열하다고 할 수 있다. 이런 경쟁을 뚫고 합격한 G 학생의 입시 전략을 살펴보자.

우선 G 학생의 학업 성취도를 보여 주는 GPA 및 시험 점수들은 아래와 같다.

- Unweighted GPA: 5.0/5.0
- SAT 1560 (EBRW 760, M 800)
- TOEFL 116
- AP 8개 a. AP Calculus BC 5점 b. AP Economics Micro/Macro 5점 c. AP Biology 4점 d. AP World History 5점 e. AP Physics C 5점 f. AP Statistics 5점 g. AP US History 5점

아이비리그에 합격한 다른 학생들처럼 학점과 표준 테스트 점수

들이 완벽하고, AP 과목들 또한 난이도 높은 이과 중심 과목들로 선별해서 높은 점수를 받았다. 보통 문과 지망 학생들도 AP Language나 Literature, US History는 많이 힘들어하고 난이도 면에서도 AP 전과목 통틀어 가장 높은 축에 든다고 볼 수 있는데, G 학생의 경우 영어 과목에서 받을 불확실성과 위험은 피하면서 자신이 상대적으로 자신 있는 역사 쪽 암기 과목들로 선택과 집중을 한 것이 돋보인다.

물론 히스토리 과목들이 암기가 전부는 아니고 라이팅 실력이 상당히 뒷받침돼야 고득점이 가능하지만, 영어 과목들에 대한 상대적인 악수는 두지 않은 묘미를 발휘한 것이다.

보통 상위권 학생들과 학부모들은 아이비리그나 그에 상당하는 탑 대학들을 가려면 난이도 높은 필수 과목들은 모두 들어야 한다는 통념을 가지고 있다. 물론 코어 과목들 모두의 AP를 소화할 수 있다면 금상첨화지만, 반대로 한두 과목이라도 엇나가서 칼리지보드 주관 시험에서 3점 이하의 점수를 받거나 학교 학점을 낮게 받는다면 그 타격이 클 수 있기 때문에, AP를 무조건 많이 들어야 한다는 강박관념보다는 본인의 판단 하에 효율적인 전략을 짜는 것이 필요하다.

Awards & Honors는 다음과 같다.

- Korea National Business Competition: 1st Place, Awarded $1700
- Fair Trade Achievements Report Competition: 1st Place
- "Fun Battle" High School Club YouTube Video Contest: 1st Place, Awarded $2,500
- Hankyung Youth Experiential Learning in Economics Competition: 3rd Place
- Aecheon Scholarship: Merit-Based Scholarship Awarded to a Top student per semester

미국에서 통상 알려진 권위 있는 컴사 관련 어워드들은 아니지만, 한국에서 도전할 수 있는 비즈니스 및 온라인 기반 다양한 대회들에 출전해서 상위권에 입상한 실적들이 입학 사정관들 눈에 띄었을 것이다. 성적 우수자 장학금을 받은 것도 이 학생의 학업 우수도와 성실도를 보여주는 일면이다.

교과외 활동으로는, 교내 경제 관련 클럽 회장, 공정무역 관련 클럽 부회장과 홍보대사, 철학과 정치와 경제 융합 학회 부회장 등 리더십 포지션을 맡아 활약했다. 학생 기획부에서 디자인 업무를 맡았고 외부 활동으로는, 두 군데의 회사에서 인턴십을 가졌다. 이렇게 보면 컴사 쪽 스펙이라기보다는 어워드와 EC가 경제·경영 분야에 일관성을 가지고 집중된 것으로 보이는데, 실제로 G 학생은 L&S 단과대의 통계학과(Statistics)로 지원하고 합격했다. 하지만 L&S 내의 전과는 굉장히 자유롭기 때문에 입학 후 컴퓨터사이언스로 전공을 바꾼 경우이다. 이는 다른 대학들의 경우도 마찬가지로, 특정한 경우를 제외하고는 같은 단과대 내에서는 전공의 변경이 자유로운 편이다.

EC와 관련해서는, 자신의 전공이나 진로와 관련된 학교 클럽 1~2개는 꼭 하고 거기서 회장이든 임원이든 리더십 역할을 꼭 1~2개 가질 것을 권한다. 추천서는, 자신의 희망 전공이 결정됐다면 그 전공 관련한 과목의 선생님께 받는 것이 가장 좋다. 그리고 그 과목 수업을 듣는 학기 동안은 무조건 그 수업을 들을 때 집중하고, 적어도 일주일에 한 번은 선생님께 찾아가 보자. 질문도 하고 상의도 하면서 눈도장을 열심히 찍는 것이다. 이것이 자신의 성실함과 관심, 열정을 보이는 가장 좋은 방법이다. 그리고 그 과목의 정식 시험이든 퀴즈든 수행평가든 뭐든 최선을 다해 노력한다면, 추천서는 자연스럽게 성공적인 결과물이 될 것이다.

G 학생은 자신의 합격 노하우를, 한마디로 '엄청 뛰어난 건 없어도

흠 잡을 데가 없어 절반은 간 케이스'라고 겸손하게 말한다. 그러면서도 역시 학교 GPA의 중요성을 강조한다. "학교 시험이든 표준 시험이든 자격증 시험이든 일단 모든 시험은 무조건 잘 보고 보는 겁니다!"라고 일침을 놓는다.

가끔 학교 후배들 중에서 G 학생에게 "B가 몇 개 있는데 괜찮을까요?"라고 물어 보는 경우가 있다고 한다. 그전에, 일단 B 맞을 생각을 아예 하지 말라고 충고한다. 공부할 때 목표를 A로 잡지 말고 100점으로 잡아야 안전한 A를 받을 수 있다. A만 받으면 되니까 90점대만 나오면 되겠지 하는 마음으로 공부하면 안 된다. 100점이 목표인데 어쩌다 실수로 몇 점을 깎이는 것보다 A가 목표인데 몇 점 놓치면 B가 나오는 리스크는 훨씬 크다. 며칠만 더 공부하고, 조금만 더 마음을 다잡아 노력하면 커버할 수 있는 부분에서 스스로에게 핸디캡을 선사할 필요는 없다.

점수에 있어서는 무조건 관대함에서 멀어지고 안일한 생각을 버려야 한다. G 학생의 후배들의 물음에 답을 하자면, 물론 B가 몇 개 있어도 좋은 대학에 갈 수 있다. 아는 학교 선생님 한 분이 올 A를 받은 학생 성적표는 재미가 없다는 표현을 한 적이 있다. 그 완벽한 성적표보다 무언가 재미있는 전개와 드라마틱한 스토리가 있는 학생이 입학 사정관들에게는 더 매력적이라는 말이다. 맞는 말이긴 한데, 문제는 완벽한 성적표에 엄청난 스토리까지 갖춘 학생들이 요즘은 너무나 많다는 것이고, 스토리만 좋은 학생이 그 경쟁에서 살아 남을 가능성은 상대적으로 낮다는 것이다.

G 학생은 미국 대학에서는 버클리 외에도 컴퓨터나 공학 쪽 명문인 조지아텍(Georgia Tech)과 퍼듀(Perdue University)에 합격했고 런던 정경대(LSE), 토론토 대학(University of Toronto), 홍콩 과기대(HKUST)나 싱가포르 국립 대학교(Singapore National University) 등

미국 외 유수 대학들에도 복수 합격했다.

G 학생은 학교 지원에 있어 "자신이 원하는 전공의 탑 20개 학교는 일단 지원하라. 무조건 많이 지원하라."고 조언한다. 시간 여유가 많아 이 것저것 조건과 상황을 따져 보고, 학교와의 핏도 고려해서 까다롭게 선정하면 좋겠지만, 어쨌든 입시생은 을의 입장이라는 것이다.

소위 Reach 대학이라고 불리는 자신의 드림 대학들은 가능한 한 많이 넣되 Match와 Safety 대학들도 잘 선정해서 무조건 붙고 봐야 한다. 조기 전형이고 일반 전형이고, 미국 입시고 다른 해외 입시고 정말 다 떨어지면 최악의 경우 아무 대학에 등록해 놓고 갭이어(Gap Year)를 하면서 재수를 해야 할지도 모르니까 말이다.

한국에서 공부하는 국제고나 외국인학교 학생들 중 1학년 때부터 '나는 미국이나 영국 대학에만 지원할 거야." 하는 식으로, 지원하는 나라에 제한을 두는 경우가 있는데, 좀 더 선택의 시야를 넓힐 필요가 있다. 국제 학생들의 가장 큰 장점이 바로 '넓은 선택의 폭'이기 때문이다. 나라마다 입시 전형이 달라서 준비하기가 너무 힘들 것 같다는 두려움이 있을 수도 있다. 물론 세부적으로는 준비 요건들이 조금씩은 다르지만, 어차피 모든 대학들은 공부 잘하는 학생이 우선이다.

교과외 활동의 비중을 어디에 얼마나 두느냐의 차이는 존재할 수 있지만 어느 나라 어느 대학이든 '뭐든 잘하는' 학생을 원하기 때문에 미국 대학에서 뽑힐 학생이라면 영국 대학에서도 뽑히고 중국이나 싱가포르에서도 마찬가지다. 그러니 입시 전형들의 세부적 차이는 실제로 대학교를 지원하는 고 3 때 생각하면 되고, 우선은 학교 성적에 매진하되 영미권 혹은 영어를 사용하는 경쟁력 있는 아시아 국가들의 대학들을 리서치하며 나만의 리스트 업을 해두는 것이 좋겠다.

입시가 마무리되고 합격된 학교들 중에서 선택하는 입장이라면 어떤 중요도 순으로 학교를 고를까? G 학생 역시 미국과 영국, 캐나다, 아시아 국가 여러 곳에서 좋은 결과를 받았기에 버클리 대학을 최종 결정한 나름의 기준이 있을 것이다.

G 학생은 전공 순위, 졸업 후 취직률, 초봉 평균, 학교 명성도 순으로 고려했다. 이것은 개인의 가치관, 희망 전공과 진로에 따라서 천차만별이기 때문에 본인만의 기준을 세워야겠다. 하지만 현실적으로 대한민국 국적에 금수저가 아닌 학생들이라면 취업 시장이나 취직 시 초봉을 한 번쯤은 심각하게 고려해 보며 입학을 결정하기를 조언한다.

마지막으로 G 학생은 입시를 의무가 아닌 기회라고 생각했으면 좋겠다고 말한다. 이 기회를 잡기 위해서 본인은 쏟을 수 있는 최대의 노력을 다하고, 누구에게든 받을 수 있는 최대의 도움을 다 받으면 좋겠다고 말한다. 이 기회는 다시 오지 않을 자신의 십 대의 끝에만 존재하는 기회이니까 말이다.

그렇게 최선을 다했지만, 막상 입시의 결과가 만족스럽지 못할 수도 있다. 그런데 인생의 전체를 놓고 보면, 입시의 실패는 정말 괜찮다. 입시에 성공하면 좋은 출발, 앞선 출발이 보장된다는 이점이 있다. 그렇지만 입시의 과정을 후회 없을 정도로 열심히 다했다면, 입시 결과는 그리 중요하지 않다. 사회로 발을 디디는 시점에서 남들보다 앞서고 남들보다 우위일 수는 있지만, 특히 미국이라면 대학 이후에 얼마든지 더 큰 기회가 많다. 자신이 하고자 하는 공부나 일에 대한 자신감, 열정 그리고 노력만 있다면 앞서 나갈 기회는 얼마든지 열려 있는 것이다.

G 학생 역시 미국에 유학 와서 공부하고 인턴십을 할 때 한국인들은 모르는 대학을 나왔는데도 불구하고 똑똑한 사람들을 많이 만났다고 한다. 미국인도 아닌 매니저가 자신이 만나 본 사람들 중에 최고로 똑똑하고 연봉도 최고로 받으며, 대학을 안 나오고 Boot Camp로만 공부해서

입사한 직원도 있다고 한다.

미국의 대학은 5천 개가 넘는다. 만나 보면 자신의 대학이 알려진 곳이 아니어서 주눅 든 사람은 별로 없다. 아이비리그나 명문대를 나왔다고 하면 자랑거리는 될 수 있지만, 스스로가 또 아무도 대학 이름이나 레벨에 신경 쓰지 않는 곳이 미국이다.

자기가 가게 된 대학이 자신의 성에 안 찬다는 이유만으로 좌절할 필요가 없고, 대학에서 더 노력하고 다음 과정에서 더 도전하면 된다. 대학만이 전부가 아닌, 꽤 괜찮은 현실 세계가 존재한다는 사실이 수험생들의 마음을 조금은 가볍게 만들 수 있으면 좋겠다. 물론 여기에 소개하는 학생들처럼 대학이라는 시작점부터 근사하다면 더 괜찮은 현실이라는 건 어쩔 수 없는 사실이지만 말이다.

한국의 국제고에서
예일 대학 생물·환경학 전공 합격

H 학생은 한국의 한 자율형 사립고등학교 국제 과정을 졸업했고, 일반 전형으로 미국 아이비리그 가운데 하나인 예일 대학에 합격했다.

보통 학생들이 조기 전형에서 ED와 EA를 합쳐 평균 2~3개, 일반 전형에서 10개 이상 지원하는 데 비해 H 학생은 얼리 전형에 한 곳, 일반 전형에 세 곳을 지원했다. 평균에 비해 굉장히 적은 개수의 대학에 지원한 셈인데, 합격하고 등록한 예일 대학은 일반 전형으로 지원한 곳이었다. 그리고 통상 희망 전공을 3순위 정도까지 적어 내는데, H 학생은 전공을 ecology and evolutionary biology로 지원하고 합격했다. H 학생만의 특별한 아이비리그 합격 노하우를 알아보자.

예일 대학은 아이비리그 가운데서도 하버드, 프린스턴 대와 더불어 한국 사람들에게는 가장 많이 알려지고 한국 사람들이 가장 선망하는 아이비 학교일 것이다. 아이비리그 여덟 학교 가운데 하버드, 예일, 프린스턴과, 아이비는 아니지만 스탠퍼드까지 묶어 HYPS라는 통칭으로 많이 쓰는데, 이는 우리나라로 치면 서울대, 고려대, 연세대를 SKY라고 묶어 부르는 것과 유사하다.

H 학생의 GPA는 5.0 만점에 5.0으로 완벽하다. SAT는 1590점, 토

플은 120점 만점에 119점으로 표준 테스트 역시 완벽하다. AP는 주요 수학, 과학 과목인 Calculus BC, Biology, Chemistry와 영어 과목인 English Literature and Composition 그리고 자신의 전공과 직접적인 연관이 있는 Environmental Science와 Economics 과목, 이렇게 총 6과목을 들었고 한 과목만 4점, 나머지는 5점을 받았다.

여기에 소개하는 학생들의 일관된 의견처럼 H 학생 역시 GPA가 다른 어떤 항목들보다 입시에서 중요하다고 말한다. EC도 중요하겠지만 학교 시험 기간에는 GPA에 무조건 매진해야 한다. 학교 시험은 한 번밖에 기회가 없지만 EC는 장기적으로 보완할 수 있기 때문이다. 만약 시험을 잘 보지 못했고, AP를 성적표에 포함시키는 학교인 경우라면, 좋지 못한 학점을 AP 점수로 보완할 수도 있다. 하지만 처음부터 학교 점수 GPA를 잘 받는 것이 가장 중요하다.

H 학생은 학교에서 성적 우수 학생에게 수여하는 상은 거의 모든 매 학기마다 받았다. 2학년, 3학년 때는 각 과목 최고 점수 우등생에게 주는 상과 졸업할 때는 교장상을 받았다.

AP는 낮은 학점을 보완하는 용도 외에, 희망하는 전공과 관련한 과목을 선택함으로써 전공에의 일관성과 집중성을 어필하는 데 활용할 수 있다. 3학년(미국 12학년) 때는 AP 점수를 위해 노력하기보다는 EC에 더 많은 투자를 하는 것이 좋다.

SAT 점수는, 되도록 많은 기출 문제를 풀어 보는 것이 가장 빨리 SAT 점수를 올리는 방법이다. 10점, 20점에 얽매일 필요는 없다. 1,400점을 맞은 학생이라면 1,500점을 위해 더 공부할 필요도 있겠지만, 1,550점 이상이면 다 같은 고득점 선상이고 입학 사정관 눈에도 크게 다르지 않기에 10점, 20점을 더 올리려고 SAT를 더 볼 필요는 없다. 대신 그 시간을 EC에 투자하는 것이 효과적이다. TOEFL은 가능한 한 빨리 마치는 것이 좋다. SAT를 공부하면 그 내용이 TOEFL의 대부분의 영역을 다 포함하고 있기 때문에 병행해서 준비하면서 빨리 끝내는 것이 효율적이다.

EC는 주제와 방향에 일관성을 갖추도록 구성하는 것이 중요한데, H 학생은 환경과 생물학과 바다 이 세 단어를 포함하는 "Green Theme" 을 주제로 잡았다.

대외 수상 활동으로는, 바이오산업과 안전 관련 디베이트 대회에서 개인상 1위, 팀은 준결승까지 올랐다. 한국 지구과학 올림피아드와 국제 대회인 기후과학 올림피아드에서 각각 준결승자, 글로벌 리더 영어 말하기 · 글쓰기 대회에서 1등을 수상했고, 서울 대학교 주관 플래그풋볼 (Flag Football) 대회에서 팀이 2위를 했다.

심도 있는 환경 관련한 논문을 독자적으로 혹은 한 대학교 환경공학과 연구실 팀과 합동으로 2편 발표했다. 그리고 6종의 산호로 만든 암초 탱크로 60갤런의 수경조경을 만들어 사진전을 개최했고 해양보존기금 으로 돕기 위해 500불을 모금했다.

한 의류회사에서 지원받고 미혼모협회와 공동 진행하여 친환경 소재 인 코튼과 재고 의류로 DIY 키트 제품을 디자인했고, 온라인 스토어를 직접 만들어 스토어에서 판매하는 일을 담당했으며, 한 단체에서 400불 을 지원받기도 했다.

에너지와 환경 사업 아이디어 공모전의 조직위원장으로서, 중학생 들이 친환경 스타트업 아이디어를 내서 경쟁하는 대회를 프로그램 디자 인부터 섭외, 워크숍 준비 등 전반을 진행했다. 그린피스 단체 관련 활동 도 돋보이는데, 시민 모니터링 참여자로 활동하면서 기후 변화에 참여하 는 정치인들 순위를 매겼고, 200쪽에 달하는 공개 의회 회의 기록을 모 니터링하면서 자원봉사자들의 진행 상황을 기록하고 그린피스 직원들을 위해 피드백 수집하는 일을 했다.

봉사 활동으로는 대학생들의 바다 청소 행군에 고등학교 팀의 리더로 참여해서 한국 서해안 87킬로미터를 따라 행진하며 총 5톤의 쓰레기를 수거했다. 또한, 학교의 버려진 온실을 태양열 에너지를 가지고 크로렐라 불가리스를 재배하는 공간으로 쓰이도록 개조했다. 한편, 전문 다이빙 강사 협회의 PADI 다이버 자격증을 받았고 스쿠버 장비 조립 및 사용 방법, 부력 관리 및 해양 생물 보존 방법에 대한 교육을 받았다.

이렇게 H 학생은 어워드, 리서치, 교과외 대내외 활동, 봉사 활동의 활약이 눈부시다. 환경과 생물학과 바다라는 세 가지 주제어를 가지고 그린 테마를 완성한 데 부족함이 없는 활동들이다. 아니 넘쳐서 과하다는 표현이 맞겠다. 환경 문제가 요즘 많이 대두되다 보니 어쩌면 환경이라는 주제가 오히려 식상할 수도 있을 법하다. 하지만 고등학생이 쓸 수 있는 시간과 할 수 있는 범위 이상의 것들을 집요하고 부지런하게 실행하고 결과를 만들어 냈다는 것에 입학 사정관들의 큰 평가를 받았을 것으로 본다.

하나의 주제를 방향성을 가지고 깊이를 만들며 나아가고 확장시킨 것, 그 주제가 무엇이든 고등학생이 입시를 위해 형식적으로 했을 리가 만무한, 그 열정과 능력을 보여 주는 EC의 끝판왕이 아닐까 싶다. 이런 EC라면, 공신력 있는 국제대회 1등 혹은 내셔널급 수상, 악기나 스포츠에서의 괄목이 없다 해도 아이비리그 도전과 합격에 무슨 문제가 될까 싶다.

그래도 H 학생은 2년 동안 실험하며 끌고 온 논문을 끝내지 못한 아쉬움, 특허를 준비하다가 완성하지 못한 상태에서 제출한 아쉬움 들이 남는다고 한다. 반면, 실험에 필요한 성게를 구하지 못해 스쿠버 다이빙 자격증을 취득해 스스로 성게를 구해 온 진정성과 열정을 입학 사정관들에게 어필한 점, 스스로 문제를 해결하려고 최선을 다해 노력한 점은 자기 자신에게 잘했다고 칭찬하는 점이라고 한다. 그리고 중구난방이 될 수 있는 활동들을 통일성을 가지고 해 나가고, 그 활동들에 유니크함을 돋보이게 하기 위해 두세 가지를 융합하는 묘미를 부리는 것이 좋다고 조언한다.

H 학생의 경우 디자인+사진+생물학을 융합하여 수경조경 활동 (Aquascaping)을 한 것이 그 좋은 예이다. 이렇게 독특하고 다양한 활동들을 할 때마다 일기를 쓰거나 꼼꼼히 기록해 놓는 습관을 들인다면, 입시 지원 시 에세이를 쓸 때 풍부한 자료와 일관된 구성이 가능하고 수월해질 것이다.

자신이 좋아하는 일을 해야 활동에 진정성을 더할 수 있다. 미국 입시의 가장 큰 무기는 진심이고, 진심을 다해 자신이 좋아하는 일을 해낼 때 그 EC는 빛을 발한다. 자신이 무엇을 좋아하는지 잘 모르겠다면 1학년 때 다양한 클럽 활동을 통해서 여러 가지를 시도해 보며 관심 분야를 빨리 찾고 결정해야 한다.

에세이, EC 활동 등 내가 정말 좋아하는 것을 정하고 해 나가야 지치지 않고 좋은 결말을 낼 수 있기 때문이다. 그렇게 전공과 관련되고 자신이 좋아하는 주제를 찾아 나아갈 때도 회의감이 들 때가 있기 마련이다. 하지만 적어도 정말로 좋아하는 일을 선택한 거라면 회의감에서 빨리 돌아와 제자리를 찾을 수 있다.

자신이 관심 갖은 전공을 선택한 주변 사람들이 많아 그것이 의식될 때도 있고, 경쟁이 심해서 취업이 걱정될 때도 있고, 입시를 진행하며 갖가지 부정적인 감정에 사로잡힐 때가 있을 수도 있다. 하지만 좋아하는 일에 내 열정과 능력을 후회 없이 부었을 때 그 끝은 옳을 수밖에 없다.

H 학생의 예일 대학 합격처럼 말이다.

제3국의 국제고에서
한국 서울 대학 수의예과 전공 합격

    이번에는, 해외 국제학교를 다니고 한국의 특례 전형을 통해 서울 대학교 수의예과에 합격한 사례를 소개해 보고자 한다.

    미국 및 영미권 대학 입시 사례들과 다르게 국외에서 한국으로의 대학 지원은 다소 생소하게 느껴지기도 할 것이다. 이 전형은 크게 3년 특례와 12년 특례로 나뉘는데, 3년 특례 경우 많은 해외 주재원 자녀들이 해외에서 고등학교를 졸업하기 전에 한국에서 학교를 다니며 지원을 준비하는 사례들도 많고 워낙 기업 주재원이나 공무 관련 파견 등 부모를 따라 3년 이상 해외 학교를 다닌 경우가 많아 경쟁이 매우 치열하다.

    12년 특례는 부모의 해외 거주 여부나 거주 신분 등은 지원 요건에서 상관하지 않지만, 지원 학생이 단 하루도 한국의 학교를 다닌 적이 없어야 지원이 가능하기 때문에 이를 증명하기 위해서 출입국 증명서와 초등학교부터 고등학교까지의 재학 증명서를 제출해야 한다.

    요즘은 12년 특례 지원자들도 상당히 많아져서 그 경쟁이 치열하다고 한다. 왜 외국에서 계속 학업을 하던 학생들이 거꾸로 한국 대학을 지원하는 걸까? 이제 한국의 기업들이 글로벌화되면서 한국과 미국 양쪽의 언어와 문화를 이해하고 교두보 역할을 하는 많은 인재들을 필요로 하고 그에 대한 베네핏도 좋다 보니, 한국어가 완벽하지는 않아도 한국어로 수업을 듣고 소통하는 것이 가능한 국외 학생들이라면 한 번쯤 한국 대학을 다니며 두 마리 토끼를 잡아 보려는 목표를 고려해 볼 수 있다. 혹은 그렇게 먼 장래의 목표가 아니더라도, 요즘은 한국에 대한 세계의 관심이 뜨겁고 여러 한국의 콘텐츠와 문화, 경제적 포텐셜이 크다 보니 한국인으로서 뿌리를 찾고 대학 생활을 통해 한국을 체험하고 배우고자 하는 이유가 있을 수도 있다.

또한, 미국 사립 대학 학비에 비하면 한국 대학 학비는 1/10 수준이다. 대학뿐 아니라 전문 대학원이나 박사 과정 등 긴 학문의 여정을 계획하는 학생이라면 학비에 대한 고려도 있을 수 있겠다. 특례별, 학교별로 지원 자격과 요건, 방법 등이 상이하므로 관심이 있는 유학생이나 교포 학생이라면 미리 알아보고 준비해 보도록 하자. 특례 이외도 외국인 전형, 외국어 특기 전형, 외국고 졸업 전형 등 국외 재학생들이 지원해 볼 수 있는 한국의 여러 가지 전형들도 많다.

I학생의 학업 성취도를 보여 주는 GPA 및 시험 점수들은 아래와 같다.

- IB Predicted Grades: 44/44
- TOEFL 115
- IB Final Grades: 43/45 a. Biology HL 7 b. Chemistry HL 7 c. Maths AA HL 7 d. Chinese B SL 7 e. English A Lang & Lit 7 f. Economics SL 6 g. TOK/EE - 2

I 학생은 IB 프로그램을 채택한 국제학교를 다녔다. 앞서 IB 과정에 대해 설명한 바, DP(Diploma Programme)이라고 불리는 고등학교 커리큘럼 가운데 한 과목씩 각각 선택해서 총 여섯 과목을 2년간 이수해야 한다. I 학생은 생물학, 화학, 수학, 중국어, 영어, 경제학 이렇게 여섯 과

목을 수강했는데, 수의예과 지원에 걸맞게 화학, 생물학, 수학 과목은 HL 과정을, 영어, 제2외국어, 사회 과목은 SL 과정을 선택했다. 앞서 설명한 대로 SL은 Standard Level을, HL은 Higher Level을 뜻하고, 이 과목들 외에 지식론(TOK)과 과제 논문(EE)을 들어야 하는데 여기서 3점을 가산해서 총 45점이 만점이다.

I 학생은 경제학만 6점을 제외하고 각 과목 총 7점 만점에 7점이라는 완벽한 점수를 받았다. 희망하는 전공 분야와 연관된 과목은 HL을 선택해 그 관심도를 보여 주면서 모두 7점을 받아 좋은 결과를 얻기 위해 노력했다는 점을 어필했다

Awards & Honors는 다음과 같다.

- MAA AMC Third Place in School
- UKMT Gold Award
- (Country) IMO Preliminary Bronze Award
- Female Athlete Awards twice
- School IB-CAS Award twice
- Chairman's Award of Excellence

경시대회 등 수학 분야의 내셔널급과 여러 수상들이 괄목하다. 이외 스포츠 팀과 학교 내 고른 수상들은 학생의 두루두루 균형적인 활동과 학교 생활에 집중하며 성실했다는 점을 보여 준다.

교과외 활동에 있어서도 학교 밖 클럽보다는 School Prefect, The Academy for Talented HKU, Sustainability Council 등 교내 클럽들 중심으로 집중했고 그 안에서 School Major Event Head 등 리더십 포지션을 가지면서 그 활동들을 심도 있게 완성해 갔다.

그리고 지역 홈리스 단체들에 구호 물품을 지원하는 봉사 활동과 지역 동물 병원에서 인턴십을 하면서 자신의 지원 학과에 대한 관심과 준

비를 표명했다. 그 밖에 Mental Health First Aid 과정을 이수해 수료 증을 받고 School Mental Health Awareness council에서 리더를 맡으며 의료 분야에 대한 전문성을 쌓아갔다.

I 학생은, 자신의 합격 비결은 한 마디로 '모든 방면에서 최선을 다한 것'이라고 말한다. I 학생 역시 GPA와 각종 성적들이 대학 지원 과정에서 가장 중요한 요소라고 강조한다. 따라서 학교 시험 성적을 올리는 데 가장 많은 시간을 할애하고 특히 주요 시험들에 집중하는 것을 최우선으로 고려했다.

I 학생은 긴 방학이든 각종 휴일이든 도서관에 가서 시험을 준비하거나 IA와 같은 수업 과정을 공부하는 데 시간을 보냈다.

추천서에 대해서는, 자신을 가장 잘 알고 가까운 선생님들에게 받으라고 조언한다. 그 선생님들에게서 누구보다 자신에 대한 더 진실되고 알찬 추천서가 완성될 것이기 때문이다. 추천서를 잘 받기 위해서라도 수업에 참여하고 질문하는 것을 주저하지 말아야 한다. 선생님들에게 자신이 부지런하고 수업에 좋은 영향을 끼치는 학생이라는 것을 보여 주어야 한다.

에세이는 제출해야 하는 마감일로부터 최소 3개월은 스스로에게 시간을 주는 것이 좋다. 한국 대학들은 에세이 주제가 대부분 세 개이다. 그래서 한 문제에 한 달을 할애하면 충분한 시간을 가지고 가장 좋은 답변을 도출할 수 있을 것이다.

교과외 활동에 대해서는, 우선 자신이 할 수 있는 모든 것을 해 보라고 조언한다. 하지만 그 활동들이 학과 수업과 학업의 성취를 방해해서는 안 된다는 점을 명심해야 한다.

I 학생은 학교 스포츠 팀인 네트볼과 농구팀에서 활동하고 오케스트라에 참여하여 자신의 전인적인 능력과 활약상을 보여 주었다. 동시

에 학교 주요 미술 관련 행사를 담당하고 환경 보호 관련 협의회 개최 등을 진행하면서 창의력과 리더십을 발휘했다.

외국에서 학교를 다니며 한국의 특례 입학을 준비하는 것은 꽤 힘든 여정일 수도 있다. 아무래도 한국의 대학 과정에 대해 이해가 부족하고 익숙하지 않기 때문이다. 그래서 한국의 특례를 준비하는 학원들이 많고, 많은 유학생들이 실제로 학원의 도움을 받고 입시 준비를 하기도 하지만 I 학생은 학원 컨설팅 없이 특례를 진행했고 미리 준비한다면 <u>스스로도 충분히 가능하다고 말한다</u>. 그러기 위해서는 11학년이나 12학년 전에 SAT를 미리 끝내 놓는 것이 좋다. 그리고 다른 지원자들과 차별화된 무언가를 찾아서 준비하는 것이 중요하다.

I 학생은 자신이 지원하는 전공에 대한 자신의 관심사를 학교 과목 중 하나와 연계시키려고 노력했다. 수의예과라는 학과를 지원하는 많은 지원자들 가운데서 I 학생이 보여 준 수의예학의 관심 영역이 독특하고 돋보이도록 말이다. 이러한 노력은 I 학생의 지원서를 분명하고 주목할 만하게 만들었고 입시 합격의 중요한 요인이 되었다고 보인다.

하지만 궁극적으로 가장 중요한 요소는 완벽한 GPA 성적이라고 말한다. GPA는 12년간 기나긴 학교 생활의 가장 크고 정확한 지표이기 때문이다.

I 학생은 자기 자신을 극한까지 밀어붙이고 어떤 작은 것도 사소하게 넘어가지 말고 항상 시험 준비에 최선을 다할 것을 강조한다. 만약 시작이 다소 좋지 않더라도 포기하지 말고 학점을 올리기 위해 더 열심히 노력할 것을 당부한다. 이럴 경우, 어떻게 학점을 극복하며 완성해 나갔는지에 대해 써 내려간 이야기도 좋은 에세이 거리가 될 수 있다.

대학들은 처음부터 완벽한 학생만큼이나 과정을 이겨 내는 스토리를 가진 학생에게 많은 흥미를 가지기 때문이다.

한국의 자사고에서
NYU 대학 데이터사이언스 전공 합격

J 학생은 한국의 자율형 사립 고등학교를 졸업하고 New York University의 데이터사이언스 전공, 경제학과 도시 디자인 · 건축을 부전공으로 합격했다. 조지아텍(Georgia Institute of Technology), 일리노이 주립대(University of Illinois at Urbana-Champagne) 그리고 퍼듀 대학교(Purdue University)에도 합격했는데 최종 뉴욕 대학교로 결정했다.

J 학생의 학업 성취도를 보여 주는 GPA 및 시험 점수들은 아래와 같다.

- GPA 4.89
- SAT 1560 (EBRW 760, M 800, 슈퍼 스코어)
- TOEFL 111
- AP 7개 a. AP Calculus BC 5점 b. AP Computer Science A 5점 c. AP Statistics 5점 d. AP Macroeconomics 5점 e. AP Microeconomics 5점 f. AP Physics C Mechanics 4점 g. AP Psychology 4점

Awards & Honors는 다음과 같다.

- Gold Medal & Gold Project Award, European Exhibition of Creativity and Innovation (EUROINVENT)
- Gold Medal, Int'l Invention Innovation Competition Canada / World Invention Creativity Olympics
- Award by Pusan Supt. Of Educ. (2020 & 2021), Hugh O'Brian Youth Best Community Service Awards
- Innovator, Conrad Challenge
- Award by CEO of Korean Invention Promotion Association (KIPA), Young Inventors Program 외 다수

Extracurricular Activities는 다음과 같다.

- School Data Science/Statistics Club President (G7-12)
- Author of 2 Academic Research Papers
- Inventor & Patentee (1 Issued, 1 Pending)
- Chair of Donation Club (80+ members)
- Regional Director of Global STEM Magazine
- CTO of Teenager Project Group 외 다수

J 학생은, 아이비리그 등 탑 대학에 합격한 학생들과 다를 바가 없는 완벽한 학업 성취도를 가지고 있다. 학교 내신 성적과 공인 점수는, 미국 입시에서 몇 안 되는 아카데믹한 정량 평가적 요소이기 때문에 무조건 가장 높은 수치를 끌어 내어야 한다는 것이 여기 소개되는 모든 학생들의 공통된 의견이기도 하다.

J 학생은 이 각종 공인 시험들은 빨리 끝마칠 수 있는 것은 최대한 빨리 끝마칠 것을 권유한다. 그리고 학교 내신의 경우는 특히, 안일한 마음으로 공부하였다가 낮은 점수를 받게 되면 생각했던 것보다 대학 입시

에서 큰 제약 요소로서 작용하게 되므로 최선을 다해서 좋은 내신 점수를 얻을 수 있도록 항상 만전을 기하는 것이 중요하다고 강조한다. J 학생은 자신이 택할 전공에 맞추어 AP 과목도 코어 과목은 이과 쪽으로, 선택 과목은 컴퓨터사이언스와 통계학으로 선택해서 좋은 점수를 받았고, 영어와 미국 역사 등 문과 쪽의 난이도 높은 과목은 피하고 물리학 C Mechanics, 수학 Calculus BC, 거시·미시 경제학 등 이과 쪽 난이도 높은 AP들 쪽으로 방향을 잡아 선택과 집중을 한 것이 돋보인다. 거기에 교과외 활동으로 학교 데이터사이언스와 통계학 클럽에서 회장을 맡아 리더십 포지션을 갖추고 글로벌 과학 잡지의 지역 디렉터, 과학 관련 리서치 저술, 봉사 활동 등으로 확장하여 전공에 맞춘 다양한 스펙을 만들었다. 그 결과 각종 과학, 기술, 혁신, 발명 분야의 대회들에서 금메달 등 다수 입상하고 커뮤니티 서비스로 입상하는 등의 괄목한 어워드들 역시 열매를 맺었다.

J 학생은 자신의 합격 비결을 한 마디로 '원석 깎기'라고 말한다. 고등학교 4년을 거치면서 처음 입학할 때 날 것이고 다듬어지지 않은 자신 그대로의 모습들을 장점과 강점들을 살려 깎아 나가면서 보석처럼 귀하게 만들었다는 뜻일 것이다. 그렇게 원석을 보석으로 만들기 위해 노력한 과정에 대한 J 학생의 실제적이고 구체적인 조언은 다음과 같다.

"SAT의 경우에는 늦어도 12학년이 되기 전에 끝내는 것이 좋다. 12학년이 되기 전 여름 방학은 EC 활동을 할 수 있는 아주 귀한 시간인데, SAT를 붙잡고 있다 보면 그 기간을 놓치게 되므로 한 학기라도 빨리 목표 점수를 얻는다는 마음으로 공부해야 한다. 또한 근래 들어 대학들이 테스트 선택 사항(Test Optional)으로 규정을 바꾸면서 공인 시험들의 중요도가 낮아지고 있는 것은 사실이지만, SAT는 그 목적이 "S"cholastic "A"ptitude를 'Test'

한다, 즉 학업 능력을 시험한다는 것이기 때문에, 그 본연의 목적대로 공부를 하면서 영어로 된 글을 읽고 이해할 수 있는 능력이 향상된다는 점에서 여전히 중요하다고 생각한다. 그러므로 SAT가 코비드 이후 (몇 학교들을 제외하고) 여전히 선택 사항으로 고려되고 있다고 해서, 절대로 SAT를 소홀히 해서는 안 된다. AP의 경우 그 자체의 중요성은 생각보다 덜하고 대학 입시에도 영향을 덜 미친다는 것이 공통의 의견이지만, 일단 난이도가 최상이기 때문에 AP를 선택한 과목마다 좋은 그레이드를 가진다면 학교 GPA에 가산점을 받을 수 있는 강력한 장점이 있다. 게다가 대학에 본인의 학문적 갈구를 보여줄 수 있는 좋은 수단이라는 점, 그리고 특히 주립대나 AP에 대한 인정을 후하게 쳐 주는 사립 대학에 진학 시 월반이나 조기 졸업 등을 통해 엄청난 시간과 돈을 아낄 수 있다는 점도 강력한 무기이다. AP는 사실 이러한 장점들을 차치하고라도 대학 수준의 학문을 고등학교에서 미리 배운다는 점만으로도 인생에 큰 도움이 되니 열심히 하는 것이 좋다. 아울러 5월에 치르는 AP 시험은 응시료가 고가인 데다 응시 가능 횟수가 매우 제한적이기 때문에 한 번밖에 기회가 없다는 마음으로 시험 준비에 최선을 다하는 것이 좋다. 또한 채점 기준이 다소 유동적이므로 역시 만전을 기하여 공부해야 5점, 아니면 4점이라도 (대학에 따라 정책이 다르나 보통 4점도 학점 인정을 해 줌) 안정적으로 받을 수 있다. "

자신이 갈 대학교를 선정하는 작업은, 공부하고 시험을 치르는 일보다 어쩌면 덜 중요한 요소로 보일 수도 있지만 특히 요즘의 미국 입시 트렌드에서는 다른 요소들만큼이나, 어쩌면 그 가운데서도 제일 중요한 요소라고 생각된다. 근 몇 년간 표준 테스트 시험들이 선택 사항이 된 기조와 맞물려 입시생들이 일단 최대한 많은 대학들에 지원하고 보자는, 일명 "Shotgunning"이 성행하는 현상이 두드러지고 있다. 그 결과, 거의 모든 대학들의 합격률(Acceptance Rate)이 매해 가파르게 낮아지는 것을 확인할 수 있으며, 특히 일반 전형으로는 대학 진학이 점점 더 어려워지고 있는 실정이다.

따라서 조기 전형 지원 시에는 과도한 소신 지원이나 상향 지원보다는, 자신의 학업과 종합적인 활동을 객관적으로 평가해 보고 그 수준에 맞는 학교를 잘 선정하는 것이 중요하다. 또한 학교와의 "fit"을 잘 고려하여 주어진 한 장의 좋은 카드를 허투루 쓰는 일이 없도록 해야 할 것이다.

정리하자면, 얼리 전형에서는 단순히 드림 스쿨이라는 이유로 지원하는 것은 위험하고 자신의 위치를 현실적으로 파악해서 지원하고, 레귤러 전형에서는 다양하게 많이 지원하는 것이 좋겠다. 특히 얼리의 디시전(Decision)이나 싱글 초이스(Single Choice Early Action) 기회를 그렇게 소진하기에는 Early 카드는 너무 소중하고 좋은 기회이기 때문에 신중하게 현실적으로 지원하도록 하자.

또한 레귤러에서는 두 번의 기회는 없다는 각오로 (실제로도 없다!) 보수적으로 생각하여 다양한 대학에 많이 지원하도록 하자.

지금 입시라는 목표점을 향해 고군분투하는 고등학생들을 위해 조언하자면, 미국 대학 입시는 정량 평가만큼이나 정성 평가의 극치라는 점을 유념해야 한다는 것이다. 공부와 갖가지 활동들을 잘 하는 것도 물론 중요하지만, 그 잘 한 것을 어떻게 멋지게 엮고 표현해 나가느냐가 잘 하는 것만큼이나 중요하다. 또한 꾸준히, 끝까지 모멘텀을 잃지 않고 가속도를 붙이며 완성해 나가야 한다.

미국 대학 입시는 알다시피 너무나 다양한 요소들로 이루어져 있고, 특히 EC와 에세이 등은 꾸준하게, 마지막까지 완성에 완성을 거듭 점검하는 것이 매우 중요하다. 그리고 다년간의 입시 과정 속에서 지치지 않고 우직하게 해야 할 것들을 착실히 해 나가는 것, 그것이 그 무엇보다 중요할 것이다.

　무엇이든 미리미리 해 놓아야 한다는 점도 다시 한 번 강조하고 싶다. 미국 대학 입시는 그 많은 요소들만큼이나 챙겨야 할 것들이 아주 많다. 대학들을 여러 방면으로 조사하기, 각종 서류 제출 기일들을 꼼꼼하게 정리해 놓기, EC 활동들을 정리하고 확인 신청 기한 등을 파악해서 제출하기 등 필요한 사항들을 미리미리 챙겨서 소중한 기회를 놓치지 말아야 한다.

　특히 12학년은 학교 수업과 시험 준비를 병행하면서 에세이들을 작성하고 EC들을 마무리하는 것에 매진하는 것만으로도 시간이 절대적으로 부족하다. 따라서 에세이는 11학년 끝나는 방학이 시작되면서부터 시간을 미리 배분하여 여유롭게 작성하기 바란다. 그리고 조기 전형을 거쳐 일반 전형까지 오면서 수많은 에세이 쓰기에 지칠 수밖에 없는데, 그럼에도 불구하고 마지막까지 분골쇄신의 각오로 임하여 후회 없는 입시의 종결점을 만들기 바란다.

https://www.usnews.com (US News & World Report)

https://www.collegevine.com

https://www.collegeconfidential.com

https://www.commonapp.org

https://www.ivywise.com

https://www.collegetransitions.com

https://www.shemmassianconsulting.com

https://ingeniusprep.com

https://www.bestcolleges.com

https://bea.gov/international

https://english.moe.go.kr

https://www.ucas.com